Stefan Frädrich
mit Thilo Baum, Ingo Buckert & Steffi Burkhart
Das Günter-Prinzip
für einen fitten Körper

Stefan Frädrich
mit Thilo Baum, Ingo Buckert & Steffi Burkhart
Illustrationen von Timo Wuerz

..DAS
GÜNTER-PRINZIP
FÜR EINEN FITTEN KÖRPER

So fühlen Sie sich schweinehundewohl

Bibliografische Information der Deutschen Nationalbibliothek

Die Deutsche Nationalbibliothek verzeichnet diese Publikation in der Deutschen Nationalbibliografie; detaillierte bibliografische Informationen sind im Internet unter http://dnb.ddb.de abrufbar.

ISBN 978-3-86936-328-8

Lektorat: Christiane Martin, Köln | www.wortfuchs.de
Umschlaggestaltung: Martin Zech Design, Bremen | www.martinzech.de
Umschlagillustration: Timo Wuerz | www.timowuerz.com | www.wild-and-free.com
Satz und Layout: Das Herstellungsbüro, Hamburg | www.buch-herstellungsbuero.de
Druck und Bindung: Salzland Druck, Staßfurt

Copyright © 2012 GABAL Verlag GmbH, Offenbach

Alle Rechte vorbehalten. Vervielfältigung, auch auszugsweise, nur mit schriftlicher Genehmigung des Verlages.

www.gabal-verlag.de
www.facebook.com/Gabalbuecher
www.twitter.com/gabalbuecher

Inhalt

Vorwort 7

I. Günter, der innere Schweinehund, wird fit 11

1. Günter, der innere Schweinehund 13
2. Ein bisschen Sportphysiologie – dein Basiskurs 23
3. Einstieg in die Trainingslehre: »Du schaffst es!« 48
4. Krafttraining – auf dass die Muckis wachsen 63
5. Ausdauertraining – auf dass die Puste ewig reicht 74
6. Für jeden etwas – die passende Sportart finden 88
7. Der Sport und dein Leben 106

II. Günter, der innere Schweinehund, wird schlank 125

1. Günter, der innere Schweinehund 127
2. Stimmt das Gewicht? 131
3. Diät-Murks und Murks-Diäten 150
4. Ernährungsphysiologie – wie genau funktioniert das eigentlich? 165
5. Unsere Ernährung – genauer hingeschaut 189
6. So isst du dich schlank 208
7. Weitere wichtige Stellschrauben 230

III. Günter, der innere Schweinehund, wird Nichtraucher 239

1. Günter wird zum Raucher 241
2. Was beim Rauchen im Gehirn passiert 264
3. Die Psychologie des Rauchens 294
4. Endlich mit dem Rauchen aufhören! 311

Literaturhinweise 331
Die Autoren 339
Stichwortregister 343

Vorwort

Na, essen Sie gerne? Legen Sie auch mal faul die Füße hoch? Und trinken Sie hin und wieder einen über den Durst? Dann legen Sie sofort das Buch wieder hin! Am besten gleich zurück damit – dahin, wo Sie es herhaben! Denn Sie sind sicher nicht der Gesundheitsapostel, der sich dieses Werk hier gekauft hat, nicht wahr? Also husch, husch: zurück damit ins fremde Bücherregal, auf den Nachttisch Ihres Partners oder den Lesestapel im Wartezimmer, Wohnzimmer, Klo – wo auch immer Sie es gefunden haben! Bestimmt haben Sie das Buch nur in die Hand genommen, weil Ihnen die Cover-Illustration auffiel. Oder weil Sie mal wieder darüber lästern wollten, welche bescheuerten Titel es gibt. Oder es ist rein zufällig in Ihre Hände gelangt, weil Sie blind nach der Fernbedienung tastend, benebelt vom siebten Feierabendbier und der hirnzersetzenden DVD mal wieder irgendein Körperteil bewegen wollten und dabei mit Ihren Wurstfingern an den ungewohnten Formen eines echten Buches hängen geblieben sind, was Sie stutzig gemacht hat: »Waaas? Bücher gibt es noch?« Denn absichtlich ein Buch aufzuschlagen, sogar eines über Fitness und Gesundheit, und darin sogar zu lesen – nein, **DAS** würden **SIE** doch **NIEMALS** tun …

Kenne ich. Mit Mitte 20 hielt ich Bücher über gesunde Lebensweise für esoterischen Krimskrams, schleppte einen schweren mittelbäuchigen Rettungsring mit mir herum, hielt Sport für nicht mehr standesgemäß, rauchte bis zu 40 Zigaretten am Tag und trank eindeutig zu viel Bier (und Caipirinha). Sie ahnen, warum: Ich war Student. Pikanterweise studierte ich Medizin. Aber was erwarten

Sie? Wenn es irgendein Umfeld gibt, in dem sich ein vorgealterter schlapper Körper quicklebendig fühlen darf, ist es das der Medizin. Ich meine: Sie konkurrieren da mit Herzinfarkten, Schlaganfällen und allerlei Krebsvariationen. Glauben Sie mir: Dagegen sind Schwabbelbauch, Keuchepuste und Klumpenhusten echte Peanuts. Also worüber motzen? Man wird halt älter.

Heute, mit 40, fühle ich mich wieder jung und fit. Ja, ich behaupte sogar, ich halte körperlich locker mit den meisten 20-Jährigen mit. Und das soll noch eine ganze Weile so bleiben! Übrigens esse ich immer noch gerne und lege oft faul die Füße hoch – so wie früher. Auch Alkohol trinke ich noch, wenngleich feiner dosiert. Nur das Rauchen ist definitiv Vergangenheit – die Krebsstängel braucht nämlich kein Mensch, was auch Sie bald so sehen werden. Nein, ein Gesundheitsapostel bin ich also immer noch nicht, obwohl ich natürlich ein paar Stellschrauben in die richtige Position gedreht habe. Im Großen und Ganzen achte ich heute viel besser auf meine Ernährung, mache zwei- bis viermal pro Woche Sport, schlafe gerne und regelmäßig und lese – jawohl – Bücher! Sogar solche über Fitness und Gesundheit. Um ganz ehrlich zu sein: Ich habe sogar ein paar darüber geschrieben. Ich habe auch Gesundheitssendungen im Fernsehen gemacht, in Talkshows darüber diskutiert, und heute halte ich Seminare und Vorträge, um die Idee zu verbreiten, dass es eigentlich ganz einfach ist, gesund zu leben und sich jung und fit zu fühlen. Man braucht dafür nur ein paar strategisch wichtige Infos und die halbwegs richtigen Gewohnheiten – und schwupp: Schon kann einem die liebe Medizin (samt einiger grauhäutiger ignoranter Studenten) noch ein paar Jahrzehnte länger gestohlen bleiben! Na, wie klingt das?

Okay, ich hab's gewusst: Spätestens jetzt kommen Ihnen Zweifel, ob ich nicht doch nur ein weiterer blasser Gesundheitsapostel bin, der Ihrem Leben mit moralisch erhobenem Zeigefinger die lustbringende Würze rauben will. Wissen Sie was? Dann vergessen Sie es. Wie gesagt: Legen Sie das Buch besser gleich wieder weg – Sie gehören nicht zur Zielgruppe. Denn ich habe wirklich nicht vor, Ihre öden Klischee-Erwartungen zu erfüllen. Wenn Sie's gerne staubig mögen, dann lesen Sie eben Krankenkassenbroschüren, Fachbücher oder doch Esoterikliteratur. Natürlich erst dann, wenn Sie es müssen. Viel Spaß dabei!

Falls Sie aber vorhaben, sich in kurzer Zeit einen aktuellen, wissenschaftlich gültigen, unterhaltsamen und ungemein nützlichen Überblick über die wichtigsten Aspekte eines fitten Lebens zu verschaffen und dabei unzählige praktische Tipps mitzunehmen, die Sie ganz einfach selbst anwenden können und dank derer Sie sich augenblicklich besser fühlen, dann sei Ihnen gestattet weiterzulesen. Denn dafür halten Sie genau das richtige Buch in den Händen! Oder besser gesagt: mindestens dreieinhalb Bücher. Denn in dieses feine kleine Werk über ein echtes Wohlfühlleben sind drei meiner liebsten »Günter«-Bücher eingeflossen: »Günter, der innere Schweinehund, wird fit«, »Günter, der innere Schweinehund, wird schlank« und »Günter, der innere Schweinehund, wird Nichtraucher«. Selbstverständlich sind die Texte hier und da aktualisiert und an dieses insgesamt eigenständige Buch angepasst. Auch die Zeichnungen sind alle neu. Und Sie finden erläuternde und vertiefende Texte, wissenschaftliche Erkenntnisse und Übungen, die es Ihnen leichter machen, Ihre persönlichen Stellschrauben in die richtige Position zu drehen.

Natürlich können Sie die einzelnen Themenkomplexe (Sport, Ernährung, Nichtrauchen) auch für sich alleine lesen – die Teile I, II und III sind jeweils in sich geschlossen und bauen nicht aufeinander auf (ja, ein paar wichtige Infos kommen sogar doppelt vor – mögen sie so tiefer eindringen!). Wenngleich Sie natürlich den besten Überblick (und damit den besten Effekt) bekommen, wenn Sie das gesamte vorliegende Buch lesen …

Falls Sie übrigens mit dem Begriff »Günter, der innere Schweinehund« noch nichts anfangen können, keine Sorge: Bald schon werden Sie es. Und falls Sie Günter bereits kennengelernt haben (und hoffentlich genauso mögen wie ich), ebenfalls keine Sorge: In den »Günter«-Kapiteln dieses Buches werden Sie den typischen Günter-Schreibstil wiederfinden, das heißt, ich werde Sie fleißig duzen (was Sie mir bitte nachsehen) und Günter selbst wird ständig dazwischenquatschen (was Sie ihm bitte genauso nachsehen). Innere Schweinehunde schreien einfach danach, Konventionen zu brechen ...

Okidoki, legen wir also los! Wagen wir die Quadratur des Kreises: Möge unser Leben mehr Jahre bekommen – und die Jahre dabei dennoch mehr Leben! Dank Günter, Sie wissen schon.

Ihr Dr. Stefan Frädrich

1. GÜNTER,
der innere Schweinehund,
WIRD FIT

1. Günter, der innere SCHWEINEHUND

Dein Kumpel Günter

Kennst du Günter? Günter ist dein innerer Schweinehund. Er lebt in deinem Kopf und bewahrt dich vor allem Übel dieser Welt. Immer, wenn du etwas Neues lernen willst oder dich mal anstrengen musst, ist Günter zur Stelle. »Lass das sein!«, sagt er dann. Oder »Mach das doch später!«, rät er dir. Und wenn du mal vor einer spannenden Herausforderung stehst, erklärt dir Günter gerne: »Das schaffst du sowieso nicht!« Günter ist nämlich furchtbar faul. Und weil er denkt, dass du genauso schweinehundefaul bist wie er, will dich Günter vor unnützer Mühe beschützen. Ist das nicht nett von ihm?

Leider nur sind Günters Ratschläge nicht immer hilfreich. Zum Beispiel, wenn dich seine Tipps vom Handeln abhalten oder in die falsche Richtung weisen. Ein dringender Termin? »Nur keinen Stress, sonst wirst du krank!«, bremst dich Günter womöglich – bis der Termin versäumt ist. Nachdenken, bevor du handelst? »Zerbrich dir nicht den Kopf, mach einfach!«, beschwichtigt dich Günter – und schon wieder tust du das Falsche, obwohl du es besser wissen könntest. Schade: Du hörst auf deine innere Stimme und trittst trotzdem auf der Stelle ...

»Sport? Nein, danke!«

Auch beim Thema Sport zickt Günter oft herum: »Sport ist Mord!«, meint er dann. Oder: »Schwitzen und stinken? Nein, danke!« Und was passiert, wenn du beim Aufräumen zufällig mal über deine Laufschuhe stolperst? Dann bekommst du ein schlechtes Gewissen und überlegst, wie lange du sie nicht mehr benutzt hast – bis Günter dich beschwichtigt: »Macht nix, bist sowieso fit genug!«

Und wenn dir auf der Treppe die Puste ausgeht, die Hose immer enger wird und dir die schlanken Supermodels in den Zeitschriften auf die Nerven gehen? Dann findet dein Schweinehund Gründe dafür, warum du dich besser nicht darum kümmern solltest: »Du wirst eben älter!«, »Du hast keinen Bauch, das sind Liebeshanteln!« und »Diese Models sind doch alle magersüchtige Hungerhaken!«. Danke schön, Günter.

Ein Glück, dass dein Schweinehund so schlau ist! Denn wäre es nicht frustrierend, den Tatsachen nüchtern ins Auge zu sehen? Deiner schwindenden Kraft und Vitalität? Den wachsenden Wohlstandsrundungen? Dem Frust, nicht mehr so gut drauf zu sein? »Ach was, ist doch alles super, wie es ist! Außerdem: Dein Opa ist 90 geworden und hat auch nie Sport gemacht.« Oh, Günter ...

»Fit und schlank sein? Klar!«

Andererseits: Wie wäre es, wenn du von einem Tag auf den anderen – ganz ohne dafür zu trainieren – genug Luft hättest, um zehn Kilometer am Stück zu laufen? Oder die Kraft für lockere 50 Liegestütze? Oder die Vitalität, um von morgens bis abends bei all deinen täglichen Aktivitäten Vollgas geben zu können?

Und wie wäre es, gleichzeitig dabei so rank und schlank zu sein, wie du es dir insgeheim wünschst? »Das wäre natürlich super!«, gibt Günter zu. »Aber das weiß ja jeder, dass das alles nicht wirklich möglich ist – zumindest nicht, ohne hart dafür zu arbeiten.« Und schon wieder hat der faule Günter einen Grund gefunden, untätig zu bleiben ...

Schade! Denn solche Fitness ist viel realistischer, als sich innere Schweinehunde vorstellen können. Du musst es nur wollen und du musst wissen, wie es geht – und letztlich tun, was dafür getan werden muss. Und schon bald fühlst du dich, als könntest du Bäume ausreißen. Coole Sache, oder? »Klingt wirklich super!«, gibt Günter zu.

Das Lust-Schmerz-Prinzip

Günter ist also einfach nur zu bequem. Er will zwar fit sein, aber nichts dafür tun müssen. Also ist er lieber unfit und kompensiert diesen Verlust auch noch mit vielen kleinen Extras: Füße hoch-

legen – wie angenehm. Hier und da eine Schokolade – lecker. Anstrengung und Stress vermeiden – logisch. Und statt Unzufriedenheit gemütliche Resignation – wozu sich selbst fertigmachen?

Dabei folgt dein Schweinehund einem ganz einfachen Prinzip: Er will schlechte Gefühle möglichst vermeiden und schöne erleben. Also weg vom Schmerz, hin zur Lust. Das Problem dabei ist nur, wie Günter gute und schlechte Gefühle definiert: Was hält er für Lust, was für Schmerz? »Ist doch klar! Schmerz ist alles, was unangenehm ist: sich anstrengen, außer Puste kommen, schwitzen, auf etwas verzichten müssen und so weiter. Und Lust ist alles, was schön ist: Faulheit, Ruhe, Genuss, Entspannung ...«

Oje, Günters Perspektive ist nur kurzfristig ausgerichtet! Was langfristig wird, interessiert ihn nicht. Dabei wäre sicher auch Günter lieber zufrieden, stark, ausgeglichen, glücklich und stolz statt faul, inkonsequent und schlapp. Oder?

Die lieben Gewohnheiten

Drehen wir es mal um: Gibt es nicht auch viele innere Schweinehunde, denen Sport Spaß macht? Die gerne fit und schlank sind? Die ihr Frauchen oder Herrchen mit Sprüchen auf Trab halten? Zum Beispiel motzen sie nach ein paar Tagen Faulheit: »Los, beweg dich endlich mal wieder!« Oder sie knurren beim Anblick von Schokolade: »Willst du etwa aus allen Nähten platzen?« Und was tut das

Frauchen oder Herrchen dann? Klar, sie folgen ihren inneren Beratern und schnüren die Sportschuhe oder ignorieren die Schokolade – scheinbar gut gelaunt und mühelos. Warum? Weil innere Schweinehunde Gewohnheitstiere sind. Und anscheinend haben sich längst nicht alle die gleichen Verhaltensweisen angewöhnt ...

Womit wir auch schon bei des Pudels Kern wären – den lieben Gewohnheiten. Schweinehunde tun nichts so gerne wie das, was sie schon immer taten. Denn dann müssen sie nicht so viel darüber nachdenken, was sie stattdessen besser machen könnten. Schließlich gibt es jeden Tag genügend Kleinkram, mit dem sie sich herumschlagen müssen – die 1000 lästigen Entscheidungen des Alltags: Was anziehen? Wann einkaufen? Wie mit Ärger umgehen? »Da muss man nicht auch noch sein dauerhaftes Verhalten hinterfragen! Nur keinen Stress, klappt doch alles«, sagt Günter. Routine sei Dank!

Von Vorbildern lernen

Günter folgt also gerne Gewohnheiten. Abweichungen davon mag er nicht. Wie aber sind Günters Gewohnheiten entstanden? Wo hat dein Schweinehund seine Routinen her? Die Antwort ist einfach: Er hat sie mal gelernt. Und zwar zunächst von deinen Vorbildern. »Vorbilder? Wieso Vorbilder?«, fragt der Schweinhund erstaunt. Weil Menschen und Schweinehunde durch Imitation lernen. Sie machen nach, was man ihnen vormacht – und halten es dann für normal. Bei uns fährt man zum Beispiel auf der Straße rechts, in

England aber links. Oder bei uns isst man mit Messer und Gabel, in Asien aber mit Stäbchen. Und auch die englischen und chinesischen Schweinehunde finden ihr Verhalten normal! Sie hatten eben andere Vorbilder als wir.

Welche Fitnessvorbilder hattest du früher? Waren in deiner Kindheit alle im Sportverein? Hat dir der Schulsport Spaß gemacht? Hast du im Fernsehen gerne Sportübertragungen geguckt? Dann warst du früher wahrscheinlich an ein sportliches Leben gewöhnt. Super! Aber ist das heute noch genauso? Wie viele deiner Freunde und Kollegen machen immer noch Sport? Welche Familienmitglieder? Und dein Partner oder deine Partnerin? Ach, nur noch wenige? Dann dürfte Günter mittlerweile das schlappe Nichtstun imitieren – und du hältst dich dabei für ganz »normal«. Fitness? Nein, danke!

Mit Bewegung besser leben

»Fitness, Fitness, Fitness!«, quiekt Günter. »Wozu soll das gut sein? Das Leben ist zu kurz, um es mit Fitnesswahn zu vertrödeln!« Genau darum geht es, Günter: um das Leben. Denn Fitness hat nichts mit Wahn zu tun, sondern mit Gesundheit, Stärke, guter Laune, Selbstvertrauen und Optimismus – lauter schöne Dinge, die das Leben bereichern. Und ein wesentlicher Bestandteil solcher Fitness ist eben nicht die gemütliche Couch nach Feierabend, sondern Bewegung, Bewegung, Bewegung!

»Bewegung? Ich hasse Bewegung!« Schade, denn gerade Bewegung zaubert dir genau das Leben, das du gerne hättest – mit Luft für zehn Kilometer Dauerlauf, Kraft für 50 Liegestütze und Vitalität und Leidenschaft für Vollgas von morgens bis abends! Sie steigert deine Lebensfreude, streichelt deine Seele, gleicht deinen stressigen Alltag aus und hält dich rank und schlank (oder macht dich wieder rank und schlank, wenn du ein wenig aus der Form geraten bist). Sie verbessert deine Herzleistung, deine Sauerstoffversorgung und Durchblutung, stärkt deinen Halteapparat, stabilisiert deine Gelenke, strafft deine Haut, fördert deine Denkleistung und Kreativität und hält dich jung und spritzig.

Sechs wichtige Lebensbereiche

»Quatsch!«, ruft Günter. »Es gibt Wichtigeres im Leben als Sport und Bewegung!« Na ja, genauer gesagt, gibt es sechs wichtige Lebensbereiche: unsere Familie. Und unser soziales Umfeld. Auch unseren Job und das Geld, das wir verdienen. Und unsere inneren Werte, also die Frage, was uns wirklich wichtig ist. Aber um all diese Lebensbereiche genießen zu können, sollte vor allem der sechste stimmen: unsere Gesundheit! Denn wenn uns der Körper im Stich lässt, können wir noch so eine Bombenbeziehung führen, super Freunde haben, einen Riesenjob machen, Geld wie Heu verdienen und uns dabei selbst verwirklichen, so sehr wir wollen – wenn wir krank sind, haben wir weniger davon.

Außerdem: Sport und Bewegung können sogar gegen Krankheiten helfen! »Jetzt übertreibst du aber!«, zweifelt Günter. Ach ja? Na, Schweinehund, wusstest du schon, dass Sport gegen Bluthochdruck und Diabetes hilft und somit das Herzinfarkt- und Schlaganfallrisiko senkt? Dass er Rückenschmerzen lindert und gegen Bandscheibenvorfälle hilft? Dass er Rheumabeschwerden lindert? Und Gelenkschäden ausgleicht? Und bei Asthma guttut? Und, und, und?

VIER FAKTOREN
für ein langes Leben

Wie wichtig die richtige Lebensweise fürs Gesundbleiben ist, hat sehr eindrucksvoll die Universität Cambridge bewiesen: In der »EPIC-Norfolk Prospective Population Study« untersuchten Forscher den Zusammenhang zwischen Lebensweise und Sterblichkeit in einer Gruppe von 20 000 Menschen von 45 bis 79 Jahren. Die Versuchsteilnehmer waren zu Beginn der Studie weder herzkrank noch hatten sie Krebs.

Dann verteilten die Forscher für vier bestimmte Verhaltensweisen je einen Punkt: fürs Nichtrauchen, für körperliche Bewegung, für nur geringen Alkoholkonsum und einen passablen Vitamin-C-Spiegel im Blut, der auf gute Ernährung mit Obst und Gemüse hinwies. Die Forscher vermuteten: Wer vier Punkte hatte, lebte gesünder und länger als jemand mit drei, zwei, einem oder gar null Punkten.

11 Jahre später zählte man, wie viele der Teilnehmer inzwischen gestorben waren. Das Ergebnis war überraschend eindeutig: Die Todeszahlen waren umso höher, je weniger Gesundheitspunkte die Menschen hatten. Jeder 4. (also 25 Prozent) der »Ungesunden« mit null Punkten war inzwischen tot, von den »Gesunden« mit vier Punkten hingegen nur jeder 20. (also 5 Prozent)! Und: Menschen mit vier Gesundheitspunkten starben nach der Statistik erst 14 Jahre nach den Menschen ohne Gesundheitspunkte, also nach den körperlich inaktiven Rauchern, die sich ungesund ernährten und zu viel Alkohol tranken. Vier Punkte also, die uns länger leben lassen!

Zu einem sehr ähnlichen Ergebnis kam eine andere große Untersuchung – »The United Kingdom Health and Lifestlye Survey« –, bei der man den Einfluss individueller und kombinierter Gesundheitslebensweisen auf die ursachenspezifische Sterblichkeit bei knapp 4900 Menschen bestimmt hat: Die im Schnitt 43 Jahre alten Teilnehmer bekamen ebenfalls je einen Risikopunkt für Rauchen, Alkoholkonsum (mehr als eine Flasche Bier pro Tag, bei Frauen ein Drittel weniger), Faulheit (weniger als 2 Stunden körperliche Aktivität pro Woche) und für ungesunde Ernährung (weniger als drei Portionen Obst und Gemüse pro Tag). In den folgenden 20 Jahren starb etwa ein Viertel der Befragten, wobei von den »komplett Gesunden«, also von den Teilnehmern mit null Punkten, nur 8,3 Prozent starben, von denen mit nur einem einzigen Punkt bereits 18 Prozent, von denen mit zwei Punkten 24 Prozent, bei drei Punkten 27 Prozent und bei allen vier Risikofaktoren ganze 29 Prozent. Statistisch wurde berechnet, dass die Menschen mit allen vier Risikofaktoren ein gleich hohes Sterberisiko haben wie 12 Jahre ältere Menschen ohne jegliches Laster.

Betrachtet man nun die Todesursachen genauer, gibt es eine dicke Überraschung: Zwar steigt mit jedem Risikofaktor erwartungsgemäß die Wahrscheinlichkeit, an Krebs oder einer koronaren Herzkrankheit zu sterben – doch genauso steigt die Wahrscheinlichkeit, auch an irgendeiner anderen Ursache zu sterben!

Das bedeutet: Je mehr Risikofaktoren, desto sicherer wird man schon irgendwie dahinscheiden – egal wie ...

Der größte Killer scheint Bewegungsmangel zu sein: Unter den besonders trägen Teilnehmern, also unter den körperlich Inaktiven mit weniger als 2 Stunden körperlicher Aktivität pro Woche, war die Sterberate um 56 Prozent erhöht, unter den Rauchern um 52 Prozent (wobei mit 72 Prozent die höchste Krebssterblichkeit bestand), auf Platz drei folgte mit 31 Prozent die schlechte Ernährung und auf Platz vier mit 26 Prozent erhöhter Alkoholkonsum.

ÜBUNG

CHECKE DEINE VIER GESUNDHEITSFAKTOREN!

Geh absolut ehrlich die vier wichtigen Bereiche durch, und dann tu, was du tun musst!

Wie viel bewegst du dich? Machst du regelmäßig Sport? Falls ja, wie oft und wie lange? Falls nein, seit wann nicht (mehr)? Warum nicht? Wie kannst du dich öfter bewegen? Welchen Sport kannst du ggf. anfangen? Wie kannst du mehr Bewegung in deinen Alltag einbauen?

Rauchst du? Falls ja, wie viel und seit wann? Wann und wie hörst du damit auf?

Achtest du auf gesunde Ernährung? Was sagt die Waage, was sagen deine Klamotten? Wie hat sich deine Ernährung in den letzten Jahren auf dich ausgewirkt und was bedeutet das für dich?

Trinkst du regelmäßig Alkohol? Falls ja, wie viel und warum? Wie lässt sich das reduzieren bzw. besser steuern? Falls nein, trinkst du dann unregelmäßig? Wie viel und zu welchen Anlässen? Gibt es Gründe, dein Trinkverhalten zu hinterfragen?

2. Ein bisschen SPORT-PHYSIOLOGIE – dein Basiskurs

Welcher Sportlertyp bist du?

»Okay, okay.« Günter wird kleinlaut. »Scheint was dran zu sein am Thema Sport.« Und ob! Zeit also für ein paar wichtige Fragen: Wann warst du zuletzt sportlich aktiv? Bei welchen Gelegenheiten bewegst du dich so richtig? Wann bist du dabei das letzte Mal ins Schwitzen gekommen? Wann warst du das letzte Mal außer Puste? Wann hast du das letzte Mal deine Sportklamotten getragen? Ach, dein letztes Mal Sport war damals in der Schule? Du vermeidest jegliche körperliche Anstrengung? Dann bist du wohl ein ausgemachter Sportmuffel. Keine Sorge, besser spät als nie! Veränderung ist möglich – auch für dich.

Oder warst du früher ziemlich aktiv, hast deinen Sport aber im Laufe der Jahre zurückgeschraubt, weil so viele andere Dinge wichtiger wurden, wie dein Job, deine Pflichten im Haushalt und so weiter? Gratulation: Verhinderten Sportlern fällt es leicht, wieder ihre alten Gewohnheiten aufzunehmen, weil sich ihre inneren Schweinehunde noch daran erinnern können, wie viel Spaß es gemacht hat. Oder treibst du längst regelmäßig Sport? Sehr schön, lies trotzdem weiter! Vielleicht lernst du ja noch etwas dazu?

ÜBUNG

Auf zum Fitnesstest!

Machen wir nun einen kleinen Fitnesstest.

Wie sieht es zum Beispiel mit deiner Koordinationsfähigkeit aus? Bitte stell dich dafür mal auf nur ein Bein. Geht das mindestens 10 Sekunden lang? Okay, dann schließ dabei nun deine Augen. Du stehst noch? In Ordnung. Aber kannst du das auch, wenn du nur auf deinen vorderen Fußballen und Zehen balancierst – zunächst wieder mit offenen Augen? Wow! Und mit geschlossenen Augen? »Wird langsam schwierig ...« Ach ja?

Und was macht deine Beweglichkeit? Stell dich mal aufrecht hin und versuche dann, mit den Fingern den Boden zu berühren, während deine Knie durchgestreckt bleiben. Na, geht das? Kannst du so auch deine Handflächen auf den Boden legen?

Und deine Ausdauer? Was passiert denn, wenn du einfach mal drauflosläufst? Wie lange schaffst du es, zu joggen, ohne dass dir die Puste ausgeht? 1 Minute vielleicht? 10 Minuten? Oder gar eine ganze Stunde?

Wie sieht es mit deiner Kraft aus? Schaffst du es, deinen Körper mit den Armen zu halten, während du in der Liegestützposition bist? Kannst du ihn auch noch halten, wenn du deine Arme dabei anwinkelst? Oder gleich ein paar richtige Liegestütze machst?

Gestatten, Muskeln!

»Schluss jetzt!«, motzt Günter außer Atem. »Viel zu anstrengend!« Wirklich? Aber sicher auch sehr aufschlussreich. Möglicherweise hast du ja Verbesserungspotenzial entdeckt? Zum Beispiel in Sachen Muskulatur. Deren Bedeutung wird nämlich meist unterschätzt. Dabei sind deine Muskeln das A und O der körperlichen Fitness!

Muskeln bewegen deinen Körper, halten ihn straff aufrecht und schleppen so zum Beispiel Getränkekisten. Sie stabilisieren deine Gelenke, schützen dich gegen Stöße und bewahren dich vor Rückenschmerzen. Sie speichern Energie und schütten chemische Signale aus, die deine Fettdepots auflösen. »Ach, Muskeln machen also auch schlank?«, zeigt Günter sich erstaunt. Aber hallo! Je größer der Muskel ist, umso geringer ist dein Unterhautfettgewebe direkt darüber. Und umgekehrt: Je mehr die Schwarte schwabbelt, desto geringer sind deine Muckis darunter. »Bedeutet das, dass ein Sixpack gar nicht so viel mit Diäthalten zu tun hat, sondern mehr mit Muskeltraining?« Genau, Günter. Und es bedeutet, dass auch du dir ein Sixpack modellieren kannst! Mit intensivem Training eben.

Muskeln sind super

»Willst du jetzt etwa einen auf Bodybuilder machen?« Nein, Günter. Aber Muskeltraining ist wichtig, wenn du fit und schlank werden willst. Wenn man Muskeln nämlich nicht trainiert, verschwinden sie. Im Durchschnitt verliert man ab einem Lebensalter von 30 Jahren jedes

Jahrzehnt etwa drei Kilogramm Muskelmasse. Schließlich bewegen sich viele immer weniger, je älter sie werden. Leider ist dieser Muskelschwund ein Hauptgrund für Übergewicht. Denn Muskeln verbrauchen Energie. Und je weniger Muskeln du hast, desto weniger Energie verbrauchst du. Was glaubst du wohl, was dein Körper mit all der Energie macht, die er nicht mehr verbrennen kann? »Keine Ahnung ...«, stammelt Günter. »Sie verkaufen?« Scherzkeks! Er verwandelt nicht verbrauchte Energie in Fett um und baut Speckpolster auf. Dumme Sache, was? Deswegen sollte man auch die Muskeln trainieren, wenn man sein Gewicht in den Griff kriegen will. Denn wer genügend Muskeln hat, verbraucht 24 Stunden lang Energie – sogar wenn er sich mal gar nicht anstrengt.

Außerdem schützen starke Muskeln auch vor Knieschäden und Schulterproblemen. Sie mindern Gelenkbeschwerden und ihr Training stärkt die Knochen. Sie vermindern Nackenschmerzen, verbessern die Stimmung und schützen dank sogenannter Interleukine – körpereigener Botenstoffe des Immunsystems – vor Entzündungen und Infektionen.

Muskeltraining ist aber auch gut bei Herz-Kreislauf-Erkrankungen, denn beim Training entstehen lauter neue Blutgefäße. Deswegen sollen sogar Herzkranke Gewichte stemmen! Auch zu hoher Blutdruck lässt sich so senken. Zudem macht Muskeltraining die Körperzellen gegen das Blutzuckerhormon Insulin empfindlich. Wer seine Muskeln aber verkümmern lässt, macht diese Zellen unempfindlich. Die erworbene Blutzuckerkrankheit beginnt also oft mit viel zu schlaffen Muskeln! Und viele Patienten bräuchten statt Pillen und Spritzen eigentlich nur ein paar Hanteln.

Muskeltraining macht sogar schlau! Muskeln schütten nämlich eine Substanz aus, die das Nervenwachstum fördert und die Denkfähigkeit verbessert. Deswegen sind ältere Sportler geistig auch fitter als Nichtsportler beziehungsweise genauso fit wie junge Leute.

Übrigens: Sogar das Alzheimerrisiko sinkt durch Sport – um 30 bis 40 Prozent, wenn man dreimal mindestens 15 Minuten pro Woche Sport macht!

Ach ja: Und schön macht Muskeltraining auch! Denn es produziert Kollagen – und das hält unser Gewebe jung, strafft die Sehnen und unsere Haut. Außerdem verjüngt es die Muskeln selbst.

Muskeln, Sehnen und Gelenke

»Das klingt ja wirklich toll«, stimmt Günter zu. »Muskeltraining ist super und hilft sogar bei etlichen Krankheiten. Aber wie funktioniert so ein Muskel eigentlich?« Nun, unsere Skelettmuskeln bewegen die Knochen unseres Körpers. Die Knochen nämlich geben uns unsere feste Körperstruktur. Ohne Knochen wären wir Menschen nur ein unförmiger Klumpen Fleisch. Also: Die Muskeln gehen an ihrem jeweiligen Ende in Sehnen über. Die Sehne am einen Ende ist im Knochen fest eingewachsen. Und die Sehne am anderen Ende führt über ein Gelenk zum benachbarten Knochen – wie bei einem Scharnier. Dort ist sie ebenfalls eingewachsen. Und wenn sich der Muskel nun zusammenzieht, zieht er damit an den beiden Sehnen, diese ziehen an beiden Knochen und letztlich bewegt sich das Gelenk. Ganz einfach.

»Ich habe mal gehört, dass sich ein Muskel nur zusammenziehen kann und nicht mehr selbstständig ausdehnen. Stimmt das?« Richtig, Günter. Das Dehnen überlassen sie nämlich ihren Nachbarmuskeln, deren Sehnen das Gelenk in die entgegengesetzte Richtung bewegen. Der eine zieht sich zusammen und streckt dadurch den anderen. Und wenn der sich wiederum zusammenzieht, streckt er den ersten. »Agonist« und »Antagonist« nennt man die Muskeln eines solchen Paares. Und das Zusammenziehen eines Muskels nennt man »Kontraktion«.

Muskelaufbau

»Und wieso kann sich ein Muskel zusammenziehen?« Das liegt an zwei Eiweißstäbchen, die sich in der Muskelzelle bewegen – am Aktin und Myosin. Stell dir beide Stäbchen ungefähr wie die Finger zweier Hände vor, die jeweils in die Räume zwischen den Fingern der anderen Hand gleiten. Wenn der Muskel schlaff ist, überlappen sich die Finger nur ein Stück an den Fingerspitzen. Kontrahiert sich der Muskel aber, also zieht er sich zusammen, dann flutschen die Finger so weit ineinander, bis sie am Handballen anstoßen und stoppen müssen. Der Muskel hat sich zusammengezogen. Erschlaffen kann die Muskelzelle nun erst wieder, wenn der Nachbarmuskel, also der Antagonist, sie wieder auseinanderzieht.

Sehr viele solcher kleinen Aktin- und Myosin-Stäbchen wechseln sich nun ab: Aktin, Myosin, Aktin. Oder Finger rechte Hand, Finger linke Hand und so weiter. Zusammen ergeben sie eine Art langes Kabel, das sich viel weiter zusammenziehen kann als nur ein einziges Händepaar. Dieses Kabel nennt man Myofibrille. Und viele solcher Myofibrillen ergeben eine Muskelfaser. Mehrere solcher Muskelfasern wiederum schließlich den Muskel. Alles klar?

Langsame und schnelle Muskelfasern

»Äh, noch nicht ganz!«, grunzt Günter. Okay: Stell dir einen Muskel am besten wie ein dickes Starkstromkabel vor. Unter der äußeren Plastikummantelung – dem Muskel – stecken lauter dünnere Kabel – die Muskelfasern –, in denen wiederum lauter kleine Drähte liegen – die Myofibrillen mit Aktin und Myosin. Jetzt kapiert? »Oh ja!«

Übrigens gibt es von diesen Muskelfasern zwei Arten: nämlich langsame und schnelle. Typ 1 sind die langsamen Muskelfasern –

auch ST-Fasern oder »Slow Twitch« genannt. Sie sind relativ dünn, nicht besonders kräftig, aber dafür ziemlich ausdauernd. Das liegt an ihrer guten Durchblutung und der hohen Konzentration des Eiweißes Myoglobin, das den Muskel besonders gut mit Sauerstoff versorgt.

Das Myoglobin gibt den Typ-1-Muskelfasern auch ihre dunkelrote Farbe. Solche Typ-1-Muskeln sind vor allem für Ausdauersportarten geeignet. Die Typ-2-Muskelfasern hingegen kontrahieren sich sehr schnell, weshalb man sie auch FT-Fasern oder »Fast Twitch« nennt. Darüber hinaus sind sie sehr kräftig, aber auch rasch müde. Sie sind schlechter durchblutet, enthalten weniger Myoglobin und sehen etwas heller aus. Sie sind gut für schnelle Sportarten, bei denen man viel Kraft braucht.

Ob man vor allem schnelle oder langsame Muskelfasern hat, ist einerseits eine Frage des Trainings, anderseits aber auch der genetischen Veranlagung.

Energiegewinnung aus ATP

»Und woher nimmt der Muskel die Energie?«, will Günter wissen. Indem der Körper Glukose und Sauerstoff in Wasser und Kohlendioxid umbaut, damit ATP entsteht. »Versteh ich nicht!«

Also, der Reihe nach: Glukose ist die wissenschaftliche Bezeichnung für Traubenzucker, die Zuckerart, die wir meist aus unserer Nahrung gewinnen. Und Sauerstoff atmen wir ständig ein. In unseren Körperzellen verbindet sich dann beides, und es entstehen Wasser, das unseren Körper feucht hält, und Kohlendioxid, das wir wieder ausatmen. Besonders wichtig ist aber, dass sich dabei ein besonderes Energiemolekül bildet: das sogenannte Adenosintriphosphat oder auch kurz ATP. Genau diesem ATP haben wir es nämlich zu verdanken, dass Aktin und Myosin im Muskel aneinander vorbeigleiten können. Ohne ATP würden sie starr bleiben und wir könnten uns nicht bewegen. ATP stellt also die Energie zur Verfügung, die wir zum Leben brauchen. Deshalb müssen wir auch ständig für Sauerstoff- und Zuckernachschub sorgen – damit neben Wasser und Kohlendioxid eben immer auch genügend ATP entstehen kann.

»Dann atmen wir also, um aus dem Sauerstoff ATP zu gewinnen?«, fragt Günter erstaunt. Richtig, schlauer Schweinehund.

Sauerstoff und das Herz-Kreislauf-System

Durch die Lunge nehmen wir Sauerstoff auf, und dann pumpt das Herz sauerstoffreiches Blut durch Arterien in den Körper hinein. In den Zellen verbindet sich der Sauerstoff dann mit Zucker. Es entstehen Wasser, Kohlendioxid und ATP. Die Muskeln können sich jetzt bewegen. Und das Kohlendioxid transportieren unsere Venen dann zu Herz und Lunge zurück, damit es dort erneut durch Sauerstoff ersetzt werden kann. Das ist das Herz-Kreislauf-System.

»Und was passiert, wenn du dich anstrengst und deine Muskeln mehr arbeiten als im Ruhezustand?« Ganz klar: Dann brauchst du auch mehr Energie, also mehr ATP und Sauerstoff. Deswegen musst du ja auch so schnaufen, wenn es anstrengend wird. Auch dein Herz pumpt dann schneller. Durch den erhöhten Energiebedarf will die Lunge nämlich mehr Sauerstoff aufnehmen. Und dein Herz will ihn mit dem Blut besser in die Muskeln transportieren.

So steigt der Puls, also die Anzahl deiner Herzschläge pro Minute, und damit steigt auch deine Leistungsfähigkeit – denn der Muskel bekommt nun mehr Sauerstoff und somit auch mehr ATP. »Aha!«, kombiniert Günter. »Und wenn man viel trainiert, wird das Herz mit der Zeit größer. So kann es nämlich noch viel mehr Blut und Sauerstoff in den Muskel pumpen.« Richtig. Es entsteht ein großes Sportlerherz. Das braucht nun im Ruhezustand nicht mehr so oft zu schlagen wie vorher. Der sogenannte Ruhepuls sinkt.

Zucker bringen Energie

»Die Muskeln brauchen doch aber auch Zucker, damit sie funktionieren?«, fragt Günter. Richtig, und zwar die schon erwähnte Zuckerart Glukose, den Traubenzucker. »Essen Sportler deswegen immer Traubenzucker?« Jawohl: Wer beim Sport Traubenzucker isst, stellt seinen Muskelzellen besonders schnelle Energie zur Verfügung.

»Aber Moment mal! Gibt es denn mehrere Zuckerarten?« Ja. Wir sprechen von sogenannten Kohlenhydraten. Sie bestehen alle aus Zuckermolekülen – kleine Kohlenhydrate aus einzelnen und große aus langen Ketten von mehreren Zuckermolekülen. Kleine Kohlenhydrate sind etwa der Traubenzucker (Glukose), der Fruchtzucker (Fructose), der Rohrzucker (Saccharose) oder der Milchzucker (Laktose). Solche kleinen Zucker schmecken süß und kommen beispielsweise in Obst, Honig und den meisten Süßigkei-

ten vor. Ein großes – sogenanntes komplexes – Kohlenhydrat hingegen, das sich aus langen Zuckermolekülketten zusammensetzt, ist die Stärke. Sie findet man in Kartoffeln, Mehl, Reis oder Nudeln.

Kohlenhydrate

»Aha!«, freut sich Günter. »Deswegen essen Sportler vor Wettkämpfen also immer so viele Nudeln? Damit sie besonders viele Kohlenhydrate zur Glukosegewinnung zur Verfügung haben!« Ein kluger Schweinehund! Unser Körper kann nämlich eine gewisse Menge an Kohlenhydraten in Leber und Muskulatur speichern und dann punktgenau mobilisieren, sobald sie gebraucht werden. Also füllen Sportler rechtzeitig ihre Kohlenhydratspeicher auf, bevor es ins Stadion geht.

Gespeichert werden Kohlenhydrate – übrigens ähnlich wie bei der Stärke – in langen Zuckermolekülketten, dem sogenannten Glykogen. Und zur ATP-Gewinnung werden die Ketten dann wieder kleingeschnitten. Damit die praktischen Glukosestückchen entstehen können.

»Ui!«, sorgt sich Günter. »Wirst du da nicht dick, wenn du so viele Zucker isst?« Klar, wenn du mehr Kohlenhydrate zu dir nimmst, als du Energie verbrauchst, sind die Glykogenspeicher überfüllt. Dann baut dein Körper den Zucker in Fett um und du wirst dick. Hast du aber viele Muskeln und genügend Bewegung, darfst du beim Essen ruhig zulangen – und du bleibst (oder wirst) schlank. Alles hängt also von zwei Variablen ab: wie viele Muskeln du hast. Und wie viel Energie du verbrauchst.

Grundumsatz und Kalorien

Die Energiemenge, die unser Körper im Ruhezustand verbraucht, nennt man übrigens »Grundumsatz«. Deinen Grundumsatz kannst du ausrechnen: Multipliziere dazu dein Körpergewicht in Kilogramm erst mit 24 und dann mit 0,9 (wenn du eine Frau bist) beziehungsweise mit 1,0 (wenn du ein Mann bist). Noch einmal: Grundumsatz bei Frauen = Gewicht × 24 × 0,9. Und Grundumsatz bei Männern = Gewicht × 24 × 1,0. Falls du also weiblich und 70 Kilogramm schwer bist, hast du einen Grundumsatz von 70 × 24 × 0,9 = 1512 Kalorien. Alles klar?

»Und was sind Kalorien?«, will Günter wissen. »Kalorien« sind eine Maßeinheit für Energie. Eine Kalorie ist die Menge Energie, die man braucht, um ein Gramm Wasser um genau ein Grad Celsius zu erwärmen. Nun, eigentlich heißen sie ja »Kilokalorien«, aber die meisten sagen einfach nur »Kalorien« dazu. Also:
Wirf mal einen Blick auf Lebensmittelverpackungen! Dort steht meist drauf, wie viele Kalorien – abgekürzt mit »kcal« – das jeweilige Lebensmittel enthält, also wie viel Energie es liefert. Diese Energie nennt man dann den »Brennwert«. Wer übrigens täglich 100 Kalorien zu viel isst, nimmt in einem Jahr sieben Kilo zu. Und wer 7000 Kalorien einspart, nimmt ein Kilo ab.

Der Leistungsumsatz

Besonders viel Energie verbrauchen unsere Muskeln, wenn sie viel zu tun haben, wie etwa beim Sport oder bei körperlicher Arbeit. Faulenzen wir jedoch oder sitzen hauptsächlich an Schreibtisch und Fernseher herum, ruhen sich unsere Muskeln aus, und wir verbrauchen nur wenig Energie. Um also zu erfahren, wie viel Energie wir täglich verbrennen, müssen wir neben dem Grundumsatz auch berücksichtigen, wie viel unsere Muskeln leisten. Das nennt man dann den »Leistungsumsatz«.

Der Leistungsumsatz ist die Kalorienmenge, die wir zusätzlich zum Grundumsatz verbrauchen. Wir berechnen ihn, indem wir unseren Grundumsatz mit 0,2, 0,3, 0,4 oder 0,5 multiplizieren – je nachdem, ob wir uns fast gar nicht, ein wenig, viel oder sehr viel bewegen. Wenn sich also ein Mann mit 1800 Kalorien Grundumsatz den ganzen Tag kaum bewegt, kommt er auf einen Leistungsumsatz von 0,2 × 1800 kcal = 360 kcal. Wenn er allerdings den ganzen Tag Möbel schleppt und abends noch ins Fitnessstudio geht, kommt er auf 0,5 × 1800 kcal = 900 kcal. Okay?

Der Energieverbrauch

Neben dem Grund- und Leistungsumsatz verbrauchen wir auch durchs Essen und Verdauen Energie, denn auch unsere Darmmuskeln müssen sich ja bewegen. Diese Energie beträgt etwa ein Zehntel von Grund- und Leistungsumsatz. Wenn wir also zum Grundumsatz den Leistungsumsatz addieren und von der Summe noch mal 10 Prozent dazuzählen, erhalten wir unseren täglichen Energieverbrauch.

Also angenommen, der oben beschriebene Mann hat einen Grundumsatz von 1800 Kalorien und einen Leistungsumsatz von 900 Kalorien, dann verbraucht er schon mal 1800 + 900 = 2700 Kalorien. 10 Prozent davon sind 270 (also 0,1 × 2700 = 270). Somit hat er einen täglichen Energieverbrauch von 2700 + 270 = 2970 Kalorien. Eine Frau hingegen mit 1500 Kalorien Grundumsatz und einem Leitungsumsatz von 300 Kalorien kommt auf einen täglichen Energieverbrauch von 1500 + 300 + (1500 + 300) × 0,1 = 1980 Kalorien. Sie braucht also fast 1000 Kalorien weniger als der zuvor beschriebene Mann, weil sie weniger wiegt und sich weniger bewegt.

ÜBUNG
Berechne deinen täglichen Energieverbrauch!

Alles verstanden? Na, dann los: Berechne deinen täglichen Energieverbrauch!

Grundumsatz (kcal) = Gewicht (kg) × 24 × 0,9 (Frauen) bzw. Gewicht (kg) × 24 × 1 (Männer)

Leistungsumsatz = Grundumsatz × 0,2 beim Faulsein, × 0,3 bei leichter Bewegung, × 0,4 bei flotter Bewegungsweise, × 0,5 beim Schuften

Gesamtenergieverbrauch = Grundumsatz + Leistungsumsatz + 0,1 × (Grundumsatz + Leistungsumsatz)

Gewicht, Intensität und Fitness

»Jetzt reicht es aber mit der Rechnerei!«, motzt Günter. »Wofür soll das gut sein?« Nun, diese paar Rechnungen machen dir bewusst, wie viel – oder wie wenig – Energie du eigentlich benötigst. Denn Essen und Trinken sind für deinen Körper so ähnlich wie für ein Auto das Tanken: Benzin auffüllen, Benzin verbrauchen, Benzin wieder nachfüllen. Also: Energie rein, Energie raus, Energie wieder rein. Oder eben: Essen, bewegen und wieder essen – Tag für Tag, dein ganzes Leben lang.

Natürlich ist der Energieverbrauch von Bewegung zu Bewegung unterschiedlich. Was den Energieverbrauch dabei beeinflusst, sind dein Gewicht, die Bewegungsintensität und dein Fitnesszustand. Zum Beispiel braucht ein 100-Kilo-Mann, wenn er die Treppe hochläuft, mehr Energie als jemand, der nur 70 Kilo wiegt. Schließlich müssen ganze 30 Kilo mehr in Bewegung gesetzt werden. Oder wer eine halbe Stunde joggt, verbraucht logischerweise mehr Energie als jemand, der eine halbe Stunde nur spazieren geht. Klar: Das Joggen ist intensiver. Wenn aber ein geübter Sportler die gleiche Belastung absolviert wie ein Nichtsportler, verbraucht er dank Fitness und Übung weniger Kalorien. So kommt etwa ein Profi-Schwimmer wesentlich einfacher in einer bestimmten Zeit zum Ziel als ein Nichtsportler, der sich für dasselbe Ergebnis viel mehr anstrengen muss.

Das Metabolische Äquivalent

»Verstehe«, sagt Günter. »Aber noch einmal zurück zur Bewegungsintensität: Wie kann man denn bestimmen, wie intensiv verschiedene Bewegungen sind?« Mit dem »Metabolischen Äquivalent« – oder auch kurz »MET« genannt. Das gibt nämlich ungefähr an, um wie viel der Grundumsatz durch eine bestimmte körperliche Aktivität in einem bestimmten Zeitraum gesteigert ist. So kann man verschiedene Aktivitäten direkt miteinander vergleichen. »Hat das was mit Mett zu tun? Lecker!« Oh, Günter …

Für 1 MET benötigt man 1 Kalorie pro Kilogramm Körpergewicht pro Stunde – was in etwa dem Energieumsatz im Ruhezustand entspricht. Ein Beispiel: Wer den ganzen Tag am Schreibtisch sitzt, verbraucht dabei nur 1 MET. Ein 100-Kilo-Mann hätte so in 24 Stunden 1 × 100 × 24 = 2400 Kalorien verbraucht, ein 70-Kilo-Mann hingegen nur 1 × 70 × 24 = 1680 Kalorien. Wären dabei beide aber locker durchs Büro spaziert, hätten sie 2 MET benötigt, und der Kalorienverbrauch hätte sich während der Bewegung jeweils verdoppelt. Für das Gehen mit einer Geschwindigkeit von 5 Stundenkilometern braucht man 3 MET, für aktive Hausarbeit bis zu 5 MET, fürs Rasenmähen 6 MET, fürs Joggen 6 bis 8 MET, Fahrradfahren verbraucht 6 bis 10 MET und schnelles Schwimmen bis zu 11 MET. Also: Je mehr Anstrengung, desto mehr MET. Und desto höher der Energieverbrauch.

Verschiedene Arten der Energiegewinnung

»Toll!«, freut sich Günter. »Und je anstrengender die Bewegung, desto mehr Fett nimmt man ab!« Na ja, nicht ganz. Um nämlich den Fettstoffwechsel zu aktivieren, solltest du vor allem aerob trainieren. »Wie bitte? Was soll denn ›aerob‹ heißen?« Ganz einfach: Im Wesentlichen gibt es zwei Möglichkeiten, wie Muskeln Energie gewinnen können – die aerobe und die anaerobe. Nur bei der aeroben Belastung verbrennt der Körper Fette, wobei er viel Sauerstoff benötigt – daher »aerob«. Solche Belastungen dauern längere Zeit an, sind weniger intensiv und eher gleichmäßig, wie etwa beim Fahrradfahren, Schwimmen oder Laufen. Bei der anaeroben Energiegewinnung hingegen verbrennt man nur Zucker, wobei allerdings kaum Sauerstoff benötigt wird – eben »anaerob«. Solche Belastungen dauern meist nur kurz an, sind dafür aber sehr intensiv, wie etwa beim Sprinten oder Bergzeitfahren. Fette werden dabei nicht verbrannt.

Aber der Reihe nach: Denn eigentlich brauchen beide Prozesse eine Weile, um überhaupt in Schwung zu kommen. Daher gewinnt der Muskel seine Energie zunächst dadurch, dass er verbrauchtes ATP wiederherstellt, sodass es noch mal verwendet werden kann. Eine Art Energierecycling sozusagen.

Anaerobe Glykolyse

»Aber wie geht das denn?«, fragt Günter erstaunt. Wenn du es genau wissen willst: ATP wird nach der Muskelkontraktion zu ADP, dem Adenosindiphosphat. Das Adenosin besitzt nun statt der vorherigen drei nur noch zwei Phosphatteilchen. Und dank des sogenannten Kreatinphosphats sowie des Enzyms Kreatinkinase kriegt es wieder ein Phosphat dazugebastelt. Nun ist es wieder ATP – reine Energie also. »Aha ...«

Nicht so wichtig, denn nach ein paar Sekunden Belastung ist sowieso alles Kreatinphosphat im Muskel wieder aufgebraucht. Nun muss Zucker her. Einerseits wird dazu Glukose-Blutzucker in die Zellen geholt, was ebenfalls recht schnell geht. Andererseits werden die gespeicherten Zuckerketten in Muskeln und Leber kleingeschnippelt, was ein wenig länger dauert. »Du meinst dieses Glykogen?« Richtig, Günter!

Etwa 30 Sekunden nach Belastungsanfang beginnt nun also die sogenannte anaerobe Glykolyse, die Energiegewinnung aus Glukose ohne Sauerstoff. Dabei wird die Glukose, also der Zucker, in Milchsäure verwandelt, in sogenanntes Laktat. »Und warum?«, will Günter wissen. Na, weil dabei ATP entsteht! Und zwar genau zwei ATP pro »Stückchen« Zucker.

Aerobe Glykolyse

»Super!«, freut sich Günter. »Dann können wir uns ja das Schnaufen sparen, wenn wir gar keinen Sauerstoff brauchen!« Falsch: Wenn die Belastung nämlich für längere Zeit zu intensiv ist und dadurch nur anaerob Energie gewonnen wird, sammelt sich dabei so viel Laktat an, dass dein Blut sauer wird. Dann werden die Muskeln zu müde, um zu arbeiten – und du hast plötzlich keine Kraft mehr.

Wenn die Belastung aber nicht ganz so intensiv ist, beginnt nach etwa einer Minute die aerobe Glykolyse. Nun erst verwandelt die Muskelzelle Sauerstoff und Zucker in Wasser, Kohlendioxid und ATP. Dabei entstehen übrigens aus einem »Stückchen« Zucker ganze 36 ATP! Viel mehr also als vorher. Und deshalb reicht auch unsere Kraft für viel längere Zeit, wenn wir beim Sport ordentlich Luft holen. Nach ein paar Minuten gleichmäßiger Belastung haben wir nämlich einen Zustand erreicht, in dem wir sehr lange leistungsfähig sind.« »Steady State« nennt man den übrigens.

»Und wie lange sind wir leistungsfähig?«, will Günter wissen. Das hängt von unseren Speichern ab. Zunächst werden nämlich vor allem die Glykogenspeicher leer geräumt. Außerdem beginnt unser Körper nun vermehrt, das energiereiche Fett abzubauen. Denn aus den darin enthaltenen Fettsäuren lassen sich ganz viele Glukosestückchen basteln.

Fett weg durch Sport?

»Aha, der Fettstoffwechsel beginnt also erst nach einer ganzen Weile?« Richtig, Günter: genauer gesagt, erst nach 20 bis 30 Minuten. »Aber das bedeutet ja, dass man vorher gar kein Fett verliert! Dann lasse ich es bleiben mit dem Sport – länger als 20 Minuten habe ich eh keine Lust.« Falsch: Ein bisschen Fett verbrennst du auch schon vorher. Außerdem kannst du die Fettverbrennung gezielt trainieren, indem du die richtige Belastung wählst. Dazu später mehr. Und: Sport macht Muskeln – und Muskeln verbrennen Fett. Sogar in Ruhe, ohne Bewegung ...

Wenn du weniger Schwabbelspeck mit dir herumschleppen möchtest, gibt es dafür ein paar einfache Regeln: Iss nicht mehr Kalorien, als du wirklich benötigst! Sonst speichert dein Körper den Überschuss als Fett ab. Iss insbesondere nur wenig Zucker und Fett! Iss vor allem keine Süßigkeiten – sie wandern besonders leicht auf die Hüften! Und Vorsicht bei »schlechten« Fetten wie Frittierfett und Industriefette in Fertigprodukten – sie machen krank und dick! Viel besser sind »gute« Fette, wie sie in Nüssen, Fisch oder Rapsöl enthalten sind. Und beweg dich so viel, dass du dir zwischenzeitliches Schlemmen und Naschen auch mal erlauben kannst! Ständiges Sitzen und Faulheit? Nein, danke! Sport ist angesagt!

Training – nein, danke?

»Sport, Sport, Sport ...«, raunzt Günter. »Wäre schön, wenn der nicht so anstrengend wäre!« Ach, Sport findest du anstrengend? Mensch, Günter! Das kommt doch gerade von zu wenig Bewegung! »Kapiere ich nicht. Wenn man sich zu viel bewegt, ist man platt. Wie soll es da helfen, sich mehr zu bewegen?« Indem sich der Körper an steigende Belastung anpasst – durch Training. Denn besser trainiert bist du bald nicht mehr so schnell erschöpft. »Also ständig ackern bis zum Umfallen und hoffen, dass es irgendwann besser wird? Nein, danke! Viel zu viel Stress ...« Lieber Günter, du sollst natürlich nicht hart trainieren, sondern schlau! Denn dadurch verbessern sich deine Leistungen bald fast wie von selbst.

Eigentlich ist klar, warum: Der Körper passt sich an genau die Belastung an, die regelmäßig von ihm verlangt wird. Wer viel barfuß läuft, bekommt eine Hornhaut an den Füßen. Wer viel Mathe übt, trainiert seine Gehirnzellen, sodass sie bald in Windeseile Rechenergebnisse ausspucken. Und wer eben regelmäßig Sport treibt, verbessert seine Fitness – und zwar indem sich sein ganzer Körper an den Sport anpasst: das Herz-Kreislauf-System, die Muskulatur, die Beweglichkeit, Kraft, Schnelligkeit und Ausdauer oder die Fähigkeit, sich innerhalb kürzester Zeit wieder zu erholen. Training sei Dank!

Unser schlapper Alltag

Also: Es ist wichtig, dass wir Menschen uns bewegen. Schließlich sind wir biologisch betrachtet Tiere und haben einen angeborenen Bewegungsdrang. Niemand würde Hamster ohne Laufrad halten oder mit Bello nicht Gassi gehen wollen. Doch unseren eigenen Bewegungsdrang trainiert uns die Zivilisation schnell ab: in der Schule? Sitzen. Im Auto? Sitzen. Am Job? Sitzen. Vor dem Fernseher?

Sitzen. Und wie immer, wenn wir ein Verhalten oft genug wiederholen, passen wir uns an. Wir lernen, stillzusitzen – obwohl wir uns früher als Kinder noch gerne bewegt haben. Damals, als wir unsere Umgebung ausgekundschaftet haben, noch begeistert Fahrrad gefahren und herumgetobt sind. Sogar freiwillig.

Mittlerweile aber findet unser Leben vorwiegend eingesperrt in »Kisten« statt: Wir leben in Kisten, fahren in Kisten, arbeiten oder lernen in Kisten, gucken dabei in Kisten hinein oder halten uns kleine Kisten ans Ohr, in die wir sprechen – alles weitgehend bewegungsfrei. Und: Überall gibt es Begrenzungen. Wie sollten wir uns noch bewegen wollen? Was aber passiert bei so viel Bewegungsarmut? Klar: Unsere ursprünglichen körperlichen Fähigkeiten lassen nach! Wir bauen ab – und halten das für eine normale Folge des Älterwerdens anstatt für eine Folge unseres Bewegungsmangels. Und bald ersetzt immer mehr Fett unsere jugendliche Muskelmasse. Hallo, Wackelpudding! Schade ...

Die Generation »FÜSSE HOCH!«

Keine Generation hat sich je so wenig bewegt, wie wir es jetzt tun. Das Robert-Koch-Institut stuft fast 50 Prozent der Deutschen als bewegungsfaul ein. Das heißt: Jeder zweite Deutsche treibt keinerlei Sport! Und rund 30 Prozent gelten als kaum aktiv. Nur 13 Prozent der Bevölkerung bewegt sich so viel, dass ein gesundheitlicher Effekt erreicht werden kann. Das ist gerade mal jeder Achte! Viele Menschen gehen gerade mal 3000 bis 5000 Schritte pro Tag, was nur etwa 2,5 bis 4 Kilometern entspricht ...

Als Jäger und Sammler war der Mensch über 200 000 Jahre täglich ungefähr 12 Stunden mit einem durchschnittlichen Pensum von 30 Kilometern auf den Beinen! Die Folge: Heute sterben etwa 16 Prozent der Menschen in den westlichen Industriestaaten vorzeitig, weil sie sich zu wenig bewegen. Denn Inaktivität erhöht einerseits das Risiko für Herz- und Zuckerkrankheit und führt andererseits dazu, dass träge Menschen viel schneller altern als fitte.

Zu diesem Ergebnis ist eine Studie mit über 2400 Zwillingen gekommen. Sie konnte zeigen, dass Bewegungsmuffel ungefähr 10 Jahre früher sterben als ihre fitten Pendants. Kein Wunder: Basieren doch unsere Wohlstandskrankheiten auf unserem bewegungsarmen Lebensstil. Unser Körper ist dafür nicht gemacht.

Bewegung in der Steinzeit

Evolutionsmediziner haben dafür folgende Erklärung: Der moderne Mensch ist immer noch auf das Leben als Jäger und Sammler programmiert. Denn unsere körperliche Veranlagung hat sich in den letzten 10 000 Jahren, also seit der Steinzeit, kaum verändert. Unsere Vorfahren mussten sich tagtäglich auf die Nahrungssuche begeben. Bequem zum Supermarkt oder zum Bäcker um die Ecke? Pustekuchen. Unsere Urahnen waren bei der Essensbeschaffung in der Regel kilometerweit zu Fuß unterwegs, mussten gegen Raubtiere kämpfen oder vor ihnen fliehen, rannten Berge hoch und runter, kletterten auf Bäume, schwammen im Wasser, krochen auf dem Boden entlang, sprangen über Steine und Gestrüpp und mussten ihre Beute bis zur Höhle tragen. Sie mussten also körperlich hart arbeiten, um zu überleben. Natürlich tragen wir das evolutionsbedingt auch noch heute in uns. Denn: Über 100 000 Generationen hinweg wurde unser Körper daran angepasst, Leistung zu bringen! Und nicht, den Pizza-Service zu rufen ...

E-Mails machen dick

Unsere Körper sind also nicht gemacht für unser heutiges Leben, das stets danach strebt, den Energieverbrauch noch weiter zu reduzieren. Wir brauchen heute nicht mehr das Haus zu verlassen, um Nahrung zu besorgen, fahren bequem mit dem Aufzug oder können ins Nachbarbüro E-Mails schicken. Letzteres hat auf Monate und Jahre gesehen verheerende Folgen, wie der kalifornische Bewegungsforscher William Haskell erläutert. Er rechnete aus, wie viel Energie ein 60 bis 70 Kilo schwerer Büroangestellter jährlich weniger verbraucht, wenn er Schriftstücke mailt, anstatt sie auszudrucken und seinem Kollegen persönlich vorbeizubringen (pro Stunde 1 Mal für 2 Minuten ins Nachbarbüro gehen und wieder zurück): Er verbrennt dabei pro Jahr ungefähr 500 Gramm weniger Fett! Auf 10 Jahre hochgerechnet entspricht das fünf Kilo Speck auf den Rippen ...

Nur 3000 Schritte mehr pro Tag

Fazit: Wir sind biologisch nicht geschaffen für die chronische Unterforderung des 21. Jahrhunderts. Wir schonen uns krank. Dabei kann jeder sechste Todesfall durch lächerliche 30 Minuten moderater Bewegung pro Tag vermieden werden. In den westlichen Industrieländern ist bereits das Gehen Hauptinterventionsstrategie, um bewegungsinaktive Menschen zu mehr körperlicher Arbeit zu motivieren. Deutschland hat diesen Trend mit der vom Bundesministerium für Gesundheit proklamierten Bewegungskampagne »3000 Schritte mehr am Tag« zwischen 2005 und 2010 aufgegriffen. Diese 3000 Zusatzschritte entsprechen ungefähr einer Aktivitätszeit von 30 Minuten. Überprüfen lässt sich das ganz einfach mit einem Schrittzähler. Die Wissenschaftler Catrine Tudor-Locke und David R. Bassett haben dafür folgende Richtwerte bestimmt, die anhand der gelaufenen Schritte pro Tag (S/T) die Aktivität des Lebensstils kategorisieren:

- < 5000 S/T = sitzender Lebensstil
- 5000 bis 7499 S/T = wenig aktiver Lebensstil
- 7500 bis 9999 S/T = etwas aktiver Lebensstil
- 10000 bis 12499 S/T = aktiver Lebensstil
- > 12500 S/T = hochaktiver Lebensstil

Die dicken Kinder von heute

Auch unsere Kinder werden immer dicker und bewegen sich zu wenig. Und während sie sich immer geschickter in der virtuellen Welt fortbewegen, fällt ihnen das Laufen, Balancieren und Rückwärtsgehen in der realen Welt immer schwerer. In der Kinder- und Jugendgesundheitsuntersuchung des Robert-Koch-Instituts (KiGGS-Studie), die zwischen 2003 und 2006 mit etwa 18000 Kindern und Jugendlichen durchgeführt wurde, zeigte sich: Über ein Drittel ist nicht in der Lage, mindestens zwei Schritte auf einem drei Zentimeter breiten Balken rückwärts zu balancieren. Beinahe 90 Prozent gelingt es nicht, 1 Minute lang auf einer T-Schiene zu balancieren, ohne den Boden zu berühren. Und bei gestreckten Knien schafft es kaum jeder zweite, mit den Händen den Boden zu berühren. In den vergangenen 20 Jahren hat sich demnach die körperliche Leistungsfähigkeit von Kindern und Jugendlichen um etwa 10 Prozent verschlechtert.

»Das Klicken mit der Maustaste stärkt vielleicht die Muskulatur des rechten Zeigefingers, wird aber auf absehbare Zeit keine olympische Disziplin« – mit diesen Worten versuchte der damalige Bundespräsident Johannes Rau im Dezember 2000, die deutsche Jugend zu mehr körperlicher Aktivität zu ermuntern.

Auch die Forscher Hebebrand und Bös kommen auf der Grundlage von 54 ausgewerteten Studien zu dem Schluss, dass sich die motorische Leistungsfähigkeit der Kinder in den letzten 25 Jahren um 10 Prozent verringert hat. Und auf der Basis von Bewegungstagebüchern zeigt ein durchschnittliches Grundschulkind folgende Aktivität: liegen – 9 Stunden, sitzen – 9 Stunden; stehen – 5 Stunden und Bewegung – nur 1 Stunde. Das Problem: Heute leben Kinder während ihrer Freizeit vorwiegend in der virtuellen Welt. So sitzt ein Kind in den USA im Schnitt 2,2 Stunden vor dem Fernseher, mit 15 Jahren sogar fast 4 Stunden. Das ist das Zehnfache der Zeit, die es mit intensiver Bewegung verbringt! Hinzu kommen die Stunden vor dem PC. Wo bleibt da noch Zeit fürs Spielen im Freien? Haben sich Kinder noch vor 30 Jahren bis zu 4 Stunden pro Tag bewegt, sind es heute nur noch eine halbe bis 1 Stunde.

Jung, dick, krank

Die Folgen dieser Bewegungsarmut sind vergleichbar mit denen von Erwachsenen: Fettleibigkeit, Haltungsfehler, Kreislaufschwächen, Depressionen, Zuckerkrankheit, Aufmerksamkeitsdefizit-/Hyperaktivitätsstörung (ADHS) und viele andere. Sogar die Halsschlagadern dicker Kinder sind so eng wie die von 45-Jährigen. Das wurde 2008 auf einem Kongress in New Orleans berichtet. Betroffene Kinder müssen also bereits in jungen Jahren schon mit einem erhöhten Herzinfarkt- und Schlaganfallrisiko leben!

Darüber hinaus wird bereits bei übergewichtigen und adipösen Kindern häufig eine nicht alkoholische Fettlebererkrankung (NAFLD) diagnostiziert. Sie ist in den letzten Jahren zur häufigsten chronischen Lebererkrankung geworden. Schätzungsweise leiden heute mehr als 10 Prozent fettleibiger Kinder unter einer Entzündung und Verfettung ihrer Leber. Auch Rückenschmerzen machen vor unseren Jüngsten keinen Halt. So werden in Deutschland deswegen bereits Kinder tausendfach mit Arzneimitteln oder Krankengymnastik behandelt.

»Mööönsch, Kinners, bewegt euch!«

Abhilfe schaffen können Bewegung und Sport: Sie schaffen die Basis für die Entwicklung sensomotorischer Fähigkeiten und für eine gesunde intellektuelle, soziale und persönliche Entfaltung im Kindesalter. Bewegung ist also notwendig, um sich kognitiv optimal zu entwickeln.

Bedeutet das im Umkehrschluss, dass bewegungsarme Kinder dümmer sind? Tatsächlich: Der Zusammenhang zwischen körperlicher und kognitiver Leistungsfähigkeit konnte ebenfalls in mehreren Studien festgestellt werden. Kein Wunder: Bereits beim Gehen wird die Durchblutung des Gehirns um 13 Prozent erhöht. Die Zahl der Nervenverbindungen steigt und das Aktivitätsniveau des Gehirns erhöht sich.

3. Einstieg in die Trainingslehre: »DU SCHAFFST ES!«

Das schwache Ausgangsniveau

»Bessere Fitness musst du dir also wieder erarbeiten?« Genau, Günter. »Aber wie?« Indem du gezielt deine körperlichen Herausforderungen steigerst. Momentan geht alles ja ziemlich leicht: Du musst tagtäglich nur aufstehen, dir die Zähne putzen, ins Auto steigen, ins Büro gehen und so weiter. Und wenn all das für dich keine körperlichen Herausforderungen sind, dann nur, weil du daran gewöhnt bist. Wärest du hingegen krank und seit Wochen bettlägerig, kämen dir auch solche kleinen Alltagsanforderungen wie große Hürden vor. Und so wie du möglicherweise ans »schwächliche« Büroleben angepasst bist, ist ein Sportler eben an mehr Bewegung angepasst – er ist besser trainiert. Für ihn erscheinst du wie bettlägerig!

Also: Was würde passieren, wenn du als jahrelanger Nichtsportler plötzlich mit dem Sport anfingst? »Du würdest ihn zunächst als anstrengend empfinden?« Richtig, kluger Schweinehund! Und zwar zwangsläufig! Schließlich tust du etwas Ungewohntes. Aber Achtung: Was würde passieren, wenn du nun trotzdem regelmäßig Sport machen würdest? »Du würdest dich mit der Zeit an die neuen Anforderungen gewöhnen – und dich bald nicht mehr überfordert fühlen?« Genau, du hättest trainiert.

Trainieren heißt Grenzen erleben

»Das bedeutet also, ein bisschen Erschöpfung muss sogar sein, weil du sonst gar nicht trainieren würdest?« Gut kombiniert, Schweinehund! Sonst würdest du nämlich nur tun, was du immer tust. Doch nur wer an seine Grenzen geht und sie hin und wieder überwindet, kann besser werden. Erst dann ist Wachstum möglich. »Aber wie trainiert man denn am besten? Einfach drauflos?«, will Günter wissen. Nein, besser systematisch. Und indem man dabei ein paar wichtige Prinzipien beachtet.

Zunächst: Ganz egal, welchen Sport du machen willst – du hast dabei dein persönliches Ausgangsniveau, also gewisse Fähigkeiten und eine bestimmte Belastbarkeit, die deinem Trainingszustand entspricht. Was passiert wohl, wenn du dich jetzt immer genau in dem Maße belastest, das bequem für dich ist? »Du behältst dein Niveau bei und verbesserst dich nicht?« Richtig, Günter. Und was passiert, wenn du dich niemals anstrengst, also ständig unter deinen Möglichkeiten bleibst? »Die Leistungsfähigkeit sinkt weiter ab?« Genau. Was aber passiert, wenn du immer mal wieder an deine persönlichen Grenzen gehst, dich also in einem Maße belastest, das dich fast überfordert? »Ich ahne es: Du wirst zunächst zwar müde, erholst dich dann aber nach einer Weile. Und weil du dich wegen der ungewohnten Belastung anstrengen musstest, bist du danach ein wenig besser geworden?« Bingo, Günter: Du hast trainiert! Gerade weil du bis an deine Leistungsgrenze gegangen bist, kannst du sie hinterher überschreiten.

Der trainingswirksame Reiz

Das bedeutet: Damit du deine sportliche Leistungsfähigkeit und Fitness verbessern kannst, benötigst du einen sogenannten trainingswirksamen Reiz. Das heißt, du musst dich in einem Maße anstrengen, das dich richtig fordert. Und dann folgt eine ganz bestimmte Reihenfolge von Anpassungsprozessen: Zunächst kommst du während der Belastung in eine Ermüdungsphase hinein. Du fühlst dich etwas schlapp, und deine Energiereserven oder Fähigkeiten sind verbraucht. Anschließend aber, während der Erholung, füllt dein Körper genau diese Reserven wieder auf. Und wenn du jetzt lange genug bis zur nächsten Belastung wartest, tut dein Körper sogar noch ein bisschen mehr: Er passt sich an die erhöhten Anforderungen an! Er sorgt für einen Mehrausgleich, auch »Hyperkompensation« oder »Superkompensation« genannt. Deswegen wirst du nun mit der nächsten hohen Belastung besser fertig als zuvor – ein Trainingseffekt!

»Prima!«, freut sich Günter. »Dann reicht es ja aus, sich nur ein paarmal im Leben so richtig anzustrengen. Denn sobald der Körper das mal erlebt hat, ist man in Zukunft gewappnet!« Nein, Günter, leider nicht. Wartest du mit der nächsten Belastung hinterher nämlich zu lange, kehrt deine kurzzeitig verbesserte Leistungsfähigkeit wieder zum Ausgangsniveau zurück, und der Trainingseffekt verschwindet. So hast du nur dein Ausgangsniveau beibehalten. Und ganz ohne Training sinkt es über die Jahre auch noch ab.

Zu häufiges Training

»Ach, dann muss man sich also immer wieder bewegen?«, zeigt Günter sich enttäuscht. Genau. Und zwar optimalerweise zum richtigen Zeitpunkt. Denn es ergeben sich nun genau drei Möglichkeiten: Entweder du trainierst zu häufig, zu selten oder genau richtig.

Der Reihe nach: Wenn du immer in zu kurzen zeitlichen Abständen trainierst, belastest du dich wieder, obwohl du dich noch nicht vom letzten Mal erholt hast. Die Folge: Dein Körper ist im Dauerstress, hechelt immer weiteren Anforderungen hinterher, und du fühlst dich immer schlapper statt fitter. Du machst ein sogenanntes Übertraining: Obwohl du viel trainierst, wird deine Leistung schlechter. Dabei müsstest du einfach nur längere Pausen machen, um dich zu verbessern! Einzige Ausnahme für so ein Übertraining: Wer die Erschöpfung mehrerer Trainingseinheiten aneinanderreiht und danach längere Zeit pausiert, hat einen besonders starken Trainingseffekt. Der Körper erholt sich besonders gut, um sich vor erneuten Dauerbelastungen zu schützen. Diesen Mechanismus machen sich Leistungssportler zunutze, wenn sie sich etwa auf Wettkämpfe vorbereiten. Findet der Wettkampf nämlich auf dem Gipfel der Hyperkompensation statt, ist die Leistung noch besser. So kann man sich etwa für ein Turnier fit faulenzen.

Zu seltenes Training

»Okay, man muss also ein wenig Zeit vergehen lassen, bevor man wieder trainiert.« Ja, Günter. Aber die richtige Menge an Zeit! Denn trainierst du genau dann wieder, wenn du dich gerade erst erholt hast und sich noch gar kein Trainingseffekt entwickeln konnte, trainierst du ebenfalls zu früh – und dein Leistungslevel bleibt gleich, ohne dass du dich verbesserst.

»Dann muss man sich halt richtig lange Zeit lassen bis zum nächsten Training!« Vorsicht: Wenn du zu lange wartest, kann der Trainingseffekt schon wieder vorbei sein. Auch dann verbesserst du dich nicht, weil du viel zu selten trainierst.

»Verstehe ich nicht!«, grunzt Günter. »Eine kurze Pause geht nicht, eine lange auch nicht. Warum?« Weil beide Pausen falsch getimt sind! Stell dir mal zwei Jogger vor. Der eine joggt etwa jeden Tag – und wartet somit nicht ab, bis seine Leistungsfähigkeit sich durch die neuen Anforderungen verbessert hat. Er erreicht in der Erholung jedes Mal nur sein Ausgangsniveau. Der andere hingegen joggt einmal pro Woche, sodass er die positive Anpassung jedes Mal vergehen lässt und ebenfalls beim Ausgangsniveau landet, bevor er wieder trainiert. Was passiert? Zwar trainieren beide regelmäßig – aber leider, ohne sich dabei zu verbessern.

Das richtige Timing

»Also ist alles eine Frage des richtigen Timings?«, stellt Günter fest. Jawohl! Denn erst wenn der neue Belastungszeitpunkt stimmt, klappt es mit dem Trainingseffekt. Dafür musst du eben genau so lange warten, bis dein Körper in der Phase der Überkompensation angekommen ist. Wenn du dann wieder trainierst, ist dein Leistungsniveau höher als beim letzten Mal – du hast eben trainiert. Und wenn du danach immer wieder zum richtigen Zeitpunkt Sport machst, steigt deine Leistung stetig weiter. Wie bei einer Treppe geht es immer weiter nach oben. Du Profi!

»Und wann genau ist nun dieser optimale Zeitpunkt für das nächste Training?«, will Günter wissen. Als Faustregel für den Freizeitsportler gilt ungefähr: Das Maximum der Überkompensation ist nach etwa 48 Stunden erreicht, eine Zeit, die man auch »lohnende Pause« nennt. Denn wer genau dann wieder trainiert, wird besser. Individuell musst du dich für den richtigen Zeitpunkt natürlich mit einem Personal Trainer besprechen, der dein persönliches Leistungsniveau und deine Regenerationsfähigkeit bestimmt. Oder aber du misst selbst deine Leistungsentwicklung bei verschieden langen Pausen und horchst in dich hinein: Was sagt dir dein Körper? Wann fühlt er sich besonders fit an? So kannst du deine Trainingseffekte und Pausen ganz alleine bestimmen.

Homöostase

Dieser gesamte Anpassungsprozess hat einen fast unaussprechlichen Namen: Er heißt »Homöostase«. Und er hat eine wichtige Bedeutung: nämlich, dass sich natürlich stabile Gleichgewichte von selbst wieder einpendeln, wenn sie einmal durcheinandergebracht wurden. Werden sie aber immer auf die gleiche Weise durcheinandergebracht, pendeln sie sich eben auf einem neuen Niveau ein.

Genau genommen gilt das nicht nur beim Sport, sondern auch in etlichen anderen Lebensbereichen: Die stetige Abwechslung aus steigenden Anforderungen, überwundenen Grenzen, Lernen und Leistungssteigerung finden wir schließlich fast überall. »Stimmt!«, freut sich Günter. »Und was folgt daraus?« Nun, im Wesentlichen drei wichtige Erkenntnisse. Erstens: Wir brauchen die meisten Grenzen nicht zu akzeptieren. Sie sind schließlich oft nur eine Momentaufnahme unseres Trainingszustands. Zweitens: Wenn wir unsere Grenzen überschreiten, verbessern wir uns dadurch – unter der Voraussetzung eines richtig dosierten Trainings. Und drittens: Wir dürfen – nein, müssen! – dabei sogar immer wieder faul unsere Füße hochlegen und Pausen machen. Denn Verbesserung braucht Erholung.

Optimale Trainingsreize setzen

»Super!«, freut sich Günter. »Endlich weiß ich, wie man trainiert: ein bisschen bewegen und dann die richtige Pause einlegen – nichts einfacher als das!« Moment, Schweinehund, nicht vergessen: Du sollst dich beim Training ruhig ein bisschen anstrengen! Denn erst wenn du wirklich Wärme in deiner Muskulatur spürst, setzt du den richtigen Trainingsreiz. Bewegst du dich hingegen nur halbherzig oder zu schwach, wird es nichts mit dem Trainingseffekt – Unterforderung bringt dich nicht weiter. Solche Bewegungen kannst du dir sparen.

»Okay, dann also Trainieren bis zum Umfallen!« Nein, auch nicht: Denn zu hohe Trainingsreize bringen genauso wenig. Bei zu hohen Belastungen drohen Heißhunger, Schlappsein, Gelenk- und Knochenschmerzen. Und bald schon fühlst du dich unmotiviert und gestresst und hast keine Lust mehr, weiter zu trainieren. Und wenn es ganz dumm läuft, fängst du dir auch noch einen fetten Muskelkater ein – autsch! Also: Vorsicht vor Überforderung! Am besten trainierst du einfach so, dass du deine Muskeln am nächsten Tag zwar ein wenig spürst, aber sie dir dabei nicht wirklich wehtun.

Muskelkater? Nein, danke!

»Was ist denn so schlimm am Muskelkater?«, wundert sich Günter. »Heißt es nicht immer, der Muskelkater sei ein Zeichen dafür, dass man anständig trainiert hat?« Quatsch, Günter! So etwas erzählen nur noch sehr alte oder sehr dumme Trainer. Sehr alte, weil man früher dachte, dass der Muskelkater nur vom Milchsäureüberschuss bei der anaeroben Glykolyse kommt, und man somit glaubte, gut trainiert zu haben. Mittlerweile weiß man aber, dass das so nicht stimmt. Und sehr dumme Trainer, weil sie offenbar nichts Neues dazulernen wollen, sondern immer nur wiederholen, was ihnen die alten beigebracht haben.

»Milchsäure, Milchsäure – was war das noch gleich?« Milchsäure, oder auch Laktat genannt, entsteht, wenn deine Muskelzellen ohne Sauerstoff aus Zucker ATP herstellen. Wird die Belastung zu intensiv oder dauert sie zu lange, dann wird der Muskel durch das Laktat so sauer, dass er sich eine Weile nicht mehr bewegen kann. Er wird zu müde und braucht eine Pause. Früher glaubte man, das sei der Grund für Muskelkater. Heute weiß man aber, dass das nur einen Teil der Schmerzen erklärt, die beim Muskelkater auftreten. Darüber hinaus führt Überanstrengung nämlich auch zu feinen Rissen und Entzündungen des Muskels! Das heißt also, ein Muskelkater ist so etwas Ähnliches wie eine Sportverletzung! Du hast das Training übertrieben und solltest die Verletzung vor der nächsten Belastung ausheilen lassen.

Mal einfach Pause machen

»Und wie heilt der Muskelkater wieder?«, fragt Günter. Na, durch Erholung, Schweinehund! Hast du Muskelkater, brauchst du eine sogenannte Belastungspause, damit der Muskel wieder gesund wird. Dabei sollst du dich nur leicht bewegen. So wird die Milchsäure aus der Muskulatur raustransportiert und die Heilung angekurbelt. Auf keinen Fall aber solltest du ohne Erholung eine ähnlich intensive Belastung machen wie die, die zum Muskelkater geführt hat. Das würde die vielen kleinen Verletzungen nur verschlimmern – und sie würden noch mehr wehtun.

»Pause! Wir dürfen Pause machen!« Günter freut sich. Zu Recht! Denn Pausen sind etwas Großartiges: Der Körper erholt sich dabei, tankt Energie, verbessert den Stoffwechsel, baut Muskeln auf und schüttet Glückshormone aus. Und auch der Geist entspannt sich, lässt Erlebtes Revue passieren und ordnet die Gedanken. So erhöht die Erholungsphase den Spaß am Sport. Auch Profisportler planen Pausen übrigens bewusst ein. Dann sind sie im Wettkampf auf den Punkt wieder frisch und topfit.

DAS LEBEN: Sprint oder Marathon?

Nicht nur beim Sport muss Erholung sein. Unser ganzes Leben über sind wir den verschiedensten Belastungen ausgeliefert. Und obwohl uns manches Spaß macht, strengt es uns an. Wir müssen also immer wieder Verschnaufpausen einlegen. Um es mit Sport zu vergleichen: Das Leben ist kein Sprint! Es ähnelt eher einem Marathon. Unsere Strecke ist schließlich ziemlich lang. Wir müssen dabei also unser Tempo, unsere Puste und unsere Pausen richtig einteilen, um nicht unterwegs liegen zu bleiben. Nur dann können wir ab und zu auch Zwischenspurts einlegen. Aber eben nur, wenn wir danach verschnaufen.

Also: Wenn wir immer wieder Pausen machen, um uns zu erholen und Kraft zu tanken, sind wir gleichmäßig voller Energie. Das Leben kann ewig weitergehen! Geben wir hingegen ständig Vollgas, ohne zwischenzutanken, bleiben wir bald stehen. Obwohl wir kurzzeitig vielleicht schneller vorangekommen sind. Wichtig scheint es also zu sein, die richtige Mischung aus Anspannung und Entspannung zu finden! Der Wechsel ist es, der uns erfolgreich macht – wir brauchen gute Pausen. Übrigens nicht nur zum Krafttanken, sondern oft auch zum Denken. Mit ein wenig Distanz lösen sich viele Probleme nämlich von selbst. Wie aber machen wir gute Pausen?

Einfach lockerlassen!

Hatten Sie schon mal einen Blackout, zum Beispiel bei einer Prüfung? Oder haben Sie schon einmal eine Weile ergebnislos über ein Problem nachgegrübelt, und die Lösung kam später, als Sie gar nicht mehr daran dachten? Wohl jeder hat solche Erfahrungen. Wie aber kommen sie zustande? Warum brauchen wir manchmal einfach eine Pause oder Ablenkung selbst beim Denken? Neuropsychologisch gibt es dafür eine ganz einfache Erklärung: Je mehr wir uns konzentrieren, desto mehr bündeln wir unsere Gedanken. Stehen wir dabei aber unter psychischem Druck oder Stress, sind unsere Gedanken so fokussiert, dass wir nur in einem engen Rahmen denken können. Kreatives Denken funktioniert so nicht. Warum nicht? Weil wir Entspannung brauchen, um kreativ zu sein.

Für Kreativität brauchen wir Entspannungsphasen

Warum ist das so? Ganz einfach: Weil unsere Vorfahren in der freien Wildbahn die Gedankenbündelung brauchten! Wenn sie plötzlich einen Tiger vor sich sahen, mussten sie möglichst schnell zur richtigen Lösung kommen: Gefahr, Flucht ergreifen! Hätten sie hingegen erst lange gegrübelt (»Vielleicht ist der Tiger da in Wahrheit doch nur ein Streifenhörnchen?«), wären wir heute gar nicht da.

Unter Stress schüttet unser Gehirn die Neurotransmitter Adrenalin und Noradrenalin aus. Und diese stellen unsere Gedanken so scharf, dass wir nur auf die nächstliegende Lösung kommen: Rennen! In unserem Alltag aber stellt uns das hin und wieder vor Probleme: Schließlich sind unsere Entscheidungen meist viel komplexer als dieses Schwarz-Weiß-Schema. Für kreatives Denken und wichtige Entscheidungen genügt es nicht. Wir tun daher gut daran, so manche Aufgabe frei und locker anzugehen, statt uns damit unter Druck zu setzen. Aus sicherer Distanz kommen wir so auf Lösungen, die wir im Eifer des Gefechts manchmal nicht erkennen.

Interessanterweise funktioniert das selbst dann, wenn wir über manche Probleme einfach mal eine Nacht schlafen. Oder die Antwort fällt uns in Situationen ein, in denen wir gar nicht danach gesucht haben: in der Badewanne vielleicht, beim Joggen oder vor dem Fernseher. Warum? Weil unser Gehirn sozusagen auch ohne uns weiterdenkt. Unser Denkorgan kann nach Lösungen fahnden, während wir uns dessen gar nicht bewusst sind.

»Druck-Entscheider« sind weniger zufrieden

Dass unser Gehirn »im Hintergrund arbeiten« kann, hilft uns vor allem bei komplexen Entscheidungen. Denn: Versuchen wir bewusst, sehr viele Variablen zu beurteilen, scheitern wir häufig – wir sehen den Wald vor lauter Bäumen nicht. Erzwingen wir dann eine Entscheidung, lösen wir das Problem damit meist nicht, sondern schaffen häufig nur ein weiteres Problem – unser kopfinterner Rechenvorgang war noch nicht beendet. Also tun wir gut daran, uns bei komplexen Entscheidungen keinen Druck zu machen. Stattdessen sollten wir Pausen und Entspannung nutzen – und schon erscheinen so manche Probleme in einem anderen Licht. Lösungen fallen uns in den Schoß.

Übrigens: Fragt man »Druck-Entscheider« hinterher nach ihrer Zufriedenheit mit ihrer Entscheidung, sind sie meist weniger zufrieden als »Pausen-Entscheider«. Diese lassen sich dabei nämlich mehr Zeit und hören dann eher auf ihren Bauch – also auf die Ergebnisse der komplexen Rechenschritte im Gehirn, das diese in Gefühle übersetzt. Ist die Entscheidung hingegen sehr leicht, ist es umgekehrt: Nun fühlen wir uns umso besser, je bewusster wir eine Entscheidung treffen. Und viel besser, als wenn wir sie vor uns herschieben. Der Kopf ist aufgeräumt.

Wir brauchen Unschärfe, um scharf denken zu können

Was heißt das alles? Dass unsere Gefühle besonders dann gute Ratgeber sind, wenn die Situation verzwickt ist! Denn dann brauchen wir eine Pause und Entspannung, um einen klaren Kopf zu kriegen. Wir benötigen Unschärfe, um scharf zu denken. Erst wenn das Adrenalin wieder draußen ist, erkennen wir neue Strukturen in unserem Problem und finden die Lösung. Heureka!

Auch Schlaf ist eine hervorragende Denkhilfe, um auf Lösungen zu kommen: Einerseits verfestigt er die Erlebnisse unseres Tages, indem unser Denk-Rechner sie quasi ins Langzeitgedächtnis überträgt. Das ist übrigens besonders fürs Lernen hilfreich – vorausgesetzt, wir sorgen zwischendurch nicht für zu starke emotionale Zwischenreize wie etwa durch zu viel Fernsehen, Kino oder Streit. Denn so löschen wir unseren mühsam gefüllten Zwischenspeicher nur wieder. Andererseits kommen wir im Schlaf zu kreativen Lösung für manches Problem! Fragt sich also: Wie schläft man besonders gut?

Schlafen Sie gut!

Für guten Schlaf gelten ein paar ganz einfache Regeln: Finger weg von Koffein am Abend! Auch Alkohol ist schlecht, denn er stört die Schlafqualität. Tagsüber sollten Sie sich ausreichend bewegen, sodass Sie abends auch tatsächlich müde sind. Außerdem sollten Sie sich im Bett wirklich nur zum Schlafen aufhalten – oder eben beim Sex. Im Bett fernzusehen oder zu essen ist weniger gut. Wie soll unser Gehirn das Bett mit Schlaf in Verbindung bringen, wenn es so zweckentfremdet wird? Und: Halten Sie Ihr Schlafzimmer immer möglichst kühl: Als ideale Schlaftemperatur gilt ein Wert von etwa 16 bis 18 Grad Celsius. Zu viel Hitze macht wach. Schlafen Sie außerdem möglichst zu regelmäßigen Zeiten! Und natürlich: Zwingen Sie sich nicht zum Schlafen! Wenn Sie nach kurzer Zeit im Bett nicht einschlafen können, dann stehen Sie eben wieder auf, bis Sie tatsächlich müde sind. Das ist wesentlich besser, als sich stundenlang hin- und herzuwälzen.

Und tagsüber? Auch da gibt es eine ganze Reihe von Möglichkeiten, um

mental oder körperlich Pausen einzulegen. Eine besonders schöne ist Humor. Denn kaum etwas löst Denkknoten so angenehm wie ein herzhaftes Lachen. Deshalb: Suchen Sie im Alltag bewusst immer wieder nach komischen und absurden Situationen und amüsieren Sie sich darüber! Wetten, dass Sie etliche finden werden? Man kann sich so über die absurdesten Dinge amüsieren. Zum Lachen in den Keller gehen sollen andere.

Pausen machen!

Noch etwas kann uns gute Pausen bescheren: genüssliche Ausnahmen von unserer strengen Disziplin! Denn ab und zu tut es uns einfach mal gut, Schokolade zu naschen, draufloszuschimpfen, ein Bier zu trinken oder uns sonst irgendwie kurzzeitig gehen zu lassen. Und das ist kein Widerspruch zu den bisherigen Prinzipien. Denn: Disziplinieren werden wir uns hinterher sowieso wieder! Doch bis dahin tanken wir Kraft, indem wir uns Verlockungen hingeben. Auch die Diszipliniertesten sind nur Menschen – und können es sich dank ihrer Disziplin mit gutem Gewissen leisten, zwischendurch undiszipliniert zu handeln. Das Leben ist zu schön für Grenzen: Currywurst mit Pommes? Lecker! Überhaupt: Wer braucht schon Grenzen, wenn er Richtung und Prinzipien hat?

Also: Suchen Sie sich Ihre persönlichen Energiequellen! Was gibt Ihnen Kraft? Ein Gespräch mit Ihren Kindern? Ein Blick in die Zeitung? Ein Spaziergang mit dem Hund? Ein Mittagsschlaf? Eine Comedy-DVD? Ein gutes Buch? Eine Nackenmassage? Kuscheln? Sex? Singen? Albern sein? Mit einem Handtuch auf dem Kopf Tutanchamun spielen? Oder aber einen Schokoriegel essen? Gönnen Sie sich Ihre Pause! Sie gehört dazu.

Prinzipien der Trainingsgestaltung

Profi-Trainer definieren die Trainingsgestaltung übrigens noch ein wenig genauer. Sie beachten dabei folgende Prinzipien:

- Das Training muss dem Individuum angepasst sein. Jeder hat seine eigene Fitness, Bedürfnisse, Trainingserfahrungen, Alter, Geschlecht, Erkrankungen und so weiter.
- Die Reize müssen trainingswirksam sein. Zu schwach trainieren bringt nichts.
- Die Belastung muss mit der Zeit ansteigen. Bleibt sie gleich, erfolgt kein Training.
- Die Belastung muss kontinuierlich sein. Nur ab und zu mal trainieren? Quatsch!
- Die Belastung sollte der jeweiligen Wettkampfperiode angepasst sein: Aufbauphase – Vorbereitungsperiode. Stabilisierungsphase – Wettkampfperiode. Reduzierende Phase – Übergangsperiode. Und dann kommt wieder die Aufbauphase.
- Auch variieren sollte die Belastung immer wieder. Stets das gleiche Training kann zur Stagnation führen.
- Außerdem sollte die Belastung in der laut Trainingsplan jeweils richtigen Reihenfolge erfolgen und die Anpassungsvorgänge möglichst spezifisch steuern.

Trainingsplanung

»Oje!«, sorgt sich Günter. »Das klingt jetzt aber sehr akademisch. Geht es nicht etwas praxisbezogener?« Klar doch, sobald das Training genau geplant wird! Denn dann wird genau festgelegt: Was geschieht wann und warum in welcher Reihenfolge? Welche Faktoren und Prinzipien sind dabei wichtig? Was brauchst du dafür? Wie sollen die Zwischenergebnisse aussehen? Wo sollst du stehen? Was willst du als Nächstes erreichen? Natürlich berücksichtigt so eine Trainingsplanung je nach Bedarf auch die einzelnen Komponenten deiner Fitness: etwa Kraft, Koordination, Schnelligkeit oder Ausdauer. Kurz: Wer einen Plan hat, kennt den Weg zum Ziel. Und gute Trainingsplanung zeichnet dir genau den Weg vor, den du von Trainingsbeginn bis zum Trainingsziel gehen sollst, um erfolgreich zu sein. Du brauchst ihn nur noch abzulaufen.

Glücklicherweise gibt es für fast alle Sportarten gute Trainingspläne: Tennis, Bogenschießen, Marathon, Krafttraining ...

4. KRAFTTRAINING –
auf dass die Muckis wachsen

Die liebe Kraft

»Krafttraining? Ätzend!«, motzt Günter. Moment: Hast du schon vergessen, wie wichtig Muskeln sind? »Nein, aber Krafttraining ist wirklich viel zu anstrengend. Und sinnlos: Du bist doch sowieso ein Spargeltarzan ...« Oh, Günter! Zwar ist es etwa zur Hälfte genetisch bedingt, wie stark deine Muskeln sind, aber die andere Hälfte ist Trainingssache. Schließlich passt sich der Körper an Belastungen an. Also werden die Muskeln stärker, wenn sie sich anstrengen müssen – und zwar nur dann. Sie müssen gegen einen Widerstand trainieren.

Die höchste Kraft übrigens, die du dabei willentlich aufbringen kannst, nennt man Maximalkraft. Nur in extremen Notfällen steht dir noch mehr Kraft zur Verfügung – die sogenannte autonome Reserve. Erst dann geht der Körper wirklich an seine Kraftgrenzen und du aktivierst diese Absolutkraft. »Und warum nur in Notfällen?« Weil es gut ist, wenn immer eine gewisse Reserve übrig bleibt. Sonst könntest du dich auch im Alltag bis zur kompletten Erschöpfung bewegen. Und das wäre doof.

Muskelanpassung durch Krafttraining

Damit Krafttraining aber wirkt, müssen ein paar Faktoren stimmen: zunächst die Kraftintensität, also der Grad der Anstrengung. Zu schwach bringt nichts. Zu stark auch nicht. Außerdem ist die Reizdichte wichtig, also wie viele Pausen zwischen den einzelnen Belastungen liegen. Genauso muss der Kraftumfang stimmen, also die Summe der Belastungsreize: Wie viele Kilo stemmst du insgesamt? Und du brauchst natürlich die richtige Trainingshäufigkeit: Wie oft trainierst du? Außerdem spielt die Kontinuität eine wichtige Rolle: Trainierst du wirklich dauerhaft?

Wenn die meisten Faktoren stimmen, passt sich dein Körper an die Belastung an: Zunächst wachsen in der Muskulatur feine Nerven, die die Muskeln nun leichter aktivieren. Außerdem entstehen lauter zusätzliche kleine Blutgefäße, damit die Muskeln besser mit Sauerstoff versorgt werden – ein Effekt übrigens, von dem auch Menschen mit Arteriosklerose – also Adernverkalkung – profitieren: So bleiben sie trotz verstopfter Gefäße mit Blut versorgt. Und es wachsen die Muskelzellen – sie bekommen einen größeren Querschnitt. Das nennt man dann »Hypertrophie«, der Muskel wird dicker. Auch innen in der Muskelzelle verändert sich etwas: Die sogenannten Mitochondrien, die Kraftwerke der Zellen, werden größer. So können sie noch mehr Sauerstoff verbrennen und besser ATP gewinnen.

Grundübungen

Im Wesentlichen gibt es beim Krafttraining zwei Arten von Übungen: die Grund- und die Isolationsübungen. Die Grundübungen sind gut für die allgemeine Stärkung und Koordination und beanspruchen große Körperpartien und mehrere Gelenke. Sie schaffen die Grundlagen deines Krafttrainings. Die Isolationsübungen hingegen konzentrieren sich jeweils nur auf eine Muskelgruppe. Sie trainieren gezielt einzelne Muskeln, wie zum Beispiel beim Bodybuilding.

»Interessant! Und wie sehen solche Grundübungen aus?« Beim Kreuzheben zum Beispiel hebst du eine Langhantel vom Boden auf und legst sie anschließend wieder nieder. Dabei stehen deine Beine stabil schulterbreit auseinander. Beim Aufheben gehst du zunächst in die Knie und beugst dabei deinen Rücken nach vorne. Du greifst die Hantel im sogenannten Kreuzgriff – daher »Kreuzheben« –, also auf der einen Seite im Obergriff und auf der anderen im Untergriff, damit sie dir nicht aus der Hand fällt. Beim Aufstehen streckst du Beine und Rücken wieder. Wenn du schließlich aufrecht stehst, befindet sich die Hantel nun mit gestreckten Armen auf Höhe deiner Oberschenkel. Dann legst du sie wieder auf den Boden zurück. Wiederholst du diese Übung ein paarmal, merkst du, welche Muskelgruppen sie beansprucht: vor allem deine Oberschenkel- und Rückenstrecker.

Eine andere Grundübung sind Kniebeugen. Hierbei legst du dir die Langhantel quer auf die Schultern und hältst sie fest. Dann gehst du so in die Hocke und richtest dich anschließend wieder auf. Wichtig dabei ist, dass du deinen Rücken gerade machst und die Bauchmuskeln anspannst. Beansprucht werden bei der Übung vor allem wieder die Oberschenkelstrecker und Muskeln am Po.

Beim Bankdrücken hingegen trainierst du vor allem deine Brustmuskulatur und die Armstrecker. Du liegst dabei rücklings auf einer Flachbank. Die Langhantelstange befindet sich zunächst in einer Halterung auf Augenhöhe. Nachdem du sie ergriffen hast, streckst du sie langsam nach oben in die Höhe. Dann lässt du sie wieder nach unten auf deine Brust sinken, von wo du sie anschließend erneut in die Höhe streckst. Wichtig: Deine Beine stehen dabei fest auf dem Boden, und die Rückenstrecker sind angespannt – du machst also ein leichtes Hohlkreuz.

Ach ja: Auch Klimmzüge sind eine typische Grundübung! Sie beanspruchen besonders viele Muskelgruppen – vor allem aber den großen Rückenmuskel.

Isolationsübungen

»Und die Isolationsübungen?«, will Günter nun wissen. Sie aktivieren meist nur einen Muskel oder eine Muskelgruppe sowie ein bestimmtes Gelenk.

Ein typisches Beispiel hierfür sind Armbeugen, auch »Bizeps-Curls« genannt. Du beugst dabei immer wieder dein Ellbogengelenk gegen einen Widerstand. Hierbei hilft dir entweder eine Kurzhantel, eine Maschine mit Kabelzug oder wieder eine Langhantel. Übrigens kannst du die Armbeuger auch ohne Hilfsmittel trainieren: Wenn du dich im Schneidersitz hinsetzt und deinen rechten Ellenbogen auf dem rechten Oberschenkel aufstützt. Fasst du jetzt unter den linken Oberschenkel und ziehst ihn mit deinem aufgesetzten rechten Arm zu dir heran, wird dein linker Oberschenkel durch sein Eigengewicht zur Hantel. Und das Gleiche machst du dann auch andersherum. Praktisch, nicht?

Ähnliche Übungen gibt es auch fürs Armstrecken – Training des Trizeps-Muskels –, fürs Frontheben oder das Seitheben – beide für die Delta-Muskeln – und für alle möglichen anderen Muskelpartien deines Körpers. Mach dich mal schlau dazu! Für jeden Muskel deines Körpers gibt es Übungen – auch für den kleinsten. Am allerbesten lässt du dir Übungen aber im Fitnessstudio von den Profis dort zeigen. Sie stellen dir auch gerne ein individuelles Trainingsprogramm zusammen.

Bringen Sie mehr FUNKTIONALITÄT in Ihr Training!

»Functional Training« mutiert in der Fitnessbranche immer mehr zu einem Modewort. Doch was steckt eigentlich dahinter? Ganz einfach: In unserer heutigen technisierten Gesellschaft müssen wir viele Bewegungen nicht mehr selbst durchführen. Sogar in Fitnesscentern, die ja eigentlich zum Bewegen gedacht sind, stehen allerlei Trainingsgeräte, die nicht auf natürliche und eigengesteuerte Bewegungen ausgelegt sind: So sitzen oder liegen heute die meisten beim Training, kräftigen isoliert einzelne Muskelgruppen und werden bei dem Bewegungsablauf durch Maschinen geführt. Man klemmt sich beispielsweise von oben und unten Polster an die Beine, um geführt und isoliert die vordere oder hintere Oberschenkelmuskulatur zu trainieren.

Ungeführte Alltagsbewegungen

Das Problem dabei: So zu trainieren ist nicht funktionsgemäß. Warum? Beobachten Sie sich in Ihrem Alltag! Sie werden feststellen, dass Sie sich kein einziges Mal vergleichbar bewegen. Sie führen nirgendwo eine geführte Bewegung aus, werden nicht gestützt von Maschinen, sondern sind einzig und allein selbst für die Stabilität in Ihrem Bewegungsablauf verantwortlich. Sie setzen sich selber auf die Toilette, Sie gehen selbstständig Treppen rauf und runter, bewegen sich von A nach B, steigen ins Auto ein und wieder aus oder beugen sich, um etwas vom Boden aufzuheben. Für all diese Bewegungsabläufe benötigen Sie keinerlei Führung.

Und fällt Ihnen noch etwas auf? Bei all diesen Bewegungen stehen Sie. Sie sitzen oder liegen nicht. Und dabei benutzen Sie nicht nur Ihren vorderen Oberschenkel, sondern je nach Bewegung gleichzeitig mehrere Muskelgruppen, und das auch mehrgelenkig. Zum Beispiel beim Gehen oder Laufen: Sobald ein Fuß auf dem Boden aufsetzt, hat jeder Muskel im Bein eine Aufgabe. Gesäß, vorderer und hinterer Oberschenkel arbeiten zusammen, um Hüft-, Knie- und Fußgelenk zu stabilisieren, um ein Umfallen zu vermeiden. Völlig klar: Diese Zusammenarbeit der Muskulatur wird nicht über die Beinstreckung am Gerät trainiert. Dabei hat der Fuß nämlich nicht einmal Kontakt zum Boden.

Wer also realitätsnah trainieren möchte, sollte Übungen durchführen, bei denen die Füße auf dem Boden aufsetzen. Erst dann nämlich werden all diejenigen Muskeln aktiviert, die an der Bewegung beteiligt sind. Isolierte Bewegungen an Kraftmaschinen für die Beinmuskulatur sind nach dem funktionellen Trainingsansatz unbrauchbar. Stattdessen sollten Übungen durchgeführt werden, wie sie auch im alltäglichen Leben vorkommen. Das ist das Ziel des funktionellen Trainings.

Bewegungen trainieren statt Muskeln

Funktionelles Training trainiert in erster Linie Bewegungen, nicht Muskeln. Es geht darum, alle an einer Bewegung beteiligten Gelenke und Muskeln sowie deren Zusammenspiel in einer komplexen Bewegung zu berücksichtigen, was mit herkömmlichen führenden Trainingsgeräten meist nicht geht. Stattdessen wird durch solche Geräte die im Nervensystem verankerte Bewegungssoftware quasi überspielt – mit alltagsuntauglichen Bewegungen. Das heißt, die ursprüngliche Software wird auf ein Minimum reduziert.

Also: Training an herkömmlichen Maschinen steigert sicherlich die Muskelkraft, lässt die Muckis wachsen und sieht gut aus. Ob der Körper dabei auch so funktioniert, wie er es im Alltag könnte, ist fraglich. Trauen Sie einem Bodybuilder zu, schnell 100 Meter zu laufen? Erfolgreich einen Marathon zu bewältigen? Einen Felsen hochzuklettern? Gegen die Klitschko-Brüder zu boxen? Sich im Turnen zu behaupten? Kaum ...

Was bedeutet das für die Praxis? Wir sollten statt des geführten Isolations- und Maschinentrainings eher mehrgelenkig und multidimensional trainieren! Je ähnlicher die Übungen Alltagsbewegungen und Alltagsbelastungen sind, desto höher sind auch die Transfereffekte.

Stabilität durch Wackelbretter?

Oft werden im Zusammenhang mit dem Begriff »Functional Training« auch Übungen mit Wackelbrettern, Bosu-Bällen, Pezzi-Bällen, Airex-Matten oder anderen instabilen Unterlagen beworben. Dabei werden alltagswirksame Trainingseffekte auf die Gleichgewichtsfähigkeit, Gelenkstabilität, Sturzvorbeugung und die Verbesserung der Tiefenrezeptoren versprochen. Doch stimmt das wirklich? Immer mehr Fitnessexperten, Sportwissenschaftler, Osteopathen und Physiotherapeuten bezweifeln das. Denn: In welcher Alltagssituation muss sich der menschliche Körper an solche Instabilitäten anpassen? In der Regel stehen wir ja auf festem Untergrund ...

Mehr Muckis durch Elektroschocks?

Und wie sieht es mit diesen Geräten aus, die die Muskeln elektrisch stimulieren? Da zieht man eine Weste und Hose mit integrierten Elektroden an, bekommt dann Strom durch die Muskeln gejagt und »trainiert« so viele Muskeln gleichzeitig. Mit dieser Trainingsmethode lassen sich auch die tiefer liegenden Muskelfasern stimulieren, die bei klassischem Training nur schwer erreicht werden können. »Elektromyostimulationstraining« kann also eine Ergänzung zum Krafttraining sein, ein Ersatz allerdings nicht. Vor allem nicht für funktionelles Krafttraining.

Kraftausdauer

»Und wie genau läuft so ein Training ab?«, will Günter wissen. Nun, das hängt ganz davon ab, ob du eher für deine Kraftausdauer oder den Muskelaufbau trainierst. Beides baut zwar Muskeln auf, formt den Köper und lässt das Fett schmelzen. Aber bei der Kraftausdauer geht es nicht darum, deine Maximalkraft zu steigern, sondern darum, möglichst lange Kraftleistungen zu erbringen.

Vom Prinzip her trainierst du dabei mit vielen Wiederholungen, aber mit relativ wenig Gewicht – eben eher die Ausdauer als die pure Kraft. Für Anfänger gilt: mindestens einmal pro Woche Training! Für Fortgeschrittene zwei- bis viermal. Anfänger machen ihre Übungen in ein bis drei Sätzen, Fortgeschrittene in drei bis fünf. Pro Satz wird eine Übung 15- bis 25-mal wiederholt, wobei die Belastungsdauer zwischen 45 und 70 Sekunden liegen sollte. Der Satz sollte gegen Ende der Belastung als »mittel bis schwer« empfunden werden – keinesfalls aber als zu leicht oder zu schwer. Denn sonst würdest du gar nicht trainieren oder du würdest deinem Muskel schaden. Und: Natürlich musst du zwischen den Sätzen jeweils eine Pause machen, damit sich der Muskel immer wieder erholen kann. Am besten wartest du etwa 1 Minute, bis es weitergeht.

Muskelaufbau

Beim reinen Muskelaufbau ist es andersherum: Hier solltest du wenige Wiederholungen mit viel Gewicht trainieren – es geht eben um die Kraft und nicht die Ausdauer. Anfänger brauchen zwei bis drei Sätze pro Training, Fortgeschrittene ein bis fünf – je nach Trainingsmethode. Dabei sollte jeder Satz nur 8 bis 15 Wiederholungen enthalten und auch nur 20 bis 45 Sekunden dauern. Auch beim Muskelaufbau sollte sich die Übung am Ende des Satzes »mittel bis schwer« anfühlen, nicht schwerer und nicht leichter. Und auch hier sollte nach jedem Satz mindestens 1 Minute Pause folgen.

»Und woher weißt du, wie viel Gewicht du für die Übungen genau nehmen sollst?« Nun, entweder probierst du einfach aus, bei wie viel Kilo du die Übungen so wie beschrieben durchführen kannst. Oder du lässt dich von einem Trainer beraten.

»Cool!«, freut sich Günter. »Hört sich machbar an!« Ist es auch – sogar für faule Schweinehunde. Männer bauen dank so eines Trainings übrigens vor allem Muskeln auf. Frauen verlieren dadurch hauptsächlich Fett. »Sommer, Sonne, Strand, wir kommen!« Angeber ...

Eiweiß essen

Noch etwas: Damit der Muskel gut wachsen kann, braucht er genügend Eiweiß – auch Protein genannt. Schließlich bestehen genau daraus Aktin und Myosin. »Die Fingerdinger, die im Muskel ineinanderflutschen?« Richtig, Günter. Also solltest du täglich während der Muskelaufbauphase 1,5 bis 2 Gramm Eiweiß pro Kilogramm Körpergewicht essen. Das findest du zum Beilspiel in Fleisch, Fisch, Nüssen, Mandeln, Hülsenfrüchten, Käse oder Sojaprodukten.

In den ersten zwei Stunden nach dem Training läuft dein Eiweißstoffwechsel übrigens auf Hochtouren. Hier tut ein kleiner Eiweißsnack besonders gut. »Also einen dieser Eiweißriegel oder einen Eiweißdrink?« Genau! Aber Vorsicht: Du solltest die Dinger natürlich nur zu dir nehmen, wenn du auch trainierst – schließlich stecken sie voller Kalorien. Und nein, Günter, stattdessen solltest du auch nicht auf Schokolade umsteigen.

Auch wenn du nicht trainierst, ist Eiweiß wichtig. Nicht nur dass es unzählige Körperfunktionen unterstützt – 110 bis 130 Gramm tierisches Eiweiß täglich bremsen außerdem den Muskelschwund bei Diät oder im Alter.

Fitnessstudio oder Gymnastik zu Hause

Fitnessstudios sollten mit guten Geräten ausgestattet, von geschultem Personal geführt und finanziell erschwinglich sein – vielleicht gibt dir deine Krankenkasse ja einen Zuschuss? Außerdem musst du dich in deinem Klub wohlfühlen – schließlich sollst du regelmäßig trainieren gehen. Also: Wie sind die anderen Trainierenden drauf? Magst du das Personal? Passen die Öffnungszeiten? Einen reinen Alibi-Vertrag zur Gewissensberuhigung kannst du dir sparen …

»Aber was, wenn man keine Zeit, Lust oder Geld für ein Fitnessstudio hat?«, sorgt sich Günter. »Gar kein Krafttraining machen?« Aber nein! Auch dafür lässt sich eine Lösung finden. Zum Beispiel durch regelmäßige Gymnastik zu Hause. Am besten suchst du dir ein paar Übungen für alle wichtigen Muskelpartien: für Schultern, Arme, Bauch, Rücken, Po und Beine. Zum Beispiel die gute alte Liegestütze. Sie trainiert etliche Muskeln gleichzeitig. »Viel zu schwer!«, empört sich Günter. »Außerdem: Was ist, wenn du keine einzige Liegestütze schaffst?« Nun, dafür gibt es eine sanftere Variante: Geh dazu nicht in die klassische Liegestützposition, sondern stütz deinen Körper unten mit den Knien ab! So brauchst du weniger Kraft. Weitere Übungen findest du in unzähligen Zeitschriften, Büchern, Broschüren oder im Internet – du musst nur danach suchen!

5. AUSDAUER-TRAINING – auf dass die Puste ewig reicht

Ausdauersport

»Okay, verstanden«, knurrt Günter. »Entweder Krafttraining oder Gymnastik. Das reicht dann aber, oder?« Leider nein. Denn für echte Fitness und Gesundheit brauchst du auch Ausdauer, also die Fähigkeit, über einen längeren Zeitraum Leistung zu bringen. Deshalb muss es auch ein wenig Ausdauertraining sein. »Ausdauertraining? Rennen bis zum Umfallen? Niemals!« Cool bleiben, Schweinehund! Klar kannst du für mehr Ausdauer Laufen trainieren. Wenn dir aber das Laufen nicht liegt, bleiben immer noch Radfahren oder Gehen, Skilanglauf, Rudern, Inlineskaten, Eisschnelllauf, Schwimmen ... »Halt! Stopp! Und was ist mit der Puste? Die reicht dafür doch nie im Leben.« Aber Günter! Natürlich ist auch die Ausdauer nur eine Frage des richtigen Trainings.

Klar gibt es ein paar Grenzen beim Ausdauersport, zum Beispiel die Sauerstoffsättigung: Ist nicht genügend Sauerstoff im Blut, bekommt dein Muskel Atemnot und wird müde. Dann klappt es nicht mehr mit der Glykolyse und du brauchst eine Pause. So ein Sauerstoffmangel tritt mit steigender Belastung auf. Auch wenn dein Herz nicht mehr genügend Blut in die Muskeln pumpen kann, machst du schlapp – die Herzleistung ist begrenzt. Genauso wichtig für lange Belastungen ist aber auch deine Motivation. Erschöpfung ist nämlich sehr subjektiv. Wann es zu anstrengend wird, ist von Mensch und Situation abhängig.

Ausdauertraining

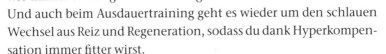

Freu dich: Wenn du die Ausdauer trainierst, verbesserst du deine Gesundheit. Insbesondere reduzierst du deutlich dein Herzinfarktrisiko, verbrennst Fett, verlierst Gewicht, stärkst das Immunsystem und verbesserst das Blutbild. Schließlich passt sich dein Körper wie immer an steigende Belastungen an.
Und auch beim Ausdauertraining geht es wieder um den schlauen Wechsel aus Reiz und Regeneration, sodass du dank Hyperkompensation immer fitter wirst.

Wie fit, das hängt davon ab, was du erreichen willst. Geht es dir vor allem um allgemein bessere Fitness? Dann reden wir vom Breiten- und Freizeitsport. Sieh es locker! Dafür musst du dich sicher nicht quälen. Willst du aber Leistungssport machen, muss das Training schon etwas härter sein und mit teilweise intensiven Belastungen arbeiten. Im Großen und Ganzen geht es aber in beiden Fällen darum, ein dauerhaft stabiles Niveau zu erreichen – über Jahre hinweg. Du hast also genügend Zeit dafür!

Dauermethode und Intervallmethode

Im Wesentlichen gibt es zwei Arten, Ausdauer zu trainieren: die Dauermethode und die Intervallmethode. Bei der Dauermethode bleibt die Belastungsintensität konstant. Allerdings wird sie nicht so intensiv, dass du anaerob Energie gewinnen müsstest. Die sogenannte anaerobe Schwelle überschreitest du nicht. Du kriegst jederzeit so viel Luft, dass du die Belastung nicht abbrechen musst. Die Dauermethode ist gut für die Grundlagenausdauer bei Anfängern oder zur Saisonvorbereitung beim Leistungssport. Und auch immer wieder während der Saison.

Bei der Intervallmethode hingegen ist die Belastung nicht konstant, sondern intervallartig. Und die Belastungsintensität liegt im aerob-anaeroben Übergangsbereich – du musst also teilweise schon richtig schnaufen und produzierst das saure Laktat. Außerdem sind die Pausen so kurz, dass du dich nicht vollständig erholst. Das heißt also, der Trainingsreiz wird intensiver und die Erschöpfung stärker. Das hebt die anaerobe Schwelle an, du trainierst also, deine Sauerstoffgewinnung möglichst lange zu nutzen. Außerdem verbessert die Intervallmethode deine Erholungsfähigkeit und Toleranz gegenüber der entstehenden Milchsäure. Schließlich brauchst du all das im Wettkampf.

Joggen

»Und was nützt das ganze Wissen jetzt praktisch?«, fragt Günter. Ganz einfach: Du kannst dir so schöne Sportarten wie das Joggen beibringen. »Joggen? Verschwitzte, rotgesichtige, schwer schnaufende Parkaffen? Lächerlich!« Nein, Günter, so natürlich nicht. Diese Sorte Jogger macht ganz offensichtlich etwas falsch – sie belastet sich anaerob und dürfte einen Mordsmuskelkater kriegen. Idealerweise joggst du nämlich mit der Dauermethode, also schön gleichmäßig und in aerober Belastungsintensität. Dabei solltest du immer locker Luft holen können. Ehrlich: Wenn du dich nebenher nicht mehr problemlos unterhalten kannst, belastest du dich zu sehr. Also japsen? Auf keinen Fall! Tempo runter!

Den optimalen Belastungspuls übrigens kannst du ausrechnen: Die Formel lautet Ruhepuls + (220 – ¾ des Alters – Ruhepuls) × 0,6 für Untrainierte, × 0,65 für mäßig Trainierte beziehungsweise × 0,7 für gut Trainierte. Also nehmen wir mal an, eine 36-Jährige hat einen Ruhepuls von 60 und ist mäßig trainiert, dann ergibt das einen optimalen Belastungspuls von 60 + (220 – 27 – 60) × 0,65 = 146. Sowohl der Ruhepuls als auch der Trainingsfaktor am Ende berücksichtigen dabei den individuellen Trainingszustand. Ganz grob kann man aber auch sagen, der optimale Belastungspuls liegt bei 180 minus Lebensalter.

Joggst du mit dem optimalen Belastungspuls, steigerst du deine Ausdauer und physische Belastbarkeit. Auch stärkst du das Herz-Kreislauf-System. Infarkt? Schlaganfall? Bluthochdruck? Nein, danke!

Wenn du übrigens mit noch niedrigerem Puls läufst, regenerierst du eher, statt zu trainieren. Außerdem verbrennst du dabei besonders viel Fett. Das hilft natürlich beim Abnehmen. »Ach, dann muss man sich gar nicht quälen, um durchs Laufen abzuspecken?« Im Gegenteil! Fett verbrennst du besonders locker. So ein besonders entspanntes Jogging ist auch bestens geeignet, um dabei in Ruhe deine Gedanken fließen zu lassen, Ideen zu sortieren, Landschaft und Leute zu gucken oder dem MP3-Player zu lauschen. Du kannst es alleine tun oder mit anderen zusammen.

Wenn du noch untrainiert bist und mit dem Joggen beginnen willst, dann mach erst einmal lockeres Intervalltraining: 2 Minuten laufen, 1 Minute gehen, 2 Minuten laufen, 1 Minute gehen und so weiter. Nach ein paar Trainingseinheiten wirst du rasch ausdauernder. Dauerbelastungen machst du am Anfang am besten auch nur sehr langsam: nur ein bisschen schneller joggen, als du gehen würdest. Und immer schön atmen, atmen, atmen. Schon bald wird dir das Laufen leichtfallen – und dann willst du immer längere Strecken joggen.

Nordic Walking

»Aber ist Jogging nicht sehr belastend für die Gelenke?«, sorgt sich Günter. Na, wieder auf der Suche nach Ausreden? Dabei hat der Schweinehund diesmal sogar recht: Joggen belastet die Gelenke wirklich. Schließlich läuft man ja eine Weile und meist auf einem festen Untergrund.

Ein gelenkschonender und bequemerer Ausdauersport ist dagegen das »Nordic Walking«. Dabei spazieren die Sportler ziemlich zügig durch die Gegend und unterstützen ihren Gang durch den rhythmischen Einsatz zweier Stöcke, die so ähnlich aussehen wie Skistöcke. »Skistöcke? Ohne Schnee?« Genau! Ursprünglich war das Nordic Walking nämlich ein Training für Skilangläufer im Sommer. Ziel war es, auch ohne Schnee fit zu bleiben. Mittlerweile aber werden spezielle Nordic-Walking-Stöcke hergestellt und keine Skistöcke mehr verwendet. Praktisch am Nordic Walking ist einerseits das sanfte Herz-Kreislauf-Training und andererseits, dass dabei auch die Oberkörpermuskulatur beansprucht wird. Probier es mal aus! Aber richtig: die Arme schön bewegen!

Laufschuhe

»Klingt mir zu langweilig, dieses Spazierengehen mit Skistöcken!«, lästert Günter. »Dann doch lieber normal laufen.« Okay, dann brauchst du als Erstes den passenden Laufschuh. Gute Laufschuhe dämpfen nämlich den Schritt. Und sie führen deine Bewegung, um deine Gelenke nicht zu stark zu belasten. Im Gegensatz zu anderen (Sport-)Schuhen haben sie einen starken Fersenkeil, was das Abrollen unterstützen soll. Und manche Modelle haben außerdem Gelenkstützen, vor allem hinten im Fersenbereich, um ein Umknicken zu verhindern. Auch Fußfehlstellungen können die Laufschuhe ausgleichen. Ziemlich häufig ist zum Beispiel die sogenannte Überpronation. Dabei knickt der Fußrand beim Auftreten stark nach innen ein und belastet Bänder, Sehnen und Gelenke. Das ebenfalls häufige Gegenteil heißt Supination: Hierbei kantet der Fuß sehr stark nach außen. Du verstehst: Man kann solche kleinen Fehler mit dem Schuh korrigieren. Sonst könnten nach ein paar Kilometern Probleme auftreten.

Andererseits geht der Trend derzeit auch in die entgegengesetzte Richtung, wonach Laufschuhe immer weniger führen und stützen sollen. Stattdessen sollen sie ein Laufgefühl wie beim Barfußlaufen ermöglichen – und so die Koordination der feinen Fußgelenke verbessern.

Am besten kaufst du dir Sportschuhe im Fachgeschäft und lässt dich gut beraten. Welche Schuhe passen zu deinen Füßen? Zu deinem Gewicht? Zu deinen Anforderungen? Probiere aus, was am besten zu dir passt! Übrigens kannst du oft auch per Videoanalyse checken lassen, ob die Schuhe richtig für dich sind. Gleich im Geschäft auf dem Laufband.

Jahrelang haben die Sportartikelhersteller Laufschuhe empfohlen, die unseren Fuß bestmöglich stützen und einwirkende Stöße optimal abfedern. Das ist nicht mehr unumstritten. Die technischen Hilfen zur Dämpfung und Bewegungskontrolle des Fußes haben sich in der Vergangenheit oft als wenig erfolgreich erwiesen, darüber sind sich viele Wissenschaftler und Hersteller von Laufschuhen mittlerweile einig. Ein Beispiel: Das Forschungsteam der amerikanischen Biomechanikerin Casey Kerrigan hat 2009 herausgefunden, dass stark gedämpfte Schuhe und eine Pronationsstütze die Hüft- und Kniegelenke stärker belasten, als es beim Barfußlaufen der Fall wäre. Zeit also, umzudenken?

Tatsächlich tun das mittlerweile viele Sportartikelhersteller: Der alte Ansatz von »dämpfen, stützen und führen« wird derzeit durch den Ansatz »Natural Running« ersetzt. Schuhe ohne viel technischen Schnickschnack gelten neuerdings als gesünderes Schuhwerk. Sie lassen die Füße die Arbeit verrichten, die sie zu verrichten haben. Schließlich sind unsere Füße sehr beweglich: Sie besitzen 26 Gelenke und können sich dadurch fast jedem Untergrund perfekt anpassen. Eine Konstruktion, die sich evolutionär über Jahrmillionen hinweg durchgesetzt hat. So ist beispielsweise der Evolutionsbiologe Dr. Liebermann aus der Harvard University der Meinung, dass sich typische Laufverletzungen durch Barfußlaufen komplett beheben ließen.

Professor Dr. Brüggemann und sein Forschungsteam der Deutschen Sporthochschule Köln zeigten in einer Studie, dass nach einem Jahr Training mit einem barfußähnlichen Laufschuh die Verletzungsrate um 30 Prozent zurückging. Der Fuß braucht also seinen Freiraum, um seine Muskeln zu nutzen, sie damit gleichzeitig zu kräftigen und die vielen Sinnesreize besser wahrzunehmen. Denn werden Muskeln nicht genutzt und werden Sinne eingeschränkt, verkümmern sie – auch in unseren Füßen. Die Natur ist dabei konsequent: Was nicht gebraucht wird, baut sich ab. Und eine schwache Fußmuskulatur verursacht Fehlstellungen in den Füßen und führt darüber hinaus häufig zu Beschwerden im ganzen Körper.

Auf den Alltag übertragen

Auch für den Alltag scheint zu gelten: Wir sollten öfter barfuß laufen, in Socken oder in barfußähnlichen Schuhen.

Zumal Fußfehlstellungen häufig zu Beschwerden wie Knie-, Hüft- und Rückenschmerzen führen. Klingt logisch: Je freier sich der Fuß und somit die Gelenke bewegen können, desto besser kann die Umgebung über Rezeptoren wahrgenommen werden. So kann der Fuß darauf reagieren und sich regulieren. Die Resultate: schnellere Reflexe, dadurch eine geringere Sturz- und Umknickgefahr, präzisere Bewegungen, höhere Kraftentfaltung. Darüber hinaus scheint das regelmäßige Tragen von »Minimal-Schuhen« eine bessere Fußstellung zu bewirken, da die Fußmuskulatur wieder arbeiten muss. Und das wiederum kann sich positiv auf die gesamte Körperstatik auswirken.

Fünf Regeln zur Schuhwahl

Bei der Wahl geeigneter Schuhe sollten folgende fünf Regeln beachtet werden:

1. Schuhsohle: so dünn und »flach« wie möglich.
2. Schuhflexibilität: je flexibler, desto besser. So können sich die Gelenke bewegen und an die Umgebung anpassen.
3. Schuhgewicht: so leicht wie möglich. Denn Gewichte an den Füßen können das Gangmuster verändern und den Kraftaufwand erhöhen.
4. Schuhschnitt: Der Schuh sollte vorne breit sein und der natürlichen Fußform entsprechen.
5. Sensorische Rückmeldung: Wenn Sie mit Ihrem Finger auf die Sohle drücken, sollten Sie Ihren Finger am Fuß spüren.

Pulsuhr

»Dann kann es ja losgehen mit dem Laufen!«, freut sich Günter. »Nur eine Frage noch: Wie misst du am besten deinen Puls? Ist es nicht unpraktisch, beim Laufen ständig an Handgelenk oder Hals die Zahl der Herzschläge zu ertasten?« Und ob! Viel besser ist da ein Herzfrequenzmessgerät, auch Pulsuhr genannt. So ein Ding besteht aus zwei Teilen: einem Messgerät mit Sender, das die Anzahl der Herzschläge pro Minute bestimmt. Und einem Empfänger, der den Wert anzeigt und meist noch ein paar Zusatzfunktionen hat.

Das Messgerät besteht in der Regel aus einem flexiblen Brustgurt. Darin stecken zwei Hautelektroden, die die elektrischen Signale des Herzschlags wahrnehmen. Dann senden sie die Info an den Empfänger. Der sitzt meist am Handgelenk und sieht aus wie eine normale Armbanduhr. Er zeigt dir nun genau den Puls an beziehungsweise kann dich per Alarm warnen, wenn du dich zu sehr anstrengst, berechnet den Kalorienverbrauch, misst die Belastung, deine Anzahl von Schritten und anderes – je nachdem, welches Modell du dir aussuchst und was du wissen willst. »Prima!«, sagt Günter. »So entsteht mit Sicherheit keine Sauerstoffschuld!« Genau, so bleibst du immer schön im aeroben Trainingsbereich.

Lust auf einen Marathon?

»Prima, jetzt bin ich bestens fürs Laufen gerüstet.« Genau. Wenn du willst, kannst du jetzt laufen, laufen, laufen – bis zum Marathon. »Marathon? Du spinnst wohl!«, entrüstet sich Günter. »So was ist doch viel zu gefährlich!« Tatsächlich: Der griechischen Legende nach entstand der Marathonlauf dadurch, dass nach dem Sieg der Athener bei der Schlacht von Marathon ein Läufer 40 Kilometer nach Athen gelaufen ist. Dort verkündete er die Botschaft »Freut euch, wir haben gesiegt!« – und brach dann tot zusammen. Der

Ärmste! Er kannte offenbar das richtige Training noch nicht. Denn damit ist ein Marathon wirklich machbar.

Die heutige Marathondistanz beträgt genau 42,195 Kilometer. Und natürlich ist diese Strecke untrainiert nicht so einfach zu machen. Ausdauer, Widerstand gegen die Belastungen des Laufs, die Motivation – alles muss stimmen. Am schlimmsten aber ist der »Mann mit dem Hammer«. So bezeichnen Marathonläufer das Müdigkeitsgefühl nach etwa 32 Kilometern. Bis dorthin reichen nämlich die Glykogenvorräte im Körper – sie betragen etwa 2000 Kalorien. Danach gewinnen die Muskeln ihre Energie nur noch aus den Fettreserven. Und das spürt man eben durch einen starken Ermüdungsschub. Klar also, worauf sich das Marathontraining stark konzentrieren muss: die Glykogenvorräte zu maximieren und mehr Energie aus dem Fettstoffwechsel zu ziehen.

Das Marathontraining

Der Freizeitsportler trainiert für einen Marathon am besten mit langen langsamen Läufen, wobei er gegebenenfalls Gehpausen (und ab und zu einen Intervalllauf) einlegt. 60 Kilometer pro Woche sollten es schon sein, wobei der längste Lauf maximal 30 Kilometer umfasst. Spitzensportler hingegen trainieren bis zu 200 Kilometer pro Woche. Außerdem machen sie dabei viel Intervalltraining.

Natürlich erreicht man die Fitness für einen Marathon nicht von heute auf morgen. Deswegen dauert ein guter Trainingsplan auch

6 Monate, wobei die Laufleistung alle 2 Wochen gesteigert wird. »6 Monate? Geht es nicht schneller?«, will Günter wissen. Doch, sogar in zehn oder 12 Wochen. Aber nur, wenn du schon eine gute Grundlage hast und 1 Jahr oder 2 Jahre lang regelmäßig gelaufen bist.

Am Ende der Trainingsphase reduziert der Profi seine Laufstrecke auf 50 bis 75 Prozent der Marathonstrecke, der Amateur hat dann erst 50 bis 75 Prozent erreicht. Dann kommt eine mehrtägige Trainingspause für die Superkompensation. So ist man fürs Rennen topfit. Nur Profis trainieren hier noch ein bisschen – aber auch nur sehr locker. Es gilt: Füße hochlegen und Kraft tanken. Und dann kommt das Rennen.

Der Marathonlauf

In der Woche vor dem Wettkampf ist natürlich Kraft- und Kohlenhydrattanken angesagt: Iss viel Nudeln, Brot, Kartoffeln, Reis! Eventuelle Läufe sollten jetzt keinesfalls anstrengend sein. Und in den zwei Tagen vor dem Wettkampf läufst du am besten überhaupt nicht! Am wichtigsten ist nämlich, dass du ausgeruht an den Start gehst.

Beim Marathon selbst solltest du auf jeden Fall ein gleichmäßiges Tempo laufen. Gib vor allem am Anfang nicht zu viel Gas – das kann wegen der tollen Atmosphäre beim Wettkampf schon mal passieren. Überall stehen ja Menschen und feuern dich an. Aber lass dich lieber am Ende des Laufs anfeuern! Da brauchst du es mehr.

Unterwegs trinkst du immer wieder. Am besten isotonische Drinks statt Wasser. Diese füllen nämlich das Salz nach, das du beim Laufen ausschwitzt. Auch Bananen kannst du unterwegs essen – für die Kohlenhydrate. Oder spezielle Kohlenhydrat-Gele, die du im Fachhandel bekommst. Diese solltest du aber vorher in einem Probelauf schon mal ausprobiert haben. Manchmal machen sie nämlich Magenprobleme und Durchfall. Deine Kraft muss jedenfalls reichen, um in mindestens 5 Stunden und 30 Minuten durchs Ziel zu kommen. Sonst wirst du disqualifiziert. Schaffst du die Strecke unter 4 Stunden, dann bist du ein guter Freizeitläufer. Der aktuelle Weltrekord für die Strecke liegt übrigens bei 2 Stunden, 3 Minuten und 38 Sekunden (gelaufen von Patrick Makau Musyoki am 25.09.2011). Aber daran musst du dich sicher nicht orientieren ...

Triathlon und Ironman

»Und wie geht es einem nach dem Rennen?«, fragt Günter besorgt. Kar: Danach hast du erst einmal jede Menge Muskelschmerzen, die erst nach 2 Wochen bis 2 Monaten komplett ausgeheilt sind. Aber: Du bist auch unheimlich stolz auf deine Leistung und willst beim nächsten Marathon wieder mitlaufen! Wetten?

Wer den Ausdauersport noch ein wenig erweitern möchte, kann auch Triathlon machen. Dabei wird nicht nur gelaufen, sondern auch geschwommen und Fahrrad gefahren. In der Volkssportdistanz schwimmst du 500 Meter, fährst 20 Kilometer Rad und läufst 5 Kilometer. Die Olympiadistanz geht über 1,5 Kilometer schwimmen, 40 Kilometer Rad fahren und

10 Kilometer laufen. Besonders Ambitionierte trauen sich sogar an den sogenannten Ironman heran, den Ultramarathon: Dabei heißt es 3,8 Kilometer schwimmen, 180 Kilometer Rad fahren und danach dann noch 42,195 Kilometer laufen – also einen kompletten Marathon zum Schluss! »Ja, spinnen die denn?«, wundert sich Günter. Dabei geht das durchaus! Es gibt nämlich auch den Doppel-, Dreifach-, Vierfach- und Fünffach-Ironman. Bei Letzterem werden – am Stück! – 19 Kilometer geschwommen, 900 Kilometer geradelt und 211 Kilometer gelaufen. Der Zehnfach- und Doppel-Zehnfach-Ironman hingegen werden auf mehrere Tage verteilt.

Höhentraining

Mit Training und Motivation ist also viel mehr möglich, als man meint. Also muss man nicht immer auf Günter hören, nur weil er mal motzt.

Eine elegante Möglichkeit übrigens, deine Ausdauer zu verbessern, ist das Höhentraining. Dabei machst du die Wettkampfvorbereitung in den Bergen. »Und wofür soll das gut sein?«, wundert sich Günter. Ganz einfach: Die Luft im Gebirge ist dünner als auf dem flachen Land. Daher enthält sie auch weniger Sauerstoff. »Aber das bedeutet ja, dass du schlechter Luft bekommst!« Genau! Und wie reagiert dein Körper, wenn du ihn forderst? Er passt sich mal wieder an: Indem er mehr rote Blutkörperchen bastelt! Diese transportieren nämlich den Sauerstoff zu den Zellen. Und wenn schon nicht mehr so viel Sauerstoff in der Luft enthalten ist, dann muss eben umso mehr davon ins Blut! Dank der vielen roten Blutkörperchen nun ganz einfach. »Aha!«, kombiniert Günter. »Und wenn du wieder im flachen Land bist, kann dein Blut dort mehr Sauerstoff aufladen als vorher. So bist du besser als andere.« Richtig, du bekommst einen ganz langen Atem. Schlau, oder?

6. Für jeden etwas – die PASSENDE SPORTART finden

Weitere Sportarten

Günter grinst breit. »Schön, dann wirst du jetzt ja wirklich richtig sportlich! Aber was, wenn man weder Lust auf Krafttraining noch auf Ausdauersport hat? Muss man dann untätig die Füße hochlegen?« Natürlich nicht, Günter. Bislang haben wir ja nur Kraft und Ausdauer besprochen. Dabei gehören zur Fitness auch noch Schnelligkeit und Koordination. Und die trainierst du am besten mit anderen Sportarten.

»Ja, gibt es denn überhaupt noch weitere Sportarten?« Und ob! Zum Beispiel Aquafitness, Karate, Fußball, Skifahren, Turnen, Tischtennis, Mountainbikefahren, Hockey, Tanzen, Skilanglauf, Kanufahren, Basketball, Golf, Surfen, Squash, Go-Kart-Fahren, Wasserball, Boxen, Tennis, Baseball, Schwimmen, Gymnastik, Snowboardfahren, Inlineskaten, American Football, Badminton, Eishockey, Judo, Rugby, rhythmische Sportgymnastik, Reiten, Tauchen, Volleyball, Gehen, Rudern, Kickboxen, Handball, Voltigieren, Skateboadfahren, Schlittschuhlaufen, Aerobic, Tae Bo, Radrennfahren, Spinning, Yoga, Beachvolleyball, Pilates, Bobfahren, Klettern, Leichtathletik, Bungee-Jumping, Gewichtheben, Schießen, Ringen, Skispringen, Rennrodeln, Curling, Bogenschießen, Fechten, Synchronschwimmen, Trampolinspringen, Freestyle Skiing, Rollschuhlaufen …

Finde deinen Lieblingssport!

»Genug jetzt!«, ruft Günter. »Da wird ja wohl für jeden was dabei sein, oder?« Mit Sicherheit. Am besten suchst du dir eine Sportart aus, die gut zu dir passt.

Orientiere dich dabei an deinen eigenen Stärken und Neigungen. Was machst du gerne? Wozu motivierst du dich besonders leicht? Was könntest du jahrelang immer wieder tun? Und wobei hast du am wahrscheinlichsten Erfolgserlebnisse? Also was kannst du besonders gut – am besten so gut, dass du darin von vornherein besser bist als andere? Wo liegen deine individuellen Sporttalente? Erfolgreichen Sportlern fällt ihre Sportart nämlich leicht und macht ihnen Spaß.

Bist du eher ein Einzelsportler oder Teamplayer? Magst du Ballspiele oder eher andere Sportgeräte? Willst du flexibel trainieren oder nach einem festen Zeitplan? Willst du unabhängig sein oder einem Verein beitreten? Magst du vor allem Wettkämpfe oder eher lockeren Freizeitsport? Bist du eher ein konventioneller Sportler, ein Fun-Sportler oder ein Extremsportler? Oder vielleicht ein kreativer Sportler, der gerne mal verschiedenste verrückte Dinge ausprobiert?

Schnelligkeit und Koordination

Weitere Fragen, die du dir stellen solltest, sind: Was willst du mit dem Sport für dich erreichen? Mehr Gesundheit? Spaß? Bestätigung? Rehabilitation? Vitalität? Athletische Ausstrahlung? Ausgleich zum Alltag? Motivation? Geselligkeit? Außerdem: Welche Form von Fitness ist dir besonders wichtig? Ausdauer? Kraft? Schnelligkeit oder Koordination? »Moment: Über Schnelligkeit und Koordination hatten wir noch gar nicht gesprochen!«, merkt Günter an. Stimmt, gut aufgepasst, Schweinehund!

Also, Schnelligkeit ist die Fähigkeit, blitzschnell deine Muskeln zu aktivieren und maximale Power zu bringen. Wichtig ist das zum Beispiel beim Fußball, Volleyball oder Boxen. Schneller Sport macht dich also flink und spritzig.

Und Koordination ist zum Beispiel die Fähigkeit, richtig zu reagieren, und das gute Zusammenspiel von Armen und Beinen. Oder die Orientierung im Raum. Auch das Gleichgewicht zu halten, ist Koordination. Oder ein gutes Gefühl für Rhythmus zu haben. Die Umstellung von Bewegungen erfordert ebenfalls Koordination. Genauso die Anpassung an neue Situationen, zum Beispiel, wenn du mal stolperst. Klar: Deine Koordination verbesserst du vor allem bei Sportarten mit komplexen Bewegungsabläufen wie Squash, Skifahren, Tanzen oder Turnen.

Prävention und Rehabilitation

»Hm …«, zögert Günter. »So ganz glaube ich das alles noch nicht. Muss man sich wirklich bewegen, wenn man fit bleiben will?« Zum Glück ja! Denn wie viel Spaß Bewegung macht, erfährst du erst bei der Bewegung selbst. Machst du Sport nur aus reinen Vernunftgründen, dann wahrscheinlich von einer der folgenden Ausgangspositionen aus.

Erstens: Du bist gesundheitlich nicht eingeschränkt und möchtest das auch bleiben. Das heißt, Sport ist für dich vor allem Prävention, also eine reine Vorsorgemaßnahme. Schade, wenn du es so nüchtern betrachtest! Denn als reine Pflicht macht Sport natürlich weniger Spaß. Kann es vielleicht sein, dass du deinen Lieblingssport noch nicht gefunden hast?

Zweitens: Du hast gesundheitliche Probleme und willst etwas dagegen tun – eben mit Sport. Prima, aber es darf dir ruhig Spaß machen! Denn Rehabilitation geht mit Bewegung besonders gut – egal, ob Krankengymnastik, Gerätetraining, Laufband oder Fitnessgruppe. Sport gehört zur Heilung dazu. Schließlich baut man während einer Erkrankung oft etliche Muskeln ab, die hinterher dringend wieder draufmüssen. Oder die Herz-Kreislauf-Funktion muss besser werden. Oder die Widerstandskraft im Alltag. Also motz nicht, freu dich lieber! Du machst Sport.

Cowboy, Spieler, Duellant oder Kursteilnehmer

Vergiss nicht: Der Sport muss zu dir passen, damit er Freude macht. Bist du eher der Typ »einsamer Cowboy«? Willst du beim Sport deine Ruhe haben vor anderen Menschen? Und motivierst du dich am liebsten selbst? Dann dürften Kraft- oder Ausdauersport gut passen.

Oder hast du lieber einen Ball bei der Bewegung? Bist du eher spaßorientiert? Liebst du den verspielten Kontakt mit anderen in der Gruppe? Kurz: Bist du ein kreativer Gruppenspieler? Dann dürften Ballspiele genau richtig für dich sein.

Oder spielst du am liebsten Mann gegen Mann beziehungsweise Frau gegen Frau? Dann brauchst du einen Sport, bei dem du dich in Duellen messen kannst: Tennis, Fechten, Squash, Karate, Badminton oder Ähnliches passen zu dir.

PEST DER NEUZEIT:

Diabetes Typ 2

Diabetes Typ 2 – diese Krankheit breitet sich überwiegend in den Industrieländern epidemieartig aus. Aktuell leiden etwa acht Millionen Deutsche unter der erworbenen Zuckerkrankheit – auch Altersdiabetes genannt. Und auf jeden entdeckten Diabeteskranken kommt wahrscheinlich ein unentdeckter hinzu. Laut der deutschen Diabetesgesellschaft nimmt die Erkrankung kontinuierlich zu. Das Schlimme dabei: Immer mehr Kinder sind betroffen. So leiden heute bereits ungefähr 15 von 1000 Kindern und Jugendlichen an Altersdiabetes. Ein neues Problem – mit Konsequenzen: Diabetes erhöht das Risiko für Herz-Kreislauf-Erkrankungen, Fettleber, Gallensteine, Depressionen, schlechte Cholesterinwerte, Sehschwäche, Nierenprobleme und so weiter.

Zu Beginn merkt man die Krankheit gar nicht. Je weiter sie jedoch fortschreitet, desto gravierender sind ihre Folgen: Organschäden, Durchblutungsstörungen bis hin zu erhöhtem Risiko für Herzinfarkt, Schlaganfall oder Mangelversorgung des Gewebes in den Füßen. Ein schleichender Prozess.

Diabetes tut nicht weh, deshalb wird er von vielen Betroffenen für lange Zeit auch nicht ernst genommen. Es wird weitergelebt wie bisher – bis auf die tägliche Tabletten oder Insulinspritzen. »Anstrengende« Gegenmaßnahmen wie beispielsweise Sport oder eine weniger zuckersüße Ernährung werden so ganz einfach umgangen. Schade: Denn bei Vielen ließe sich die Krankheit durch Ernährung und Bewegung beheben.

Das beste Medikament gegen Typ-2-Diabetes ist Bewegung

Studien zeigen deutlich: Gegen Diabetes Typ 2 wirkt Bewegung genauso gut, wenn nicht sogar besser als Medikamente! So wurde etwa 2002 in einer Studie beobachtet, dass Bewegung wirkungsvoller ist als ein orales Antidiabetikum (Metformin). Forscher in den USA untersuchten dazu 3234 übergewichtige Menschen mit beginnender Typ-2-Diabetes. Die einen wurden dabei durch Einnahme von Antidiabetika-Tabletten behandelt, die anderen sollten sich mindestens 150 Minuten pro Woche bewegen. Nach ungefähr 3 Jahren hatte sich das Auftreten der Krankheit unter den Tabletten-Einnehmern um 31 Prozent reduziert – in der Sportgruppe sogar um 58 Prozent.

Unabhängig davon, ob dabei Gewicht verloren wird, verringert regelmäßige Bewegung das Typ-2-Diabetes-Risiko: Der Sport spült sozusagen den Zucker in die Zellen, senkt dadurch den Blutzuckerspiegel und verbessert die Insulinwirkung. Das heißt, je mehr sich Zuckerkranke bewegen, desto weniger Insulin müssen sie sich über Spritzen oder Tabletten zuführen. Sport ist demnach ein »Durchbrecher der Insulinresistenz« und somit die beste Medizin gegen Alterszucker. Zu diesem Ergebnis sind Forscher der University of California gekommen. Sie führten eine interessante Untersuchung mit Zuckerkranken durch: Dabei wurden die Teilnehmer in zwei Gruppen aufgeteilt. Die erste Gruppe bekam regelmäßigen Sport verordnet – dennoch durften alle essen und trinken, was sie wollten. Die zweite Gruppe musste hingegen ihre Ernährung umstellen, durfte dabei aber faul bleiben. Das Ergebnis ist eindeutig: Die aktive Gruppe konnte nach 6 Jahren das Typ-2-Diabetes-Risiko um 46 Prozent reduzieren, die bewegungsfaule Gruppe nur um 31.

ÜBUNG

Bist du diabetesgefährdet?

Lass regelmäßig folgende Werte bestimmen:

Body-Mass-Index (≤ 25)

Waist-to-Hip-Ratio
(erhöhtes Risiko: Männer > 1,0 / Frauen > 0,85)

Waist-to-Height-Ratio
(bis 40 Jahre maximal 0,5; ab 50 Jahre maximal 0,6)

Nüchternblutzucker (≤ 120 mg/dl)

HbA1c (≤ 6,5 %)

Triglyceride (≤ 200)

Vielleicht bist du aber auch ein Typ Einzelsportler, der trotzdem Spaß an Geselligkeit und Motivation in der Gruppe hat? Dann besuch doch einfach Kurse im Fitnessclub!

Bauch-Beine-Po und Aerobic

»Kein Wettkampf? Von anderen motiviert werden? Und dabei nicht alleine sein?«, staunt Günter. »Das gefällt mir!« Also gut, auf in einen Fitnessclub! Dort findest du wahrscheinlich eine bunte Auswahl von Kursen, die du besuchen kannst: Aerobic, Bauch-Beine-Po, Qigong, Tae Bo, Pilates, Yoga, Spinning und so weiter. Da ist sicher was für dich dabei. »Ja, aber was bedeutet das alles?«

Bauch-Beine-Po ist ein spezielles Gymnastikprogramm für – na klar – Bauch, Beine und Po. In der Gruppe trainiert es sich eben oft besser! Und du kannst Trainingsfehler sofort korrigieren.

Aerobic ist ein sehr dynamisches Fitnesstraining. Dabei spielt man laut motivierende Musik, zu der du dich rhythmisch bewegst. Ein Trainer macht die Übungen vor. Dabei gibt er laute Anweisungen. Hauptsächlich geht es bei den Übungen um Kondition, Koordination und Kraftausdauer. Im Prinzip sind sie eine Mischung aus Gymnastik und Tanz. Und natürlich kannst du solche Aerobicübungen auch zu Hause alleine mit einer DVD machen, aber im Studio mit anderen macht es wirklich am meisten Spaß. Los, ausprobieren!

Qigong

»Und was ist dieses Qigong?«, fragt Günter. »Hört sich asiatisch an.« Richtig, Günter. Qigong stammt ursprünglich aus China. Es ist eine Mischung aus Meditations-, Konzentrations- und Bewegungsübungen. Laut Theorie sollen dabei Körper und Geist kultiviert werden, was aus der Ideologie der traditionellen chinesischen Medizin stammt. Auch Kampfkunstübungen fließen ins Qigong mit ein. Bei allen Übungen wird das sogenannte »Qi« angereichert und harmonisiert. »Hä? Das was?« Der chinesische Begriff Qi bedeutet Energie, Atem oder Fluidum. Aber auch Luft, Dampf, Hauch, Äther, Temperament, Kraft oder Atmosphäre. Außerdem bezeichnet es die Emotionen des Menschen sowie das Zusammenspiel seiner Nerven und Hormone.

»Klingt alles ziemlich esoterisch …«, zweifelt Günter. Ja, zugegeben. Aber selbst wenn dir die Theorie komisch vorkommt, können dir die Übungen Spaß machen und helfen! Die Bewegungen sind nämlich gar nicht so einfach – und ein bisschen Konzentration und Meditation schaden dir sicher nicht. Außerdem: Qigong-Kurse werden sogar von Krankenkassen bezuschusst!

Tae Bo

»Tae Bo, ist das auch was Chinesisches?«, fragt Günter. Nein, weit gefehlt! Tae Bo enthält zwar Elemente aus asiatischen Kampfsportarten wie Karate, Taekwondo oder Kickboxen. Aber es verbindet sie mit Aerobic, unterstützt von sehr schneller Musik.

Der Name Tae Bo ist ein Akronym, also ein Kunstwort, das aus den Anfangsbuchstaben mehrerer Wörter zusammengesetzt ist. »Und welcher Wörter?«, will Günter wissen. Der Tae-Bo-Erfinder, der amerikanische Kampfsportler Billy Blanks, definierte es so: T steht für »Total commitment to whatever you do«, also »volles Engagement für was immer du gerade tust«. A für »Awareness of yourself and the world«, also »Bewusstsein für dich selbst und deine Umwelt«. E steht für »Excellence, the truest goal in anything you do«, also »Perfektion, das wahre Ziel deiner Handlungen«. B für »Body as a force for total change«, also »der Körper als Macht für totale Veränderung« und schließlich O für »Obedience to your will and your true desire for change«, also »Gehorsam deinem Willen gegenüber und deinem wirklichen Verlangen nach Veränderung«.

»Wow!«, staunt Günter. »Das hört sich aber kraftvoll an!« Oh ja. Das Training ist auch wirklich nicht ohne ...

Pilates

»Und was ist Pilates?«, will Günter wissen. »Bestimmt auch was Amerikanisches mit Kampfsport?« Nein, Pilates kommt aus Deutschland. Genauer gesagt aus Mönchengladbach. Daher stammt nämlich der Erfinder Joseph Hubert Pilates (1880–1967) – obwohl er 1923 in die USA auswanderte.

Unter Pilates versteht man ein systematisches Körpertraining. Dabei werden vor allem die tief liegenden, kleinen Muskelgruppen angesprochen, die für eine korrekte und gesunde Körperhaltung sorgen, wie zum Beispiel die in der Körpermitte liegenden Muskeln rund um die Wirbelsäule oder die tiefen Rumpfmuskeln und die Beckenbodenmuskulatur – »Powerhouse« nennt man diese Muskeln beim Pilates. Und ihr Training heißt »Zentrierung«. Sämtliche Kraft- und Stretchingübungen sind übrigens langsam und werden bewusst und fließend ausgeführt, sodass dabei die Muskeln und Gelenke geschont werden. Wichtig ist die konzentrierte mentale Kontrolle über jede Bewegung. Auch die Atmung geschieht bewusst. Und bewusste Entspannung hilft dabei, Verspannungen zu lösen.

»Klingt kompliziert!«, sorgt sich Günter. Na ja, eine gute Anleitung brauchst du am Anfang schon. Aber die bekommst du im Fitnessstudio hoffentlich! Genauso wie einen Krankenkassenzuschuss ...

Yoga

»Stärkt man auch beim Yoga die Muskeln?« Und ob, Günter! Ohne durchtrainierte Muskeln ist die Körperbeherrschung nämlich gar nicht möglich. Allerdings geht es beim Yoga immer um das Wohlbefinden insgesamt – also nicht nur um den Körper, sondern auch um Geist und Seele. »Klingt mir zu abgehoben. Ich will fit werden und nicht Philosophie studieren!« Genau deswegen macht man beim Yoga auch vor allem körperliche Übungen – zumindest bei dem Yoga, das in der westlichen Welt praktiziert wird. Dieses Yoga heißt Hatha-Yoga. Das bedeutet »Anstrengung und Kraft«. Von der ursprünglichen indischen Yoga-Philosophie ist das weit entfernt.

»Also sitzen Yogis nicht alle auf Nagelbrettern und summen stundenlang Om?« Eher weniger, du Klischee-Schweinehund. Aber dass Yogis noch im hohen Alter 15 Minuten Kopfstand schaffen, kommt vor. Schließlich trainiert man bei vielen Yoga-Übungen Beweglichkeit und Elastizität des Körpers. Genauso können Yoga-Übungen die Durchblutung verbessern, Schlafstörungen lindern, Kopf- oder Rückenschmerzen vermindern. Dabei helfen vor allem die sogenannten Asanas. Das sind konzentriert ausgeführte Körperübungen, die Kraft, Flexibilität, Gleichgewichtssinn und Muskelausdauer trainieren – lauter alte Fitness-

Bekannte also. Außerdem hilft Yoga hervorragend gegen Stress. Einige Yoga-Übungen helfen sogar so gut, dass man die Kurskosten von der Krankenkasse erstattet bekommt!

Spinning

»Ehrlich gesagt: Yoga klingt langweilig!«, zweifelt Günter. »Gibt es noch was mit mehr Action?« Und ob: das sogenannte Indoorcycling – auch »Spinning« genannt. »Hat das was mit Spinnen zu tun?« Nein, Günter, mit speziellen Fahrrädern. Die Spinning-Fahrräder sind nicht zur Fortbewegung gedacht, sondern sie stehen stationär, während sich nur ihre Räder bewegen. »Aha, wie Fahrrad-Ergometer also?« So ähnlich. Das Besondere an ihnen aber ist, dass der Radler beim Treten eine 18 bis 25 Kilo schwere Schwungscheibe in Gang setzt, die das Rad durch ihren Schwung in Bewegung hält. Und weil das Rad fest mit den Pedalen verbunden ist, muss man die Beine permanent mitbewegen. Beim Ergometer hingegen hört die Bewegung sofort auf, sobald man nicht mehr in die Pedale tritt. Außerdem kann jeder einzelne Fahrer einen individuellen Widerstand einstellen, der die Schwungscheibe bremst.

Und damit wären wir auch schon beim Sinn des Spinning: Es geht genau darum, nonstop in die Pedale zu treten, begleitet von rhythmischer Musik bei verschieden hohen Widerständen. Spinning ist also eine echte Ausdauersportart, die sehr viel Spaß macht. Die Spinning-Gruppe radelt nämlich gemeinsam und hört dabei laut Musik, während ein Kursleiter Tempo und Übungen vorgibt.

Aquafitness

Auch im Schwimmbad kannst du übrigens Sportgruppen besuchen und zum Beispiel Aquafitness machen. Das ist ein Ganzkörpertraining im Wasser mit Hilfsmitteln wie etwa Pool Noodle und Disc – besondere Schwimmhilfen aus Schaumstoff –, Gürtel oder Hanteln. Es findet entweder im flachen Wasser statt, wobei die Wasseroberfläche auf Brusthöhe liegt. Oder auch im tiefen Wasser, wo durch das gleichzeitige Schwimmen alles anstrengender wird. Doch Vorsicht, auch im Nichtschwimmerbecken ist Aquafitness nicht ohne: Obwohl du noch stehen kannst, ist es gar nicht so leicht, sich im Wasser zu bewegen – schließlich muss eine ganze Menge davon verdrängt werden. Und: Auch beim Aquafitness gibt es einen Übungsleiter, den sogenannten Instructor. Der steht am Beckenrand und gibt – ebenfalls zu motivierender Musik – Kommandos, welche Übungen dran sind.

Aquafitness ist besonders geeignet bei Übergewicht, weil das Wasser wunderbar trägt und die Gelenke schont. Trainiert werden vor allem Arme, Beine, Po und Rumpf. Natürlich auch die Kraft, Beweglichkeit und Ausdauer. Außerdem wird die Entspannung gefördert, denn hinterher fühlst du dich sehr wohl – und manchmal auch ganz schön erschöpft.

Ballsport

»Und wenn mir diese ganzen Kurse nicht gefallen?« Dann kannst du immer noch auf Ballsport umsteigen: Basketball für die eher Großgewachsenen. Handball für Spieler mit Kraft beim Werfen. Fußball für alle mit dem Händchen im Fuß. Oder Volleyball für lange Menschen mit viel Ballgefühl. Und falls dir das zu konventionell ist, dann probier doch mal die Strandvarianten: zum Beispiel Beachvolleyball, Beachhandball oder Beachfußball!

Das Schöne am Ballsport ist: Du bewegst dich und verbesserst deine Fitness, ohne auf die Bewegung selbst zu achten – schließlich geht es ums Toreschießen, Körbe erzielen oder Punkte erspielen. Kondition, Kraft, Koordination und Schnelligkeit trainierst du so nebenbei. Und wenn du keinen Körperkontakt mit deinem Gegner magst, bleiben immer noch Sportarten wie Tennis, Badminton, Squash oder Tischtennis übrig. Dafür brauchst du auch nicht gleich eine ganze Mannschaft. Zu zweit geht es auch.

Klar solltest du hierbei deine Leistungsfähigkeit besonders gut einschätzen. Nicht dass du dich über- oder unterforderst! Schließlich fallen Leistungsunterschiede beim Ballsport sehr stark ins Gewicht – du weißt ja: Der Schwächste bleibt bei der Mannschaftswahl immer bis zum Schluss übrig ... Kein schönes Gefühl. Aber: Haben alle das gleiche Leistungsniveau, haben auch alle viel Spaß!

Teams

Natürlich geht es beim Mannschaftssport nicht mehr nur um dich alleine, sondern ums ganze Team. Du bist nun ein Teil davon und stellst deine Leistung allen zur Verfügung, damit ihr euer gemeinsames Ziel erreicht: den Sieg, die Meisterschaft – oder vielleicht auch einfach nur ein bisschen Spaß am Wochenende. Wichtig ist also, dass allen von vornherein die Ziele klar sind. Denn: Ist einer besonders wettkampforientiert, während der andere es eher locker nimmt, ist Stunk vorprogrammiert. Und: Wer hat welche Aufgaben? Wenn der Verteidiger anfängt zu stürmen und dafür die Abwehr vernachlässigt, gibt es ebenfalls Stress. Wenn aber alle am gleichen Strang ziehen, kann die Mannschaft große Leistung erbringen – obwohl vielleicht nicht jeder einzelne Spieler top ist. Die Gruppendynamik aber kann so manche Schwäche wettmachen.

Klar auch, dass Teams regelmäßig miteinander trainieren müssen. So lernen sie einander besser kennen und wachsen menschlich zusammen – ein Grund übrigens, warum Sportvereine Menschen oft viel Halt geben. Und im Wettkampf treten die Teams dann in ihrer Leistungsklasse – auch Liga genannt – gegen andere an. Möge der Bessere gewinnen!

Übrigens: Die Erfahrungen und Werte aus dem Sport nützen auch sonst im Leben. Leistungsbereitschaft, Mut, Zusammengehörigkeit, Fairness, Grenzen überwinden, Hilfsbereitschaft, Spaß am Spiel – wo sonst lernt man das alles gleichzeitig?

Stretching

»Dann lass uns endlich loslegen!«, feuert Günter an. »Rauf auf den Sportplatz!« Moment noch: Erst ist Stretching angesagt. Hierbei dehnst du deine Muskeln, verbesserst ihre Durchblutung und verminderst so dein Verletzungsrisiko. Außerdem beugt es Muskelverkürzungen vor und verbessert die Beweglichkeit.

»Ach, kenne ich: Dabei wippt man immer so hin und her.« Nein, falsch Günter. Beim wippenden Dehnen werden die Muskeln häufig überdehnt. Das macht verletzungsanfällig. Außerdem erhöht es die Muskelspannung, was den Muskel nicht dehnt, sondern verkürzt. Genauso falsch wäre es, bei Muskelkater zu dehnen. Das würde die kleinen Verletzungen nur verschlimmern statt zu bessern.

Am besten dehnst du einzelne Muskelgruppen statisch, also ohne Bewegung. Die einzelnen Dehnphasen sollten vor Training oder Wettkampf nur kurz andauern, damit der Muskel seine Schnellkraft nicht verliert. Danach aber darf es minutenlang dauern – das regeneriert und macht flexibel.

Sauna

»Und wenn das Training vorbei ist, geht es gleich nach Hause?« Muss nicht sein, Günter. Vielleicht kannst du ja danach noch in die Sauna gehen? »Sauna? Wozu soll denn Schwitzen gut sein?« Nun, gerade nach dem Training ist ein Saunabesuch der erste Schritt zur Regeneration, die dadurch prima beschleunigt wird. Saunieren entspannt die Muskulatur, senkt den Blutdruck, regt den Kreislauf an, den Stoffwechsel, das Immunsystem, verbessert die Atmung, bremst die Hautalterung, reinigt den Körper – kurz: Es ist rundum gesund! Nur bei Entzündungen, Herz-Kreislauf-Erkrankungen, Thrombosen oder Krampfadern sollte man besser wegbleiben von der Sauna.

»Und wie läuft so ein Saunabesuch ab?«, fragt Günter neugierig geworden. Meistens so: Zuerst duschst du dich und trocknest dich wieder ganz ab. Dann betrittst du die Sauna und legst dich nackt auf ein Handtuch. Durch die starke Hitze von 50 bis 100 Grad Celsius fängt zunächst deine Haut zu schwitzen an, dann steigt deine Körpertemperatur auf bis zu 39 Grad. Nach 8 bis 15 Minuten gehst du wieder raus, duschst dich kalt ab und steigst in kaltes Wasser. Das regt deinen Kreislauf an und tut der Haut gut. Dann geht es an die frische Luft zum Sauerstofftanken. Anschließend legst du dich mindestens eine Viertelstunde lang in einen Ruheraum. All das wiederholst du nun zwei-, dreimal. Viel Spaß!

Massage

Auch eine Massage ist nach dem Sport zu empfehlen. Sie fördert ebenfalls die Regeneration. Darüber hinaus hat sie noch etliche andere positive Effekte: Sie verbessert die Durchblutung, senkt Blutdruck und Puls, entspannt die Muskulatur, lindert Schmerzen, wirkt auf innere Organe, entspannt, löst Ängste, vermindert Stresshormone, verbessert den Zellstoffwechsel im Gewebe, entspannt Haut und Bindegewebe – und kann sexuell erregen ...

»Au ja!«, freut sich Günter. »Klingt prima. Aber welche Form der Massage passt am besten?« Lass dich darüber vom Masseur beraten. Bei den meisten Massagen werden übrigens nur fünf Handgriffe angewendet: Die Streichung – sie verteilt das Öl und fühlt sich sehr angenehm an. Die Knetung oder Walking – dabei werden Haut und Muskel zwischen den Fingern geknetet, was gegen Verspannungen hilft. Die Reibung – wobei Fingerspitzen oder Handballen kreisende Bewegungen gegen Verhärtungen machen. Außerdem die Klopfung – schlagende Bewegungen mit Handkante, Hand oder Fingern, die die Durchblutung fördern und die Muskelspannung verändern. Und noch die Vibration – und zwar mit aufgelegten Fingerspitzen oder der flachen Hand. Sie lockert und löst Krämpfe.

Sportklamotten

Bevor wir es vergessen, Günter: Ein guter Sportler braucht natürlich auch die passenden Kleidungsstücke. Mindestanforderung hierbei: eine Grundausrüstung für (fast) alle Gelegenheiten! Dazu gehört mindestens eine kurze Sporthose, ein T-Shirt, ein langer Trainingsanzug, Baumwollsocken sowie Sportschuhe für drinnen und welche für draußen und natürlich eine Badehose. Falls du davon etwas nicht zu Hause hast: Kauf es dir! Darüber hinaus gibt es natürlich noch für jede Sportart Extras. Ob allerdings immer alle angebotenen Kleidungsstücke sinnvoll sind, darf bezweifelt werden. Am besten lässt du dich in einem Sportgeschäft beraten, was du wirklich brauchst. Meist sind die Verkäufer ehrlich genug, um dir keinen Schnickschnack anzudrehen.

»Hoffentlich sind die Klamotten auch schick!«, sorgt sich Günter. Vorsicht: Du solltest eher auf Funktionalität achten als auf Mode! Das ist wichtiger. Schließlich soll deine Sportbekleidung in erster Linie funktional sein, bequem und pflegeleicht. Und gute Qualität sollte sie haben – selbst wenn das etwas mehr kostet. Es geht schließlich um Gesundheit und Fitness; das müsste dir etwas wert sein. Zum Beispiel sind manche etwas teureren Funktionstextilien atmungsaktiv und nach außen trotzdem wind- und wasserdicht. Oder sie schützen besonders gut vor Kälte, obwohl sie ganz dünn und sehr bequem sind. Oder sie sind sehr robust, sehr weich, sehr leicht oder sehr anschmiegsam. Oder oder oder. Qualität eben.

7. Der Sport und **DEIN LEBEN**

Sport als neue Priorität

Also, Kollege Schweinehund, es wird Zeit für eine Entscheidung: Welche praktische Rolle soll Sport zukünftig in deinem Leben spielen? Willst du wirklich damit anfangen? Oder dich darin verbessern? Dann leg los! Denn: In der Theorie ist Sport völlig sinnlos.

Damit Sport aber auch die wichtige Rolle bekommt, die ihm zusteht, muss er in dein Leben passen. Also: Was passt zu dir und deinen Tagesabläufen? Zum Familienleben und zum Job? Zu deiner Lebensphase? Zu deiner Gesundheit? Der feste Termin im Klub? Der lockere in der Freizeitgruppe? Das regelmäßige Spiel am Wochenende? Der flexible Waldlauf? Oder Krankengymnastik? Dann los! Aber: Denk vorher darüber nach, bevor du dann jammerst, dass es organisatorisch nicht klappt – und du es ganz bleiben lässt! Auch wenn du nicht gleich zum Sport-Profi wirst, ist das okay: lieber Fitness-Amateur als Schwächel-Meister! Nur ein bisschen Kraft, Ausdauer, Koordination oder Schnelligkeit ist besser als gar keine. Also: Betrachte Sport als eine neue Priorität in deinem Leben! Und gib ihm Raum – am besten jede Woche!

Bewegung im Alltag

Einen großen Schritt in Richtung »Fitness-Allrounder« kann man übrigens auch im Alltag machen: Nutz einfach jede Gelegenheit dazu, dich zu bewegen! Nimm die Treppe statt den Aufzug! Fahr mit dem Fahrrad zur Arbeit! Geh öfter mit dem Hund spazieren! Park dein Auto immer ein paar Blocks vom Ziel entfernt! Setz dich nach der Arbeit nicht gleich hin, sondern schlüpf zunächst in deine Laufschuhe! Tobe mit den Kindern im Garten herum! Putz die Wohnung mit lauter Musik im Hintergrund und stell dir vor, du wärest in einem Aerobic-Kurs! Stell dir ein Laufband oder Ergometer vor den Fernseher! Telefoniere nur noch, während du stehst oder läufst! Besorg dir für deinen Computer ein Stehpult! Speicher in deinem Web-Browser eine Seite mit Gymnastikübungen für den Schreibtisch, surfe sie immer wieder an – und mach die Übungen nach! Übe mit dem Thera-Band (einem Gummizugband) im Büro! Wasch dein Auto mal wieder per Hand! Mäh freiwillig den Rasen und stell dir vor, du fährst dabei ein Autorennen! Führ wichtige Gespräche zukünftig nur noch bei Spaziergängen! Buch im Urlaub immer mindestens einen Bewegungskurs! Bück dich nach jedem Wäschestück einzeln, wenn du die Waschmaschine ausräumst! Geh zum Schuhebinden tief in die Knie!

»Halt, es reicht!«, ruft Günter. »Okay, begriffen: Auch im Alltag kann man sich mehr bewegen, wenn man nach Gelegenheiten sucht!« Ganz genau.

Rauchen? Pfui Teufel!

Falls du übrigens immer noch rauchst, kannst du deine Fitness binnen kürzester Zeit noch viel schneller verbessern: Hör einfach mit dem Rauchen auf! »Scherzkeks!«, ruft Günter. »Wie denn? Du weißt doch, dass es ohne Zigarette nicht geht. Als Raucher braucht man die Kippen nach dem Essen, bei Stress, wenn man Alkohol trinkt und feiert oder bei Pausen, bei der Arbeit ...« Quatsch, Günter, hör mal zu!

Rauchen ist nur eine blöde Kettenreaktion. Eine Kippe führt zur nächsten. Oft jahrelang. Diese Kettenreaktion kannst du aber jederzeit unterbrechen! An jedem Tag deines Lebens – egal, wie viel und wie lange du rauchst. Das ist viel einfacher, als du denkst! Kennst du nicht auch etliche Ex-Raucher, die von einem Tag auf den anderen einfach so aufgehört haben? Das schaffst du genauso. Und all die Situationen, in denen Zigaretten angeblich so gut tun, sind ohne Zigaretten noch viel schöner! Probier es aus: Keine krebserregenden Dämpfe mehr einatmen müssen, kein Kohlenmonoxid, nicht mehr husten, dafür Luft und Kraft haben, nicht mehr stinken müssen, besser riechen und schmecken, sich frei fühlen und und und. Na? Lust bekommen?

Alkohol? Lieber nicht!

Auch Alkohol und Sport passen nicht so recht zusammen. Obwohl das gemeinsame Bier nach dem Training oft wie ein Ritual zelebriert wird. Dabei wäre jedes andere Getränk besser – zum Beispiel isotonische Drinks oder Fruchtsaftschorlen. Denn gerade

ÜBUNG

»BIN ICH SÜCHTIG?«

Schätze deine Alkoholgefährdung mithilfe folgender vier Fragen ein:

Hast du schon einmal (erfolglos) versucht, deinen Alkoholkonsum einzuschränken?

Haben andere Personen dein Trinkverhalten kritisiert und dich damit verärgert?

Hattest du schon einmal Schuldgefühle wegen deines Alkoholkonsums?

Hast du jemals schon gleich nach dem Aufstehen getrunken, um in die Gänge zu kommen oder dich zu beruhigen?

Mindestens zwei Ja-Antworten weisen auf eine Alkoholabhängigkeit hin!

nach dem Training braucht der ausgeschwitzte Körper Nährstoffe und Salze – und keinen Alkohol. Und eigentlich ist das Schöne am »Bier danach« doch sowieso das Zusammensein und nicht das Bier! Oder?

Alkohol? VOR-SICHT!

In unserer Gesellschaft ist es normal, Alkohol zu trinken. Wir betrachten als Kulturgut, was woanders verboten ist, zum Beispiel in manchen islamischen Ländern. Aber: Ist Alkoholtrinken wirklich nur ein Kulturgut? Und wo beginnt die Sucht? Trinken wir das Glas Rotwein oder Bier wirklich so gerne? Als Kinder fanden wir den Geschmack schließlich meist unangenehm. Oder trinken wir »gerne« Alkohol, weil uns ohne ihn etwas zu fehlen scheint – zum Essen, am Abend, beim Feiern oder Diskutieren? Glauben wir etwa, dass Trinker so gut aussehen, sportlich sind, kultiviert und selbstsicher auftreten wie die Typen in der Bier-, Wein-, Rum- und Schampus-Werbung? Also: Sollte es wirklich so normal sein, Alkohol zu trinken?

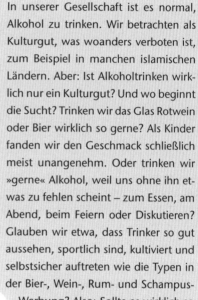

Unbequeme Fragen, okay. Aber schließlich wissen wir, dass der Übergang von der gesellschaftlichen Gewohnheit bis zur Alkoholabhängigkeit fließend ist. Und regelmäßige kleine Mengen Alkohol sind der Eintritt in diese schiefe Ebene: Erste soziale Anlässe fungieren als Startschuss und nach kurzer Zeit als Rechtfertigung für einen Drink. Was sollen wir auch anderes tun? Schließlich waren wir auf einer Party, hatte jemand Geburtstag, haben alle was getrunken, hatten wir Streit und so weiter. Richtig gefährlich wird es aber, sobald wir aktiv Anlässe suchen, um dabei »wie üblich« etwas zu trinken. Denn nun vertauschen wir Henne und Ei: Wir gehen auf Partys, streiten oder regen uns auf, damit wir trinken können.

Trinkfest? Die Nerven haben sich an Alkohol gewöhnt

Im Prinzip passiert beim regelmäßigen Trinken etwas Ähnliches wie beim Rauchen, bei dem sich die Nerven an das Gift Nikotin gewöhnen und bald nicht mehr ohne sein wollen: Die Nerven des Alkoholikers müssen sich an das Gift Ethanol gewöhnen. Das tun sie umso besser, je öfter man ihnen den Stoff zumutet. Sie entwickeln eine Toleranz, und der Trinker wird trinkfest. Immer öfter »angesoffen«, beginnen die Nerven sich unter Alkoholeinfluss bald normal zu fühlen. Der lästige Umkehreffekt: Wenn kein Alkohol mehr da ist, geht es ihnen schlecht. Der Trinker wird unruhig, kann sich kaum konzentrieren und zittert vielleicht – bis beruhigender Alkoholnachschub folgt. Kein Wunder, dass so mancher Stress ohne Drink nun unerträglich erscheint! Ursache und Wirkung sind vertauscht.

Zur verminderten Toleranz für seelische Belastungen gesellen sich jetzt irrationale Überzeugungen: Alles sei irgendwie komplizierter geworden. Der allgemeine Stress habe zugenommen. Und überhaupt: Ohne Alkohol sei das alles nicht zu ertragen. Natürlich bestreitet man vehement, dass man in eine Alkoholkrankheit schlittert: »Was? Ich? Saufen? Nie im Leben!« Meist lässt sich die Abhängigkeit noch eine Weile kaschieren. Schließlich ist es »normal«, sich bei bestimmten Gelegenheiten einen Schluck zu gönnen, nicht wahr?

Kein Problem mit Alkohol – nur ohne

Aber: Ohne Notbremse wird die Abhängigkeit immer schlimmer. Der Alkohol wird zur benötigten Droge. Egal, in welcher Form. Oft kommt nun auch eine gewisse Gier beim Trinken hinzu. Schließlich ist jeder Schluck kostbar! Erste Erinnerungslücken, starkes Verlangen nach Alkohol und vereinzelte Kontrollverluste allerdings machen dem Alkoholkranken nun ein schlechtes Gewissen. Er betrachtet sich langsam als Säufer. Die Folge: Schuldgefühle und Scham. Kurzzeitiges Problembewusstsein führt zu Abstinenzversprechen (»Ich werde nie wieder trinken!«), die der Trinker regelmäßig aus »guten Gründen« wieder bricht. Es wird offensichtlich: Nicht der Trinker hat den Alkohol im Griff, sondern der Alkohol den Trinker.

Psychologisch wird es nun verzwickt: Der Alkoholkranke entwickelt die komplexesten Erklärungssysteme, warum alles so sein muss, wie es ist. Und ihn selbst trifft dabei freilich keine Schuld. Wie soll er es auch sonst rechtfertigen, weiterhin Drinks zu kippen? Als Ursache der Probleme darf Alkohol nicht infrage kommen. Auch die Familie ist mittlerweile in das System eingebaut: Als Ko-Abhängige vertuschen sie den Alkoholismus vor der Außenwelt und rechtfertigen ihn vor sich selbst. »Mit meinem Mann ist alles in Ordnung!« Und: »Was soll ich schon dagegen ausrichten?« In der nun folgenden chronischen Phase wird der Rausch immer länger, und der Alkoholkranke baut körperlich, geistig und seelisch ab. Körperlich kommt es vor allem zu lebensgefährlichen Leberschäden und Entzündungen der Bauchspeicheldrüse, zu Diabetes, Bluthochdruck, Herzschwäche und diversen Krebsarten. Neuropsychologisch machen sich Erinnerungslücken und Persönlichkeitsveränderungen bemerkbar sowie Hirnschäden und Gangstörungen.

Ach, Sie halten das jetzt langsam für übertrieben? Nun ist aber mal gut? Lassen wir die Zahlen sprechen: Je nach Statistik leben in Deutschland zwischen 4 Millionen und 10 Millionen Alkoholkranke unter solchen oder ähnlichen Bedingungen. Die Bundesregierung beziffert die bei uns jährlich auf Alkohol zurückzuführenden Todesfälle immerhin auf 40 000, wobei etwa die Hälfte davon kläglich durch eine Leberzirrhose zugrunde geht. Na, wirklich übertrieben? Wohl kaum. Zum Vergleich: Durch illegale Drogen sterben in Deutschland jährlich »nur« 1500 Menschen ...

Alkohol als Risiko richtig einschätzen

Wie merken wir, ob wir gefährdet sind, alkoholkrank zu werden? Die Forscher aus der EPIC-Norfolk Prospective Population Study (siehe S. 20) hatten für ihre Studie mäßigen Alkoholkonsum als Gesundheitsfaktor aufgeführt. Darunter verstanden sie eine bis vierzehn Alkoholeinheiten pro Woche, wobei eine Einheit etwa als ein kleines Bier, ein

Glas Wein oder ein Schnaps betrachtet wurde.

Und ab wann sind wir alkoholkrank? Laut Medizin müssen dafür von folgenden sechs Kriterien mindestens drei erfüllt sein:

- starker Wunsch oder Zwang, Alkohol zu trinken
- Kontrollverlust in Bezug auf die Menge, den Beginn oder das Ende des Konsums
- körperliche Entzugserscheinungen bei Konsumstopp oder Konsumreduktion
- Toleranzentwicklung – man braucht mehr Alkohol, um etwas zu spüren
- Vernachlässigung anderer Tätigkeiten, um stattdessen Alkohol zu konsumieren, zu beschaffen oder sich vom Alkohol zu erholen
- trotz körperlicher Spätfolgen weiterer Alkoholkonsum

Zu viel Alkohol macht eindeutig krank. Ein wenig Alkohol trinken ist aber okay – schließlich schaffen es die meisten, ihren Konsum zu kontrollieren. Obwohl jetzt sicher etliche Exalkoholiker widersprechen: Diese tun aber aufgrund ihrer persönlichen Geschichte gut daran, eine klare Position gegen das Zeug zu beziehen und absolut trocken zu bleiben. Sie setzen so konsequent um, was sie sich vorgenommen haben.

Was sollen wir also tun? Klar: vorsichtig sein beim Trinken! Wir müssen aufpassen, nicht in die Abwärtsspirale des Alkohols zu geraten. Deswegen: Trinken wir immer wieder bewusst nicht mit, wenn andere automatisch zum Glas greifen und sich immer wieder nachschenken lassen! Üben wir, nein zu sagen! Widersetzen wir uns dem sozialen Saufdruck! Trinken wir immer wieder tage- und wochenlang keinen einzigen Tropfen Alkohol! Und trainieren wir stattdessen, uns auch mit nichtalkoholischen Drinks gesellig, mutig und gut gelaunt zu fühlen! Fällt uns das schwer, sollten wir es umso intensiver trainieren!

Die Abwärtsspirale stoppen!

Stecken wir aber bereits drin im Sog des Suffs, müssen wir unseren Abstieg so früh wie möglich stoppen. Wenn wir schon eine Abhängigkeit festgestellt haben, sollten wir uns schleunigst helfen lassen. Früher hieß es: »Ein Alkoholiker muss erst im Dreck landen, damit er freiwillig etwas verändert.« Das Problem dabei ist leider, dass es dann für viele Betroffene bereits zu spät ist: Gesundheit, Geist, Geld, Familie – alles weggesoffen. Und wie soll man bitte schön ein Wrack therapieren? Deshalb: Nicht früh genug zu handeln ist ein schlimmer Fehler. Aus ärztlicher Sicht sogar ein Kunstfehler.

Je nach Grad der Abhängigkeit und den persönlichen Voraussetzungen bieten sich mehrere Therapieansätze an: von der gewissenhaften Beschäftigung mit dem Thema durch Selbstbeobachtung und Bücher über Selbsthilfegruppen bis zur Behandlung in der Klinik. Eine Klinikbehandlung ist vor allem dann wichtig, wenn der körperliche Entzug schwierig wird. Hierbei kann es nämlich zu Komplikationen wie etwa Krampfanfällen kommen. Wichtig ist aber auch die Phase danach: Denn nur wer sich auch psychologisch vom Alkohol löst, bleibt dauerhaft abstinent. Oft werden hierfür wochenlange stationäre Therapien erforderlich. Natürlich aber geht es auch schneller.

Klar im Kopf – ohne Suff

Wichtig ist zu verstehen: Kein Mensch braucht Alkohol! Für gar nichts. Noch nicht einmal fürs Flirten! Nüchterne Flirtprofis wirken auf zukünftige Partner auch viel attraktiver als betrunkene Amateure: Die kommen schnell als lallende und schwankende Dummbeutel rüber.

Die Liste der negativen Alkoholfolgen ist lang: Zum Beispiel schüttet man dabei viel Geld in den Abguss. Nimmt die Welt ständig wie durch einen Nebel wahr. Man lallt und stolpert. Und die Selbstachtung leidet. Alkoholiker werden dick, weil sie nachts hemmungslos den Kühlschrank plündern. Außerdem zerstört der Alkohol Beziehungen und hinterlässt unglückliche Familien. Und Todesopfer im Straßenverkehr. Und und und.

Was haben wir also davon, wenn wir nicht saufen? Eine ganze Menge: Wir sind selbstbestimmt. Frei. Gesund. Fit. Klar im Kopf. Stecken voller Energie. Schlafen gut. Sind ausgeglichen. Ehrlich. Sensibel. Innerlich ruhig. Zuversichtlich. Selbstbewusst. Differenziert. Haben mehr Geld. Zeit. Stolz. Glück. Erfolg. Sexappeal. Potenz. Ganz ohne Sprach- oder Gangstörung. Ach, wir könnten auch diese Liste noch ewig weiterführen! Klare Sache: Alkohol hilft uns bei gar nichts! Die wahre Selbstbestimmung erlangen wir ohne ihn.

Schokolade, Chips und Co? Nein, danke!

Noch ein paar Sätze zum Thema Ernährung: Damit dein Körper gut funktioniert, musst du ihn natürlich auch richtig füttern. »Essen?«, freut sich Günter. Ja, darum geht es. »Ich liebe essen!« Und genau hier liegt oft das Problem: Denn viele Schweinehunde verwechseln Essen leider mit Fressen und schlagen ungehemmt zu: bei Schokolade, Pommes frites, Nudeln mit Rahmsoße, Weißbrot, Haxe, Chips oder Croissants. Und dann wundern sie sich, wenn sie immer dicker werden und sich schlapp fühlen … Daher: Iss möglichst wenig Zucker und Weißmehlprodukte – das macht dich nur nervös, hungrig und fett. Iss stattdessen lieber Vollkornprodukte, Obst, Gemüse und Salat. Und iss nur wenig »schlechtes« Fett, sondern eher magere und gesunde Eiweißprodukte wie Geflügelfleisch, Erbsen oder Soja.

Und: Achte darauf, immer gut zu trinken – und zwar den ganzen Tag! Auch ohne Sport dürfen es ruhig zwei Liter sein, bei Sport natürlich mehr. Das steigert deine Leistungsfähigkeit und der Kreislauf bleibt auch bei Belastung stabil. Am besten trinkst du Wasser oder sehr stark verdünnte Fruchtsaftschorlen. Limonaden oder Cola natürlich nicht – sie sind reine Zuckerbomben. Und wenn, dann nur »light«.

Alles wie von selbst? Vorsicht!

»Yippieh!«, freut sich Günter. »Dann kann es endlich losgehen mit dem Sport!« Der Schweinhund ist motiviert – prima! Aber Vorsicht: Vor allem wenn man lange Zeit keinen Sport mehr gemacht hat, kann die Motivation schnell wieder verschwinden. Denn zwar steigert sich die Leistung gerade am Anfang enorm, was unheimlich motivieren kann. Aber bald schon wird die Leistungssteigerung geringer, und man muss mehr und länger trainieren, um sich weiter zu verbessern. Also findet Günter erste Ausreden fürs erneute Nichtstun: »Jetzt hast du schon so viel erreicht, Zeit für eine kleine Pause!« Oder »Warum dich noch anstrengen? Du bist doch längst fit!« Und bald ruft schon wieder die Couch ...

Hierbei gibt es zwei wichtige Punkte. Erstens: Sport soll für dich eine Gewohnheit werden. Doch wenn du dir Gewohnheiten nicht konsequent angewöhnst, sind es keine! Dann werden sie immer anstrengende Ausnahmen einer ganz anderen Gewohnheit sein, in die du regelmäßig zurückfällst – wie die Kartoffel in die Couch. Zweitens: Unsere Umwelt suggeriert uns gerne, man müsse sich für Erfolg nicht anstrengen. Zeitschriften versprechen Fitnessprogramme, die in 6 Wochen ein Sixpack zaubern sollen. Rocky trainiert im Film 10 Minuten und ist fit für einen Weltmeisterschaftskampf. Und im Videospiel wachsen dem Helden schon nach drei Siegen beachtliche Muskelberge. Lächerlich! Denn: Es geht eben nicht alles wie von selbst. Für Erfolg musst du schon etwas mehr tun. Viel mehr!

Ziele klarmachen

»Oh!«, stutzt Günter. »Ist also doch nicht so leicht, das mit dem Sport?« Es kommt darauf an, wie du es angehst. Denn bist du an Sport gewöhnt, fällt er dir tatsächlich leicht. Bis dahin aber gibt es etwas zu tun! Und zwar zehn Schritte.

Schritt eins: Mach dir dein Ziel so klar wie möglich! Welche Sportart willst du machen? Was willst du damit erreichen? Wieso? Beschreib alles so genau wie möglich. Und: Kannst du dein Ziel irgendwie messen? Also etwa: Welche Zeit willst du erreichen oder wie oft pro Woche »sporteln«? Woran merkst du, dass du erfolgreich warst? Außerdem: Passt dein Ziel auch wirklich zu dir und deinem Leben? Oder musst du dich dafür verbiegen? Und ist dein Ziel realistisch erreichbar? Wenn Günter nämlich das Gefühl hat, dass du den Mund zu voll nimmst, wird er dich bald mit Faulheit sabotieren. Weiter: Ist dir auch klar, bis wann du dein Ziel erreicht haben willst? Nächsten Monat? Nächstes Jahr? In 10 Jahren? Und ist dein Ziel ökonomisch sinnvoll, also steht der Aufwand in einem vernünftigen Verhältnis zum Gewinn? Fragen über Fragen …

Weg planen

»Alles klar!«, freut sich Günter. »Das Ziel ist im Kopf.« Sehr schön, dann weiter zu Schritt Nummer zwei: Wo stehst du gerade? Und was trennt dich noch von deinem Ziel? Also was genau liegt dazwischen? Welche Handlungen, Gedanken, Planungen und Trainingseinheiten? Deshalb: Recherchiere und beschreibe nun haarklein, was du alles tun musst, um dein Ziel zu erreichen! Und dann plane den Weg zum Ziel! Was genau machst du an Tag eins, Tag zwei, Tag drei? Was in welcher Woche? Und was in welchem Monat? So bekommst du eine Struktur, an der du dich jederzeit entlanghangeln kannst. Ganz einfach und sicher.

»Und woher bekommst du all die Infos?« Mensch, Günter! Hier brauchst du natürlich ein wenig Forschergeist. Du hast Fragen? Dann such nach Antworten! Irgendwo findest du sie sicher. Denn das Schöne ist ja, dass die meisten Ziele schon mal von irgendwem erreicht worden sind. Ein Marathon? Wurde schon mal gelaufen. Den Tauchschein? Hat schon mal jemand erworben. Die Meisterschaft? Wurde bereits gewonnen. Und oft geben Erfahrene ihr Wissen gerne weiter – in Büchern, auf DVDs oder in persönlichen Gesprächen. Sie erzählen dir ganz genau, was sie wie gemacht haben, um ans Ziel zu kommen. Mach dir das zunutze! So machst du weniger Fehler und verzettelst dich nicht. Wenn du also ein paar Erfolgstipps brauchst: Nicht verzagen, besser fragen!

Wünsche und Erwartung schaffen

»Okay«, resümiert Günter. »Du weißt nun, was du willst. Und du weißt, wie du es erreichst. Was kommt denn als Nächstes?« Jetzt musst du in dir den Wunsch wecken, das Ziel auch wirklich erreichen zu wollen. Ja, du brauchst sogar eine richtig starke Erwartungshaltung dir gegenüber, dass du es bis zum Ziel schaffst! So steigert sich nämlich deine Motivation und du willst unbedingt loslegen.

Das erreichst du mit Schritt Nummer drei: Stell dir möglichst plastisch vor, du hättest dein Ziel schon erreicht! Bilde dir einfach ein, schon da zu sein, wo du hinwillst! Tu einfach so, als wärest du schon am Marathonziel, als Taucher unter Wasser oder als Champion in der Ehrenrunde unterwegs! Wie sieht es da aus? Wie fühlst du dich? Wer wird dir gratulieren? Was wirst du sagen? Du merkst schon: So etwas motiviert wirklich sehr. Und tatsächlich: Viele Sportler machen sich diese Technik zunutze. Sie heißt »Visualisierung« und wirkt in etwa wie ein Autopilot. Du »siehst« dich schon am Ziel – also glaubt Günter, dass du es dorthin schaffst, und unterstützt dich unterwegs. Außerdem hilft die Visualisierung auch bei der Koordination: Wenn du nämlich eine Bewegung erst genau in Gedanken machst, fällt sie dir in der Realität leichter. Schlau, oder?

Das innere Selbstgespräch nutzen

»Sich einfach ein Bild vorstellen, und dann klappt es?«, zweifelt Günter. »Lächerlich, du bist doch kein Idiot!« Womit wir auch schon beim nächsten Punkt wären ...

Schritt Nummer vier: Nutze dein inneres Selbstgespräch, um Zuversicht und Mut aufzubauen! Viele Menschen – und auch viele Sportler – machen sich in ihrem inneren Selbstgespräch nämlich gnadenlos nieder. Sie beschimpfen sich selbst: »Geschieht dir recht, das Gegentor, du Trottel!«, »Das schaffst du nie im Leben!«, »Heute ist einfach nicht dein Tag!«, »Der Gegner ist viel zu stark, du Schwächling!« oder »Bald musst du aufgeben, alles viel zu anstrengend!«. Und was passiert dann? Die Gefühle rauschen in den Keller: Man fühlt sich schwach – und verliert am Ende tatsächlich. So wie man es längst vorher »gewusst« hat ... Dabei wirken die Worte wie eine sich selbst erfüllende Prophezeiung! Wenn du dir also schlechte Leistungen und Misserfolg prophezeist, wirst du sie mit einiger Wahrscheinlichkeit auch erleben. Du sabotierst dich selbst.

Also: Mach dir in deinem inneren Selbstgespräch Mut! »Gegentor? Egal! Schnell selbst eines schießen!«, »Egal, wie du dich fühlst, gib einfach dein Bestes!«, »Auch der Gegner kocht nur mit Wasser. Du bist besser!« oder »Halte durch, das schaffst du schon!«. So ergänzt du die Visualisierung optimal mit Worten.

Entscheiden und gut gelaunt umsetzen

»Okay, okay«, raunzt Günter und zögert. »Dann wollen wir uns eben mal bewegen ... Oder lieber doch nicht?« Nein, Schweinehund, so auf keinen Fall!

Schritt Nummer fünf: Triff eine klare Entscheidung und konzentriere dich auf das, was du tust! Machst du nun Sport oder nicht? Halbe Sachen machen dich nur fertig. Denn während des Sports hilft es dir nichts, dich gleichzeitig ins Kino zu wünschen. So hast du keine klare Entscheidung getroffen. Konzentrierst du aber alle deine Gedanken und Energie auf das, wozu du dich entschieden hast, fällt es dir plötzlich viel leichter. Hadern? Zaudern? Zögern? Nein! Ganz oder gar nicht.

Schritt Nummer sechs: Handle mit Leidenschaft und guter Laune! Hängende Schultern und Mundwinkel kannst du dir sparen – auch sie rauben dir Kraft und Motivation. Glücklicherweise kannst du gute Laune und Begeisterung mit deinem Körper unterstützen: Steh aufrecht! Schultern nach hinten, Brust raus! Kräftig ein- und ausatmen! Muskeln anspannen! Freundliches Gesicht machen! Laute Stimme! Denn Schlecht-drauf-Sein ist meist der Grund dafür, schlecht drauf zu sein ...

Kurs korrigieren mit langem Atem

Schritt Nummer sieben: Achte auf Feedback und korrigiere deinen Kurs wenn nötig, zum Beispiel deine Sporttechnik! Natürlich ist damit nicht gemeint, dass du jeder fremden Meinung hinterherlaufen sollst – Widerstand und Meinungsverschiedenheiten gehören auch beim Sport dazu. Ein klares Zeichen allerdings ist, wenn du deine Ziele nicht erreichst. Oder wenn du ständig verlierst. Also bleib in diesem Fall nicht stur, sondern frag dich ehrlich, ob du etwas verbessern kannst. Und dann verbessere es! Insofern können selbst Niederlagen zu Siegen werden – wenn du darin die richtigen Hinweise findest.

Schritt Nummer acht: Handle so lange, bis du am Ziel bist! Viele geben nämlich schon vorher auf, weil sie nicht geduldig genug sind.

Dabei könnten sie tatsächlich schaffen, was sie sich vorgenommen haben – wenn sie nur einen längeren Atem hätten! Viele Champions sind nur deswegen nach ganz oben gekommen, weil sie nach Rückschlägen nicht aufgegeben haben. Ihre Schweinehunde waren selbst dann noch motiviert, wenn es schwierig wurde, ja sie haben aus den Schwierigkeiten sogar echte Motivation geschöpft: »Wenn du das hier überstehst, dann kann dir nichts mehr etwas anhaben!« Diese Form mentaler Stärke nennt man »Resilienz«. Sie ist die Fähigkeit, auch frustrierende und stressige Situationen zu meistern. Übrigens: Resilienz nützt dir nicht nur beim Sport ...

Ziele feiern und neu durchstarten

»Und wie lange muss man durchhalten?«, fragt Günter neugierig. Ganz einfach: Bis du dein Ziel erreicht hast! Denn der neunte Schritt lautet: Wenn du dein Ziel erreicht hast, freu dich darüber! Manche vergessen vor lauter Zielverbissenheit nämlich ganz, ihre Erfolge zu feiern. Dabei ist so eine Freudenfeier sehr wichtig: Das Gehirn – und so auch Günter – lernt auf diese Weise, dass sich der lange Atem gelohnt hat – und will anschließend gleich wieder ran. Feiern verstärkt also die Gedanken, die dich das machen ließen, was zum Erfolg führte. Außerdem macht das Feiern viel Spaß!

Zehnter und letzter Schritt: Such dir bald schon das nächste Ziel und starte wieder durch! Willst du deine Leistung verbessern? Prima! So schaffst du mit der Zeit genau die Routine, also die Gewohnheit, die du dafür brauchst, dass Günter dich automatisch zu »deinem« Sport schickt. Suchst du dir aber neue Sportziele, ist das auch super: Abwechslung macht inneren Schweinehunden nämlich viel Spaß – und sie sind schon wieder motiviert. Nur eines solltest du bleiben lassen: dich faul auf deinen Lorbeeren auszuruhen. So würde Günter ganz schnell wieder zur »Couch-Kartoffel« mutieren und dich ausbremsen. Und das trotz aller Erfolge!

Immer schön locker bleiben

»Alles klar, Chef!«, ruft Günter. »Ich habe verstanden: Sport um jeden Preis, Hauptsache du kommst ans Ziel. Und wenn es mal wehtut oder du verletzt bist, dann stell dich nicht an wie ein Weichei, sondern schluck halt ein paar Schmerzmittel!« Aber nein, so natürlich nicht. Verletzungen musst du unbedingt auskurieren, ehe der Sport weitergeht. Zum Beispiel durch Rehabilitation. Und wenn du sogar so schwer verletzt bist, dass du deinen Sport nicht mehr ausüben kannst, suchst du dir besser einen neuen.

»Und wenn man nicht schnell genug erfolgreich ist? Darf es dann ein bisschen Doping sein?« Auch nicht, Günter, auf keinen Fall! Denn fast alle Dopingmittel haben fiese Nebenwirkungen. Sie zerstören zum Beispiel Leber und Nieren, erhöhen das Risiko für Herzinfarkt und Schlaganfall oder lassen die Hoden schrumpfen. »Au weia!« Genau: Au weia! Also: Finger weg vom Doping!

Das eigentliche Ziel ist ja auch nicht das Ziel selbst, sondern vielmehr der Weg dahin: Fitness, Gesundheit und gute Laune. Und wenn du diesen Weg bewusst genießt und dich dabei immer weiter verbesserst, kommen die Siege wie von selbst. Wetten? Dann hast du viel Spaß dabei – und darfst zwischendrin mit wirklich gutem Gewissen immer wieder faul deine Füße hochlegen! Couch, wir kommen!

Günter, dein fitter Freund

Kennst du Günter? Günter ist dein innerer Schweinehund. Er lebt in deinem Kopf und bewahrt dich vor allem Übel dieser Welt. Immer, wenn du etwas Neues lernen willst oder dich mal anstrengen musst, ist Günter zur Stelle: »Das wird spannend!«, sagt er dann. Oder »Mach das am besten sofort!«, rät er dir. Und wenn du mal vor einer spannenden Herausforderung stehst, erklärt dir Günter gerne: »Das schaffst du doch mit links!« Günter ist nämlich richtig motiviert. Und weil er will, dass du genauso motiviert bist wie er, will dich Günter vor unnützen Misserfolgen beschützen. Ist das nicht nett von ihm?

Vor allem beim Sport sind Günters Ratschläge immer sehr hilfreich. Zum Beispiel dann, wenn dich seine Tipps vom Nichtstun abhalten oder in die richtige Richtung weisen. Ein dringender Trainingstermin? »Los jetzt, sonst kommst du zu spät!« Einfach drauflosrennen? »Achte auf deinen Puls!« Freier Weg zum Tor? »Super, den machst du rein!«, feuert dich Günter an – und schon wieder tust du genau das Richtige, obwohl es viele andere falsch machen. Sehr schön: Du hörst auf deine innere Stimme und wirst immer besser …

11. GÜNTER, der innere Schweinehund, WIRD SCHLANK

1. GÜNTER, DER INNERE SCHWEINEHUND

Dein Kumpel Günter

Du kennst ja Günter, deinen inneren Schweinehund. Er lebt in deinem Kopf und bewahrt dich vor allem Übel dieser Welt. Immer wenn du etwas Neues lernen willst oder dich mal anstrengen musst, ist Günter zur Stelle: »Lass das sein!«, sagt er dann oder »Mach das doch später!«, rät er dir. Und wenn du mal vor einer spannenden Herausforderung stehst, erklärt dir Günter gerne: »Das schaffst du sowieso nicht!« Günter ist nämlich furchtbar faul. Und weil er denkt, dass du genauso schweinehundefaul bist wie er, will dich Günter vor unnützer Mühe beschützen. Ist das nicht nett von ihm?

Günter gibt dir also den ganzen Tag lang Ratschläge: »Leg dich aufs Sofa, das ist so gemütlich!« oder »Iss eine Pizza, die schmeckt so lecker!«. Dumm nur, dass Günter dabei nur kurzfristig denkt, denn was langfristig gut ist, interessiert ihn nicht. Daher sind seine Tipps auch oft falsch – zum Beispiel wenn du dich ständig schlapp fühlst oder eigentlich zu dick bist. Also verhindern Günters Ratschläge manchmal, dass du das Richtige tust: wie etwa Sport treiben oder lieber einen Salat essen. Schade!

Günters Gedanken

Günter liegt dir ständig in den Ohren: »Streng dich nicht an!«, »Gönn dir mal was!« oder »Mach das doch morgen!«. Und schon bald nimmst du lieber den Aufzug statt der Treppen, stapelt sich auf deinem Schreibtisch uralter Papierkram und schiebst du wichtige Entschlüsse vor dir her: Rauchen aufhören? »Jetzt noch nicht!« Ein klärendes Gespräch führen? »Warte noch ein bisschen!« Schon wieder zu viel Geld ausgegeben? »Man gönnt sich ja sonst nichts!« Günter kann ganz schön lästig sein.

Vielleicht fragst du dich nun, woher Günter eigentlich wissen will, was gut für dich ist. Ganz einfach: von anderen Leuten! Weil Schweinehunde nämlich zu faul zum Selber-Denken sind, plappern sie gerne nach, was andere ihnen vorplappern. Und es gibt sehr viele, die Günter bereits mit ihren Ansichten gefüttert haben: zum Beispiel Partner, Kinder, Freunde und Kollegen. Oder Geschwister, Großeltern und Eltern, Tanten und Onkels. Oder Lehrer, Vorgesetzte, Medien und die Werbung. Also berät dich Günter oft mit Sprüchen, die eigentlich von anderen stammen: »Sport ist Mord!«, »Der Appetit kommt beim Essen!« oder »Morgen ist auch noch ein Tag!«.

Günters Gewohnheiten

Schweinehunde sind zudem Gewohnheitstiere. Was sie sich einmal angewöhnt haben, wollen sie nicht mehr verändern. Also bist du oft so im Trott, dass du andauernd das Gleiche tust: Du hängst zu häufig vor der Glotze herum, bestellst immer das gleiche Nudelgericht und verschiebst Sport grundsätzlich auf den nächsten Tag. Dadurch ist dein Leben so, wie Günter es gerne haben will: sehr, sehr gemütlich. Und sobald du mal etwas anders machen willst, protestiert dein innerer Schweinehund: »Ein Buch lesen? Du spinnst wohl!«, »Etwas Unbekanntes essen? Schmeckt sowieso nicht!« und »Bewegung? Nicht mit mir!«.

Auf diese Weise sammelst du kaum neue Erfahrungen und lernst nichts Wichtiges mehr dazu. Dabei weißt du oft genau, was du eigentlich besser machen könntest und welche neuen Gewohnheiten dir ganz gut täten. Doch obwohl du sehenden Auges in manches Problem hineinschlitterst, übt sich Günter gerne im Beschwichtigen: »Den Schreibtisch aufräumen? Ja, sicher! Wenn mal Zeit dafür ist ...«, »Offen sein für Neues? Klar! Aber beim Alten weißt du, was du hast ...« und »Fünf Kilo weniger? Das wäre schön! Doch so dick bist du auch wieder nicht ...«. Und schon wieder hat Günter gewonnen ...

Günter isst gerne

Günter ist also ein gutgläubiges Gewohnheitstier. Und das bringt so manche Probleme mit sich. Zum Beispiel beim Essen und Trinken. »Essen und Trinken? Lecker!« Sofort fängt Günter zu träumen an: von prall gedeckten Tischen mit üppigen Büfetts. Von herrlichen Frühstückscroissants und Kaffee mit Milchschaum. Von saftigen Steaks mit Folienkartoffeln. Von Keksen, Schokoriegeln und Bonbons. Von Cola, Limonade oder Apfelschorle. Von Currywurst mit Pommes frites

und literweise Bier. »Wunderbar!«, denkt Günter – und irrt sich gewaltig. Denn Essen und Trinken mag zwar Spaß machen, ist aber oft alles andere als gut ...

»Wo ist das Problem?«, wundert sich Günter. »Wer gut und viel isst, wird groß und stark!« Nicht ganz: Denn wer »zu gut« und »zu viel« isst, wird weder groß noch stark, sondern nur dick und krank. Weil Günter aber übers Essen schon viel Blödsinn gehört hat, nervt er dich gerne mit unsinnigen Sprüchen: »Man gönnt sich ja sonst nichts!«, »Was auf den Tisch kommt, wird gegessen!« oder »Einmal ist keinmal!«. Und schon greifst du herzhaft zu, obwohl du dich eigentlich öfter zurückhalten solltest ...

2. Stimmt DAS GEWICHT?

Günters Gewicht

»Zurückhaltung beim Essen? Ach was! Lieber etwas auf den Rippen haben als ein Hungernagel sein.« Ja, ja: Manche halten sogar Übergewicht für normal. »Es gibt Dickere als dich!«, erklärt ihnen Günter dann und mästet sich weiter. Andere wiederum, die sich für zu dick halten, sind in Wirklichkeit zu dünn. Trotzdem sind sie ständig am Hungern, denn Günter erzählt ihnen: »Iss nicht so viel!« Doch wann hat Günter recht und wann hat er unrecht? Zum Glück kann man Schweinehundeansichten manchmal objektivieren, gerade beim Thema Ernährung und Gewicht! Denn darüber haben sich schon viele Wissenschaftler schlaue Gedanken gemacht.

Also nimm dir erst mal Waage und Meterstab und miss nach, wie groß und wie schwer du bist. Und dann rechne aus, ob dein Gewicht gut für dich ist. Das geht mit einer kurzen mathematischen Formel, die man »Body-Mass-Index« nennt – oder auch einfach nur »BMI«. Deinen BMI erfährst du, wenn du dein Körpergewicht (in Kilogramm) durch das Quadrat deiner Körpergröße (in Metern) teilst: Also angenommen, du bist 80 Kilo schwer und 1,75 Meter groß, dann rechnest du 1,75 mal 1,75 und teilst 80 durch das Ergebnis. Und schon erhältst du deinen persönlichen BMI von 26,1! Rechnung klar? Noch mal zum Mitschreiben: $80 : (1,75)^2 = 26,1$.

Das Normalgewicht

»Pfui, Mathe!«, motzt Günter. »Wozu soll das gut sein?« Ganz einfach: So kann man bestimmen, ob das eigene Gewicht zu hoch, zu niedrig oder genau richtig ist. Frauen haben ihr Normalgewicht zwischen den BMI-Werten 19 und 25, ein leichtes Übergewicht zwischen 25 und 30 und ab 30 eine Fettsucht. Bei Männern liegt das Normalgewicht zwischen 20 und 24, ein leichtes Übergewicht zwischen 24 und 30 und darüber beginnt ebenfalls die Fettsucht. Und wenn der BMI unter 19 liegt, haben sowohl Männer als auch Frauen Untergewicht! Alles klar?

»Kapiere ich nicht ...«, sagt Günter. »Wie wäre es mit ein paar Beispielen?« Aber sicher: Eine Frau, die 1,70 Meter groß ist, erreicht ihren minimalen BMI von 19 bei 55 Kilogramm (19 = 55 : [1,7]²) und ihren maximalen BMI von 25 bei 72 Kilogramm (25 = 72 : [1,7]²). Also sollte sie minimal 55 und maximal 72 Kilogramm wiegen. Darunter ist sie zu leicht, darüber zu schwer. Und ein Mann mit einer Größe von 1,80 Metern sollte etwa 65 bis 78 kg schwer sein.

Übrigens: Bei uns in der westlichen Wohlstandswelt ist etwa die Hälfte aller Erwachsenen übergewichtig (BMI > 25) und mindestens jeder Zehnte sogar fettsüchtig (BMI > 30). Fette Überraschung!

Zu dünn?

Also: Was sagt dein BMI? Ist dein Gewicht im grünen Bereich? Prima: herzlichen Glückwunsch! Lies das restliche Buch trotzdem durch. Sicherlich findest du ein paar gute Tipps, wie du auch in Zukunft rank und schlank bleiben kannst.

Oder liegt dein BMI etwa unter 19 (oder sogar unter 18)? Vorsicht, dann hast du womöglich eine Ess-Störung. Wahrscheinlich bildest du dir nur ein, du müsstest »schlank« werden, dabei bist du in Wirklichkeit (viel) zu dünn! Und womöglich protestiert Günter nun: »Zu dünn? Quatsch, du bist zu dick!« Denn manchmal eifert Günter spindeldürren »Schönheits«-Idealen nach und bekommt dabei einen Knick in die Optik: Dann findet er dich dicker, als du in Wirklichkeit bist, und drängt dich dazu, immer weiter abzunehmen – selbst wenn es längst nichts mehr zum Abnehmen gibt. Also: Hältst du dich für zu dick, obwohl dich andere meist für zu dünn halten? Macht sich deswegen vielleicht jemand Sorgen um dich? Oder erbrichst du dich sogar manchmal nach dem Essen, damit du nicht zunimmst? Dann geh bitte zu einem Arzt oder Psychologen! Wahrscheinlich bist du magersüchtig oder hast eine Ess-Brech-Sucht. Günter sollte dringend auf neue Gedanken kommen.

Zu dick?

Und was ist, wenn dein BMI über 25 (bei Männern über 24) liegt? Ganz einfach: Dann bist du zu dick! »Zu dick? Quatsch, dein Gewicht ist okay!«, protestiert Günter womöglich. Dabei ist dein innerer Schweinehund wohl nur zu feige für die Wahrheit: Denn wer zu dick ist, sollte abnehmen. Und wer abnehmen will, muss meist sein Essverhalten verändern. Doch Günter isst sehr gerne. Und Veränderungen mag er gar nicht. Also redet er dir ein, dass alles in Ordnung ist: »Mach dir über dein Gewicht keine Sorgen! Hauptsache, du fühlst dich wohl.«

Hand aufs Herz: Fühlst du dich wirklich immer wohl? Oder findest du dich nicht manchmal selbst zu dick? Zum Beispiel wenn mal wieder die Hose spannt. Oder wenn dir zu schnell die Puste ausgeht. Oder wenn du dich nur unter Protest fotografieren lässt, weil du auf Fotos immer so moppelig aussiehst (obwohl du auf früheren Fotos viel schlanker wirkst). Oder weil du dich kaum noch in Bikini, Badeanzug oder Badehose traust (oder besser: trauen solltest)? Und fragst du dich manchmal, wie du je in deine früheren Klamotten reingepasst hast? Dann bist du womöglich doch zu dick ...

Waist-to-Height-Ratio statt BMI?

Eine Studie der Ludwig-Maximilian-Universität München hat herausgefunden, dass der »Body-Mass-Index« keine Aussagekraft bezüglich des Krankheitswertes von Übergewicht hat. Dadurch, dass man beim BMI nur die Faktoren Größe und Gewicht berücksichtigt, sei zum Beispiel die Muskelmasse nicht berücksichtigt. Das heißt, es kann jemand athletisch gebaut sein und trotzdem einen (zu) hohen BMI haben. So ließe sich erklären, dass Menschen mit BMI-Werten über dem definierten Normwert von 25 »länger leben«, wie Studien mitunter zeigen (allerdings nur bis zu einem BMI von 30): Es sind eben viele Sportler darunter beziehungsweise Menschen, die körperlich aktiv sind und daher eine höhere Muskelmasse haben.

Wie kann man nun also gesundheitlich riskantes Übergewicht messen? Die Studie schlägt die »Waist-to-Height-Ratio« (WtHR) vor, also das Verhältnis von Taillenumfang (auf Bauchnabelhöhe gemessen) zur Körpergröße. Bis zum Alter von 40 Jahren sind 0,5 okay, ab 50 gilt dann 0,6. Heißt also, eine 61-jährige Frau mit Taillenumfang von 84 Zentimetern hat bei einer Körpergröße von 1,61 Metern ein WtHR von 0,52 und ist somit im grünen Bereich. Ein 1,83 Meter großer 30-Jähriger hingegen mit 102 Zentimetern Taille kommt auf 0,56 und sollte abnehmen.

Übrigens: Die im vorigen Buchteil »Günter wird fit« genannte EPIC-Norfolk Prospective Population Study (siehe S. 20) kommt zu einem anderen Ergebnis: Hier steigt die individuelle Sterblichkeit in den BMI-Bereichen von 25 bis 30 kontinuierlich an.

ÜBUNG

BERECHNE DEINEN BODY-MASS-INDEX UND DEIN WAIST-TO-HEIGHT-RATIO

Miss nach: Wie groß (in Metern) und wie schwer (in Kilogramm) bist du?

Teile dein Körpergewicht in Kilogramm durch das Quadrat deiner Körpergröße in Metern.

Liegst du zwischen 19 und 25? Liegst du darunter oder darüber? Liegst du gar über 30? Was bedeutet das für dich?

Nun miss deinen Taillenumfang auf Bauchnabelhöhe (in Metern).

Setze ihn ins Verhältnis zu deiner Körpergröße (ebenfalls in Metern).

Liegst du über 0,5, obwohl du unter 40 bist? Liegst du über 0,6, obwohl du unter 50 bist?

Dick ist doof

»Zu dick, zu dick, zu dick – jetzt reicht es aber!«, schimpft Günter. »Wie kann man nur so unsensibel sein?« Klar: Die Wahrheit klingt manchmal hart. Aber was nützt es, sie zu verdrängen? Das löst ja keine Probleme ... Im Gegenteil: Du steckst in einem unnötigen Konflikt! Denn einerseits denkst du dir ständig: »Nimm endlich ab!« Andererseits erzählt Günter: »Freu dich aufs Essen!« Und je nachdem ob du gerade Appetit hast oder dich im Spiegel siehst, denkst du »Schnell zum Kühlschrank!« oder »Auf zur Diätberatung!«.

Doch so geht es ständig hin und her. Und dein Übergewicht ist dir immer wieder peinlich, zum Beispiel, wenn dich Freunde oder Verwandte darauf ansprechen. Oder wenn du jemandem begegnest, der dich noch aus schlankeren Zeiten kennt. Oder wenn du dich mit den schönen schlanken Menschen aus Werbung, Film und Fernsehen vergleichst (die in der Realität übrigens oft gar nicht »so schön« sind ...). Ja, manche schämen sich für ihre Pfunde sogar so sehr, dass sie sich gar nicht mehr in die Öffentlichkeit trauen! Und sobald sie mal wieder einen Dicken-Trost brauchen, rät ihnen ihr innerer Schweinehund: »Iss was!« Kein Wunder, dass das Trauerspiel so immer weitergeht. Nur wegen Günter ...

Dick macht krank

Dabei ist Dicksein sogar ein echter Killer: Nicht nur, dass Dicke meist schlapp, kurzatmig und unglücklich sind, Übergewicht und falsche Ernährung verursachen auch lauter fiese Krankheiten! So werden Dicke zum Beispiel oft zuckerkrank. Oder sie haben zu viel Fett und Entzündungsstoffe im Blut, sodass ihre Adern verkalken und sie einen zu hohen Blutdruck, Schlaganfälle und Herzinfarkte bekommen (oft übrigens Männer mit einem »Schwimmring« um den Bauch). Ach ja: Und wusstest du, dass Übergewichtige auch häufig unter Gallensteinen, Fettleber und Gicht leiden? Oder unter Rückenschmerzen, Knieproblemen, Knicksenk- oder Spreizfüßen? Oder unter Nierenschäden, Blutgerinnungsstörungen wie Thrombosen, Asthma und nächtlicher Atemnot? Oder dass dicke Frauen oft Eierstockzysten bekommen und bei dicken Männern die Genitalien verkümmern? Selbst Krebs bekommen Dicke häufiger als Schlanke! Oje: dumme Sache, dicker Günter ...

»Ach was, auch schlanke Menschen werden krank!« Natürlich, Günter. Aber viel seltener! Und wer riskiert schon freiwillig Diabetes, Depressionen oder Darmkrebs? Auch sonst sichern wir uns schließlich gegen alle möglichen Risiken ab: durch Altersvorsorge, Ölstandsmessungen oder Reiserücktrittsversicherungen. Doch was nutzen uns Geld, Auto oder Urlaub, wenn wir krank sind?

Eine Rede des englischen Starkochs Jamie Oliver

vor der TED-Konferenz zu seiner Kampagne »Gesunde Ernährung für Kinder«

Jamie Oliver wurde im Februar 2010 von der berühmten Ideenkonferenz TED ausgezeichnet und erhielt damit großartige Unterstützung für sein Ziel, jedes Kind in den USA über Ernährung zu unterrichten. Einen Monat nach dieser Anerkennung und dem gleichzeitigen Versprechen, dass sich Wirtschaftsgrößen wie Google-Mitgründer Larry Page, Amazon-Chef Jeff Bezos und Microsoft-Chefstratege Craig Mundie hinter seine Kampagne stellen werden, hielt er eine beeindruckende Rede, die Sie unter dem Stichwort »Jamie Oliver« und »TED« im Internet finden. Hier eine deutsche Übersetzung:

»Traurigerweise werden in den nächsten 18 Minuten, in denen ich hier rede, vier Amerikaner, die jetzt noch am Leben sind, sterben. Aufgrund ihrer Ernährung.

Mein Name ist Jamie Oliver. Ich bin 34 Jahre alt. [...] In den vergangenen 7 Jahren habe ich unermüdlich daran gearbeitet, Leben auf meine Art und Weise zu retten. Ich bin kein Arzt. Ich bin ein Koch. Ich besitze keine teure Ausrüstung oder Medikamente. Ich nutze Informationen und Bildung. Ich glaube von Grund auf, dass gesunde Ernährung eine tragende Rolle in unseren vier Wänden spielt [...]

Wir befinden uns momentan in einer entsetzlichen, wirklich entsetzlichen Situation. Realität im Augenblick: Amerika, ihr steht mal wieder an der Spitze. Dies ist eins der ungesündesten Länder der Welt. Können Sie bitte Ihre Hand heben, wenn Sie Kinder haben? Wer von Ihnen hier im Raum hat Kinder? Hoch mit den Händen. Tanten und Onkel ebenso. Die meisten von Ihnen. Gut. Wir, die Erwachsenen der letzten vier Generationen, haben unsere Kinder mit dem Schicksal, einer kürzeren Lebenserwartung als ihre eigenen Eltern, gesegnet. Ihr Kind wird ein um 10 Jahre kürzeres Leben leben als Sie. Wegen der Ernährungslandschaft, die wir um es herum gebaut haben. Zwei Drittel der Menschen in diesem Raum, in Amerika heutzutage, sind, statistisch gesehen, übergewichtig oder fettleibig. Ihr nicht, ihr seid in Ordnung. Aber wir bekommen euch noch so weit, keine Sorge. [Gelächter]

Die Statistiken der schlechten Gesundheitslage sind eindeutig – sehr eindeutig. Wir verbringen unser Leben in wahnhafter Angst vor Tod, Mord, Ermordung und was immer ihr noch nennen wollt. Es ist auf der Titelseite jeder Zeitung. [Jamie zeigt eine Grafik.] Schaut euch »Ermordung« ganz unten an, um Himmels willen. Habe ich recht? [Gelächter / Beifall]. Jede einzelne hier im roten Bereich ist eine ernährungsbedingte Erkrankung. Jeder Arzt, jeder Spezialist wird euch das sagen. Tatsache. Ernährungsbedingte Erkrankungen sind der größte Mörder der Vereinigten Staaten, genau hier und jetzt.

Das ist ein weltweites Problem. Es ist eine Katastrophe. Sie überschwemmt die Welt. England ist direkt hinter euch, wie üblich. [Gelächter] Ich weiß, dass sie nah sind, aber nicht so nah. Wir brauchen eine Revolution. Mexiko,

Australien, Deutschland, Indien und China, alle haben sie massive Probleme mit Fettleibigkeit und mangelnder Gesundheit.

Denkt an das Rauchen. Es kostet jetzt deutlich weniger als Fettleibigkeit. Fettleibigkeit kostet euch Amerikaner 10 Prozent eurer Krankenkassenrechnung, 150 Milliarden Dollar pro Jahr. In 10 Jahren soll sich das verdoppeln. 300 Milliarden Dollar jedes Jahr. Und seien wir ehrlich, Leute: Das Geld habt ihr nicht. [Gelächter] Ich bin hier hergekommen, um eine Ernährungsrevolution zu starten, von der ich von Grund auf überzeugt bin. Wir brauchen sie. Die Zeit ist reif. Wir befinden uns an einem Wendepunkt. Ich mache das bereits seit 7 Jahren. Ich versuche es in Amerika schon seit 7 Jahren. Jetzt ist die Zeit reif – reif für die Ernte.

Ich bin in das Auge des Sturmes vorgedrungen. Ich ging nach West Virginia, dem ungesündesten Staat in Amerika. Zumindest war das letztes Jahr so. Wir haben einen neuen dieses Jahr, aber daran arbeiten wir in der nächsten Staffel. [Gelächter] Huntington, West Virginia. Traumhafte Stadt. Ich wollte Herz und Seele in Menschen investieren, in eure Leute, rund um die Statistiken, die so zur Gewohnheit geworden sind. Ich möchte euch ein paar Leute vorstellen, die mir am Herzen liegen. Eure Leute. Eure Kinder. [Jamie zeigt ein Bild.] Ich möchte euch ein Bild von meiner Freundin Brittany zeigen. Brittany ist 16 Jahre alt. Sie hat noch 6 Jahre zu leben, wegen dem, was sie gegessen hat. Sie gehört zur dritten Generation von Amerikanern, die nicht in einem Umfeld aufgewachsen ist, in dem ihnen zu Hause oder in der Schule das Kochen beigebracht wurde. So wie ihre Mutter oder die Mutter ihrer Mutter. Sie hat noch 6 Jahre zu leben. Sie isst ihre Leber zu Tode. [Jamie zeigt ein anderes Bild.] Stacy, die Edwards-Familie. Das ist eine normale Familie, Leute. Stacy gibt ihr Bestes, aber sie ist ebenfalls in der dritten Generation. Ihr wurde es nie beigebracht zu kochen, weder zu Hause noch in der Schule. Die Familie ist fettleibig. Justin, ihr Sohn, ist 12 Jahre alt. Er wiegt 159 Kilogramm. Er wird gehänselt, zum Teufel noch mal. Die Tochter Katie, sie ist 4 Jahre alt. Sie ist bereits fettleibig, bevor sie überhaupt in die Grundschule kommt. [Wieder ein Bild] Marissa. Sie ist okay. Sie sieht aus wie ihr. Aber wisst ihr was? Ihr Vater, der fettleibig war, starb in ihren Armen. Und der zweitwichtigste Mann in ihrem Leben, ihr Onkel, starb an Fettleibigkeit. Und jetzt ist ihr Stiefvater fettleibig. Seht ihr, das Problem ist, dass Fettleibigkeit und ernährungsbedingte Krankheiten nicht nur die Menschen, die es haben, verletzen, nein, es verletzt deren Freunde, Familie, Brüder und Schwestern. [Bild] Pfarrer Steve. Ein inspirierender Mann. Einer meiner frühen Verbündeten in Huntington, West Virginia. Er steht an vorderster Front des Problems. Er muss diese Menschen begraben, okay? Und er hat die Schnauze voll davon. Er ist es leid, seine Freunde, seine Familie und seine Gemeinde bestatten zu müssen. Im kommenden Winter werden noch dreimal so viele Menschen sterben. Er hat es satt. Es ist eine vermeidbare Krankheit. Verschwendung von Leben. Ach so, ganz nebenbei, hierin werden sie bestattet. [Bild] Sie bekommen die Särge nicht mal aus der Tür, ernsthaft! Geschweige denn zum Friedhof. Gabelstapler.

[Jamie zeigt eine Grafik.] Okay, ich zeige Ihnen hier ein Dreieck: Zuhause, Hauptstraße, Schule. Das ist unsere Lebensmittel-Landschaft. Ihr müsst das wirklich verstehen! Ihr habt das alles vielleicht schon gehört, aber besprechen wir es noch einmal. In den vergangenen 30 Jahren, was ist da passiert, das dem Land das Herz ausgerissen hat?

Lasst uns offen und ehrlich sein. Gut. Ein moderner Alltag.

Beginnen wir mit der Hauptstraße. Fast Food hat das ganze Land eingenommen. Das wissen wir. Die großen Marken sind einige der wichtigsten Kräfte, der einflussreichsten Kräfte dieses Landes. Supermärkte ebenso. Große Unternehmen. Große Firmen. Vor 30 Jahren waren Lebensmittel weitgehend von regionaler Herkunft und weitgehend frisch. Heutzutage sind sie zum Großteil verarbeitet und voll mit allen möglichen Zusätzen, weiteren Inhaltsstoffen, ihr kennt den Rest der Geschichte. Portionsgrößen sind ganz offensichtlich ein gewaltiges Problem. Die Kennzeichnung ist ein gewaltiges Problem. Die Industrie will sich selbst kontrollieren. Entschuldigung, in so einer prekären Situation? Das verdienen sie nicht! Wie kann man behaupten, dass etwas fettarm ist, wenn es voll mit Zucker ist?

Das größte Problem mit dem Zuhause ist, dass es ursprünglich das Zentrum für das Weiterreichen von Essen und Esskultur war und unsere Gesellschaft geprägt hat. Das passiert so nicht mehr. Und ihr wisst, während wir arbeiten gehen und sich das Leben verändert, und während sich das Leben immer weiter entwickelt, müssen wir das Ganze als Einheit betrachten und sollten für einen Moment zurücktreten und das Gleichgewicht neu definieren. Das passiert nicht, es ist 30 Jahre lang nicht passiert. Ich möchte euch eine Situation zeigen, die heute ganz gewöhnlich ist. Die Edwards-Familie. [Jamie zeigt ein Video. Jamie Oliver: »Wir müssen uns unterhalten. Dieses Zeug geht durch dich und den Körper deiner Familie – jede Woche. Du musst wissen, dass das deine Kinder früh töten wird. Wie fühlst du dich?« Stacy unter Tränen: »Jetzt fühle ich mich einfach schlecht und bedrückt. Aber du weißt, ich möchte, dass meine Kinder erfolgreich sind im Leben und das hier wird sie nicht dorthin bringen. Stattdessen töte ich sie.« Jamie Oliver: »Ja, das tust du. Das machst du. Aber wir können das beenden.«]

Lasst uns zu den Schulen gehen, etwas, worin ich tatsächlich ein Spezialist bin. Also gut – Schulen. Was sind Schulen? Wer hat sie erfunden? Was ist die Bestimmung der Schulen? Schulen wurden ins Leben gerufen, um uns mit den Werkzeugen auszustatten, um uns kreativ zu machen, um wundervolle Dinge zu vollbringen, die unseren Lebensunterhalt sichern et cetera et cetera et cetera. Ihr wisst, dass es für lange, lange Zeit bei diesem Verständnis geblieben ist. Einverstanden? Aber wir haben die Schulen nicht wirklich weiterentwickelt, um die katastrophalen Gesundheitsprobleme Amerikas zu bewältigen. Schulmahlzeiten werden von den meisten Kindern, 31 Millionen täglich, um genau zu sein, zweimal am Tag in den meisten Fällen, Frühstück und Mittagessen, an 180 Tagen im Jahr, eingenommen. Man könnte also behaupten, dass das Schulessen sehr wichtig ist, wirklich wichtig, gemessen an den Umständen.

Bevor ich meinen Wortschwall unterbreche, worauf sie sicherlich schon warten [Gelächter], muss ich noch eines sagen, und es ist so wichtig, für den Zauber, der sich in den nächsten drei Monaten ereignen und entfalten wird. Die Schulköchinnen und Schulköche Amerikas – ich biete mich als deren Botschafter an. Ich lasse sie nicht hängen. Sie unternehmen alles, was in ihrer Macht steht. Sie geben ihr Bestes. Aber sie tun das, was man ihnen aufgetragen hat. Und das, was man ihnen aufträgt, ist falsch. Das System wird überwiegend von Buchhaltern geführt. Es gibt nicht genügend, wenn nicht sogar keine Ernährungsexperten in dem Geschäft. Das ist ganz klar ein Problem. Wenn man kein Ernährungsexperte ist und ein kleines Budget hat, das immer geringer wird, bleibt kein Raum für Kreativität. Man kann nicht ausweichen und denselben Sachen einfach neue Namen geben. Wenn du ein Buchhalter und Häkchensetzer bist, bleibt dir bei diesen Umständen nichts anderes übrig, als billigere Scheiße zu kaufen.

Die Realität sieht nun mal so aus, dass das Essen, das eure Kinder täglich zu sich nehmen, Fast Food ist, es ist hochgradig verarbeitet, da sind nicht mal annähernd genug frische Zutaten drin. Wisst ihr, diese Menge an Zusätzen, E-Nummern, Inhaltsstoffen, das ist kaum zu glauben. Es gibt nicht im Ansatz genug Grünzeugs. Pommes frites werden als Gemüse betrachtet. Pizza zum Frühstück. Sie bekommen noch nicht mal Geschirr. Messer und Gabel? Nein, das ist viel zu gefährlich. Sie haben Scheren in den Klassenräumen, aber Messer und Gabel? – Nein. Und ich sehe das so: Wenn man in der Schule keine Messer und Gabeln hat, unterstützt man einfach – auf staatlicher Ebene – Fast Food. Weil man es mit den Händen isst. Und ja, ganz nebenbei, es ist Fast Food. Das sind Sloppy Joes, Hamburger, Würstchen, Pizza und der ganze Mist.

10 Prozent unserer Gesundheitskosten stecken wir in Fettleibigkeit, wie bereits gesagt. Und das wird sich noch verdoppeln. Wir unterrichten unsere Kinder nicht. Es gibt kein gesetzlich festgeschriebenes Recht unserer Kinder auf Ernährung als Schulfach in Grund- und weiterführender Schule. Wir klären unsere Kinder nicht über Essen auf. Richtig?

Das ist ein kleiner Videoausschnitt aus einer Grundschule, der sehr bekannt ist in England. [Video: Jamie Oliver zeigt einem Kind Tomaten: »Wer weiß, was das ist?« Kind: »Kartoffeln.« Jamie Oliver: »Kartoffeln? Du denkst also, das sind Kartoffeln? Weißt du, was das ist?« Zeigt Blumenkohl. Kind: »Brokkoli?« Jamie Oliver: »Wie schaut es hiermit aus?« Zeigt Rote Beete. Kind: »Sellerie.« Anderes Kind: »Zwiebel.« Jamie Oliver zeigt nun eine Aubergine: »Wer weiß, was das ist?« Kind: »Hm, Birne?«...« Jamie im Interview: »Man bekommt ein sehr deutliches Gefühl dafür, ob die Kinder überhaupt wissen, woher ihr Essen stammt. Wenn die Kinder nicht wissen, was das ist, dann werden sie es nie essen.«] Normalität. England und Amerika. Ratet mal, was das Problem dieser Situation behoben hat. Zwei einstündige Lerneinheiten. Wir müssen endlich anfangen, unsere Kinder in der Schule über Nahrungsmittel aufzuklären, Punkt. [Beifall]

Ich möchte euch etwas erzählen, Leute, was gewissermaßen das Problem, das wir haben, verkörpert. Ich möchte über etwas so Grundlegendes wie Milch reden. Jedes Kind hat ein Recht auf Schulmilch. Eure Kinder bekommen in der Schule Milch zum Frühstück und zum Mittagessen. Richtig? Sie können also zwei Flaschen haben. Und die meisten Kinder bekommen sie. Aber Milch ist nicht mehr gut genug. Weil irgendwer im Milchrat irgendeinem Kerl einen Haufen Geld gezahlt hat, um herauszufinden, dass, wenn man haufenweise Geschmacks- und Farbstoffe und Zucker in die Milch tut, ja, mehr Kinder Milch trinken werden. Und offensichtlich setzt sich das durch. Der Apfelrat wird herausfinden, dass sie mehr Äpfel essen werden, sobald sie Karamell-Äpfel machen. Wisst ihr, was ich meine? Für mich gibt es keinen Grund, Milch zu aromatisieren. In allem ist Zucker. Ich kenne alle Einzelheiten dieser Zutaten. Er ist in allem. Selbst die Milch konnte dieser Art von modernen Problemen nicht entkommen. In einem Päckchen Milch ist fast so viel Zucker drin wie in einer Dose eurer Lieblingslimonade.

Und die Kinder bekommen davon zwei Stück am Tag. Deshalb lasst mich euch kurz etwas zeigen. Hier haben wir ein Kind. [Jamie schiebt einen Schubkarren voller Würfelzucker auf die Bühne.] Es bekommt, wie ihr wisst, acht Esslöffel Zucker am Tag. [Er löffelt Zuckerwürfel mit einem Glas aus dem Schubkarren und wirft die Zuckerwürfel auf den Boden.] So, hier ist eure Woche. [Er löffelt und löffelt.] Hier ist euer Monat. Und ich war so frei, lediglich die 5 Jahre Grundschulzucker hier reinzutun [er leert den gesamten Schubkarren voller Zuckerwürfel auf die Bühne], bloß den aus der Schulmilch. Nun, ich weiß nicht, wie ihr das seht, Leute. Aber unter Berücksichtigung der Umstände würde jedes Gericht auf der Welt auf die Statistiken und die Beweise schauen und jede Regierung des Kindesmissbrauchs für schuldig erklären. Das ist meine Meinung. [Beifall]

Nun, wenn ich hier oben stünde, und ich wünschte, ich könnte hier heute stehen und eine Heilmethode für AIDS oder Krebs verkünden, würdet ihr kämpfen und drängeln, um zu mir zu kommen. Das, all diese schlechten Nachrichten, die ich hier präsentiere, können vermieden werden. Das ist die gute Nachricht. Es ist wirklich, wirklich vermeidbar. Also lasst uns nachdenken. Wir haben hier ein Problem, wir müssen neu starten. Okay, also was müssen wir in meiner Welt dafür tun? Hier ist es: Es kann nicht nur von einem Punkt ausgehen. Um neu zu starten und echten und handfesten Wandel, echten Wandel hervorzurufen, sodass ich euch in die Augen schauen und sagen kann: In 10 Jahren wird die Geschichte des Lebens ihrer Kinder, ihre Freude – und wir dürfen nicht vergessen, dass wir schlau sind, wenn wir gut essen, ihr wisst, dass ihr länger leben werdet, all diese Sachen – all das wird ganz anders aussehen. Okay?

Also die Supermärkte. Wo sonst kauft ihr so religiös ein? Woche für Woche. Wie viel Geld lasst ihr in eurem Leben im Supermarkt? Ihr liebt sie. Sie verkaufen einfach, was wir wollen. Nun gut. Sie sind es uns schuldig, einen Ernährungsbotschafter in jeden größeren Supermarkt zu platzieren. Sie müssen uns beim Einkaufen helfen. Sie müssen uns zeigen, wie man schnelle, leckere und saisonale Gerichte kocht, wenn man viel beschäftigt ist. Das ist nicht teuer. Manche Märkte tun das. Und es muss dringend flächendeckend in Amerika getan werden. Bald und schnell. Die großen Firmen, die Essensfirmen, müssen Ernährungserziehung zur Herzenssache ihrer Arbeit machen. Ich weiß: Leichter gesagt als getan. Es ist die Zukunft. Es ist der einzige Weg.

Die Fast-Food-Industrie ist sehr hart umkämpft. Ich habe viel mit geheimen Unterlagen und Verträgen mit Fast-Food-Restaurants zu tun. Ich weiß, wie sie es machen. Ich meine, im Grunde haben sie uns einfach an diese Mengen an Zucker, Salz und Fett und x, y und z gewöhnt. Und jeder liebt sie, richtig? Also werden diese Leute Teil der Lösung sein. Aber wir müssen die Regierung dazu bringen, mit all diesen Fast-Food-Zulieferern und der Restaurantindustrie zusammenzuarbeiten. Und in einer Spanne von 5 oder 6 Jahren uns diese extremen Mengen an Fett, Zucker und all den anderen Zusatzstoffen abgewöhnen.

Okay, nun noch mal die Schulen. Wir sind es den Schülern schuldig, sie an diesen 180 Tagen im Jahr, vom zarten Alter von 4 Jahren an bis 18, 20, 24, was auch immer, in der Kantine mit ordentlichem, frischem Essen von regionalen Erzeugern zu versorgen. Wir brauchen einen neuen Standard für ordentliches frisches Essen für eure Kinder. [Beifall] Unter den derzeitigen Umständen ist es äußerst wichtig, dass jedes einzelne amerikanische Kind die Schule verlässt mit dem Wissen, wie man zehn Gerichte kocht, die ihr Leben retten werden. Lebensfähigkeiten. [Beifall] Das heißt, dass sie Studenten, junge Eltern sein können und fähig sind, sich sicher im Metier des Kochens zu bewegen, egal, welche Rezession sie demnächst trifft. Wenn du kochen kannst, spielt wenig Geld keine Rolle. Wenn du kochen kannst, spielt Zeit keine Rolle.

Wir haben noch nicht wirklich über unsere Jobs geredet. Wisst ihr, jetzt müssen auch die Unternehmen Verantwortung zeigen und sich wirklich genau ansehen, was sie ihrem Personal an Nahrung anbieten. Das Personal sind die Mütter und Väter der Kinder Amerikas. Marissa. Ihr Vater starb in ihren Armen, ich denke, sie wäre wirklich froh, wenn die Unternehmen Amerikas damit begännen, ihre Angestellten ordentlich zu ernähren. Sie sollten wirklich nicht übergangen werden.

Lasst uns zurück zum Zuhause gehen. Schaut, wenn wir all diese Dinge tun, und wir können das, ist es so erreichbar. Man kann sich kümmern und wirtschaftlich sein. Absolut. Aber zu Hause muss damit begonnen werden, das Kochen zu vermitteln, mit Sicherheit. Reicht es weiter als eine Philosophie. Und für mich ist es recht romantisch. Aber es ist so, dass, wenn eine Person drei weiteren Personen zeigt, wie man etwas kocht, und diese das nun drei weiteren Freunden beibringen, und sich das nur 25-mal wiederholt, dann ist das die ganze Bevölkerung Amerikas. Romantisch, ja. Aber ganz besonders wichtig, denn es geht darum, jeden dazu zu bringen, dass er erkennt, dass jede unserer individuellen Anstrengungen einen Unterschied macht. Wir müssen das zurückbringen, was verloren gegangen ist.

In Huntington, wo ich diese Sendung ›Huntington's Kitchen‹ gemacht habe, wisst ihr, da machen wir diese Sendung zur besten Sendezeit, die hoffentlich die Menschen dazu anregt, diesen Wandel mitzumachen. Ich glaube wirklich daran, dass es einen Wandel geben wird. Huntington's Kitchen. Ich arbeitete mit der Gemeinde. Ich arbeitete in den Schulen. Ich fand lokale, nachhaltige Finanzierung, um jede einzelne Schule in der Gegend weg von Junkfood hin zu frischem Essen zu bringen. Sechseinhalb Riesen pro Schule. Das ist alles, was man braucht. Sechseinhalb Riesen pro Schule. Die Küche kostet 25 Riesen im Monat. Damit erreicht man 5000 Personen im Jahr, was 10 Prozent der dortigen Bevölkerung entspricht. Das sind Menschen für Menschen. Wisst ihr, Köche aus der Region lehren Leute der Region. Es sind kostenlose Kochkurse, Leute, kostenlose Kochkurse auf der Hauptstraße. Das ist echter, spürbarer Wandel. In ganz Amerika gehen viele wunderbare Dinge von wunderbaren Menschen vor sich. [...] Das Problem ist, dass sie alle das, was sie schon tun, weiter verbreiten möchten in die nächste Schule und die nächste. Aber sie haben kein Geld. [...] Amerikanische Unternehmen müssen Frau Obama bei dem, was sie tun will, unterstützen.

Und schaut – ich weiß, es ist verrückt, dass ein Engländer hier vor euch steht und über all das redet. Ich kann nur sagen, dass ich mich sorge. Ich bin ein Vater. Und ich liebe dieses Land. Und ich glaube tatsächlich ganz fest, dass, wenn die Veränderung in diesem Land erreicht wird, wunderschöne Dinge auf der ganzen Welt passieren werden. Wenn Amerika es tut, glaube ich, werden andere Völker folgen. Es ist unglaublich wichtig.

Als ich in Huntington versuchte, ein paar Sachen ins Rollen zu bringen, die es noch nicht gab, dachte ich, wenn ich einen Zauberstab hätte, was würde ich dann tun? Und wisst ihr, was ich dachte? Ich würde nur zu gerne vor einige der unglaublichsten Veränderer und Aufrüttler Amerikas gestellt werden. Und einen Monat später rief TED mich an und gab mir diese Auszeichnung. Ich bin hier. So, mein Wunsch. Mein Wunsch an euch ist, einer starken, nachhaltigen Bewegung zu helfen, jedes Kind über Ernährung zu unterrichten, Familien dafür zu begeistern, wieder zu kochen, und die Menschen überall zu befähigen, gegen Fettleibigkeit zu kämpfen.«

Gesund und glücklich

»Und was nutzt dir deine Gesundheit, wenn du dafür aufs Essen verzichten musst? Dann macht doch alles keinen Spaß!« Keine Sorge: Schlanke verzichten auf gar nichts! Denn sie leben nicht nur gesünder, sondern fühlen sich auch viel besser als Dicke. »Das ist ja wohl übertrieben«, motzt Günter. »So groß ist der Unterschied bestimmt nicht ...« Anscheinend hat er sich so sehr an deine Pfunde gewöhnt, dass Günter keine Ahnung (mehr?) hat, wie schön es ist, schlank zu sein. Deshalb nun ein kleiner Test: Wie viele Kilo müsstest du abnehmen, damit dein BMI wieder normal wäre? Zwei? Zwölf? Zwanzig? Dann fülle doch mal zwei, zwölf oder zwanzig Kilo Kartoffeln in einen Rucksack, setz ihn dir auf und lauf eine Weile damit herum. Wetten, dass du den Rucksack bald wieder absetzen willst?

Also: Wäre es nicht schön, morgens schwungvoll aufzustehen und den ganzen Tag voller Energie und guter Laune zu stecken? Wäre es nicht herrlich, schlank und leichtfüßig durchs Leben zu tänzeln und dabei ohne Sorgen essen zu können, so viel du willst? Und wäre es nicht wunderbar, wenn dein Blutdruck ganz ohne Pillen wieder normal würde, Knie- und Rückenschmerzen weg wären und deine Blutfette sogar den Arzt neidisch machten? All das kannst du erleben! Lies einfach weiter.

3. DIÄT-MURKS und MURKS-DIÄTEN

Abnehmen? Nein danke!

»Mach dir bloß keine falschen Hoffnungen: Übergewicht liegt am Alter! Denn je älter man wird, desto mehr nimmt man zu – jedes Jahr ein bisschen, ganz automatisch, ohne dass man sich dagegen wehren kann.« Typisch Günter: Natürlich hat er sich mal wieder die falschen Vorbilder ausgesucht ... Dabei bleiben viele Menschen ihr Leben lang schlank! Und viele Dicke nehmen ihr Übergewicht ganz einfach wieder ab.

»Abnehmen? Was für ein Horror!« Sofort tauchen vor Günters geistigem Auge grausame Szenen auf: von freudlosem Verzicht, quälendem Hunger und mieser Diätlaune. Von kaum beherrschbaren Schmacht-Attacken, vorprogrammierten Fress-Orgien und dem üblichen Scheitern ... Klar: Wenn man es falsch macht, wird Abnehmen zur Qual. Wenn man es aber richtig macht, purzeln die Pfunde wie von selbst. Dann kann man spielend leicht schlanker, fitter, schöner, stolzer und glücklicher werden – ganz ohne Verzicht, Hunger oder schlechte Laune! Und bald wundert sich selbst Günter, wie er es vorher so lange ausgehalten hat.

Abrakadabra?

»Schön wär's ja!«, zweifelt Günter. »Aber wie soll das gehen? Schließlich hat das Abnehmen bisher nie richtig geklappt.« Zunächst einmal: Hör endlich auf, dir (oder Günter) einzureden, dass dein Gewicht in Ordnung ist, wenn dein BMI etwas anderes sagt! Frag dich lieber: Was wäre, wenn du dein Übergewicht einfach wegzaubern könntest? Du müsstest dir dafür nur ein Wunschgewicht aussuchen, »Abrakadabra« sagen, und schon wäre dein XXL-Speck verschwunden. Würdest du solch einen Zauberspruch aufsagen wollen? Vermutlich schon ...

Also: Akzeptiere deine Unzufriedenheit, und sei ehrlich zu dir selbst! Denn Unzufriedenheit ist oft der erste Schritt zum Erfolg. Und dann freu dich schon mal auf dein neues Leben: Denn wenn du weiterliest, sind deine Moppel-Tage bald gezählt. Dann wirst du einfach nur »Abrakadabra« sagen und schlank, beschwingt und glücklich sein. Du schmunzelst? Warte mal ab, du wirst es erleben. Und keine Sorge: Du musst dich dafür nicht einmal anstrengen oder besondere Willenskraft aufbringen! Du brauchst nur ein bisschen Know-how und Neugier auf ein neues Leben.

Diät? Nein danke!

»Know-how? Ach was!«, motzt Günter. »Ist doch klar, wie Abnehmen funktioniert: einfach weniger essen als vorher – am besten mit einer Diät.« Vorsicht, Günter! Das stimmt nicht ganz: Natürlich verliert man rasch Gewicht, wenn man weniger isst oder eine Diät macht. Nur ist das oft recht anstrengend. Und hinterher nimmt man meist genauso schnell wieder zu, wie man vorher abgenommen hat. Es sollte also irgendwie schlauer gehen ...

Aber der Reihe nach: Welche Diät-Typen gibt es überhaupt? Nun, eine ganze Menge! Da wären zunächst alle möglichen Varianten des Weniger-Essens: »Friss-die-Hälfte«, Fastenkuren oder die berühmten »Schlank-in-einer-Woche«-Diäten aus manchen Zeitschriften. Dann gibt es Diäten, bei denen man möglichst wenig Zucker essen soll, wie bei den sogenannten »GLYX«- oder »Low-Carb«-Diäten. Bei anderen wiederum soll man wenig Fett essen, was man auf Neudeutsch auch »Low-Fat«-Diät nennt. Wieder andere schwören auf Abführmittel, Schlankheitspillen, Fertigmahlzeiten, Nahrungspulver, Blutgruppenzauber oder Psycho-Kram. Da kann man schon mal durcheinanderkommen ... Und wie du dir denken kannst: Einige Diäten sind völlig nutzlos.

Friss die Hälfte

»Mach dir nicht so viele Gedanken«, rät Günter nun. »Iss einfach nur noch halb so viel wie vorher! Nur noch ein Frühstücksbrötchen statt zwei. Nur noch ein halbes Schnitzel statt eines ganzen. Nur noch die halbe Menge Schokolade. So nimmst du bestimmt schnell ab.« Diese Diät-Variante nennt sich »Friss die Hälfte« oder kurz »FDH«. Und tatsächlich: Dadurch nimmst du weniger Kalorien zu dir und kannst einige Kilo Fett verlieren! Dass du dabei ständig Hunger hast, stört dich am Anfang kaum: Schließlich wirst du endlich mal deinen Speck los – wie übrigens bei jeder Form der Mangelernährung ...

Dann jedoch beginnen die Probleme: Nach guten Anfangserfolgen stagniert der Gewichtsverlust wieder – dein Körper hat nämlich gemerkt, dass er weniger Nahrung bekommt. Und damit er nun keine weiteren wertvollen Fettreserven mehr aufbrauchen muss, schaltet er deine Energie einfach auf Sparflamme: Du fühlst dich also andauernd schlapp und hängst nur noch kraftlos herum. Doch das gefällt Günter natürlich gar nicht. Und weil er schon die ganze Zeit auf seine Chance gelauert hat, schwärmt er dir nun hemmungslos vom Essen vor: »Wäre es nicht schön, dich mal wieder so richtig satt zu essen? Mit leckeren Steaks, Nudeln, Pizzas oder Hamburgern? Mit dicken Schokoladentafeln und riesigen Tortenstücken? Nur ein einziges Mal! Das kann doch nicht so schlimm sein ...«

Appetit und schwache Momente

Je länger dir Günter vom Essen vorschwärmt, desto schwieriger wird der Verzicht: Schon bald knurrt dein Magen, wenn du eine Tafel Schokolade siehst oder wenn du an einer Hamburger-Bude vorbeiläufst. Nachts schlafwandelst du zum verführerischen Kühlschrank und während deiner Heißhungerattacken würdest du sogar Kindern ihr Eis klauen. Keine Frage: Das hält keiner lange durch! Nach ein paar unangenehmen Momenten heroischer Askese ist dein Widerstand schließlich dahin: »Einmal ist keinmal!«, sagt dir Günter dann. Und wollüstig verschlingst du Bratwurst, Nudeln, Kuchen, Pommes frites oder Pizza – natürlich mit extra viel Beilage und einer großen Cola! Dein Magen ist endlich wieder voll und Günter glücklich.

Doch weil die FDH-Diät nun einmal ausgesetzt ist, lacht dich das Essen schnell wieder an. Und was dir beim ersten Mal nicht geschadet hat, kann auch beim zweiten Mal nicht so schlimm sein: Also isst du dich bald wieder satt. Und dann gleich wieder. Und noch einmal. Und noch einmal. »Friss die Hälfte? Nicht mehr nötig: Schließlich hast du ja schon so schön abgenommen!«

DAS EGOISTISCHE GEHIRN: die »Selfish-Brain-Theory« von Achim Peters

Achim Peters, der deutsche Adipositasspezialist, hat in seinem Buch »Das egoistische Gehirn: Warum unser Kopf Diäten sabotiert und gegen den eigenen Körper kämpft« erstaunliche Erkenntnisse zusammengetragen, die als »Selfish-Brain-Theory« bekannt wurden. Ursprung seiner Idee ist eine Publikation, die schon über 80 Jahre alt ist: Im Jahr 1921 veröffentlichte die Wissenschaftlerin Marie Krieger eine bahnbrechende Studie über verhungerte Weltkriegssoldaten, die bis heute gültig ist. Sie setzte sich dabei mit der Frage auseinander, ob in einem Hunger- oder Fastenzustand neben Muskeln und Fett auch die inneren Organe schrumpfen. Und falls ja, ob das auf alle Organe zutrifft. Um diese Frage zu beantworten, verglich die Wissenschaftlerin die Organgewichte der armen Betroffenen mit den Durchschnittsgewichten der inneren Organe von normalgewichtigen Frauen und Männern. Ihre Ergebnisse waren überraschend: Während alle inneren Organe durch körperliche Ausmerzungen um bis zu 40 Prozent an Gewicht verloren, blieb das Gehirn in seiner Substanz unverändert!

Wie aber kann es sein, dass unser Gehirn das einzige Organ in unserem Körper ist, das selbst während einer Hungersnot unverändert bleibt? Die Antwort ist eigentlich logisch: Das Gehirn nimmt in der Stoffwechselhierarchie des Körpers eine gesonderte Stellung ein. Während also der restliche Körper mit einem Minimum an Energie zurechtkommen muss, versorgt sich das Gehirn mit der Energie, die es braucht. Wir besitzen also ein absolut egoistisches Gehirn. Dieser Egoismus entspricht dabei aber keinem reinen Selbstzweck, sondern verschafft uns Evolutionsvorteile: Als Steinzeitmensch waren wir ständig mit Nahrungsknappheit konfrontiert und von Gefahren unserer Umwelt bedroht. Uneingeschränkte Wahrnehmung, gute Konzentrations- und Entscheidungsfähigkeit sorgten demnach für unser Überleben. Unser Hirn musste tadellos funktionieren – selbst bei Hunger.

Wie das Gehirn Energiekrisen löst

Der Kampf um Nahrung findet also auch in unserem Inneren statt. Gekämpft wird dabei um den Rohstoff Zucker. Pro Tag nimmt der Mensch unter normalen Umständen 200 Gramm Zucker zu sich. Davon verbraucht das Gehirn circa 130 Gramm (das entspricht ungefähr 43 Würfelzucker!), die restlichen 70 stehen dem Körper als Energielieferant zur Verfügung. Obwohl das Gehirn gerade mal 2 Prozent unseres Körpergewichtes ausmacht, verbraucht es also satte zwei Drittel der täglichen Energie! In belastenden Situationen fordert es sogar 90 Prozent.

Stehen dem Gehirn keine 130 Gramm Zucker zur Verfügung, zieht es sich über den sogenannten Brain-Pull-Mechanismus die nötige Energie einfach aus dem Körper – selbst wenn dabei Muskelgewebe angegriffen wird, um den Energiehunger des Gehirns zu stillen. Das Gehirn löst demnach seine Energiekrisen auf Kosten unseres Körpers!

Auch der sogenannte Body-Pull-Mechanismus hilft dabei, dem Gehirn Energie zu besorgen: Wir haben Hunger und Appetit, suchen aktiv nach Nahrungsmitteln. Und: Sind Kühlschrank und andere Essensvorräte leer, machen wir uns automatisch auf den Weg, um Nachschub in unserer Umgebung zu besorgen. Diese Kraft, die uns dabei antreibt, nennt man Such-Pull – ebenfalls eine mächtige Kraft, wie jeder weiß, der schon einmal von Heißhunger getrieben in einen Supermarkt gegangen ist ...

Warum Diätversuche scheitern

Diese Zusammenhänge machen deutlich, dass unser Hirn Diätversuche nicht mag und alles dafür tut, um ihnen entgegenzuwirken. Denn das unterversorgte Gehirn differenziert nicht zwischen einer Diät und einer evolutionär bekannten Hungersnot.

Eine Studie aus Quebec in Kanada bestätigt: Diätteilnehmer denken ab einem bestimmten Zeitpunkt der Diät nur noch ans Essen. Schlüsselproblem ist hierbei die unterversorgte Schaltzentrale: Sie drängt sich mit diesem einen Gedanken dauerhaft auf und kämpft so gewissermaßen ums Überleben. Klar also, dass aus dem Duell zwischen Wille und biologischer Schaltzentrale das Gehirn früher oder später als Sieger hervorgeht: Günter ... Denn für unser Gehirn bedeutet eine Diät eine ernst zu nehmende Krise, die es um jeden Preis zu bekämpfen gilt. Und Krisen bedeuten Stress. 2010 wurde in einer Studie der University of San Francisco ein Diätversuch von Frauen begleitet, die im oberen Bereich vom Normalgewicht waren. Die Kalorienzufuhr wurde täglich deutlich von 2000 Kalorien um 800 reduziert. Bei der Analyse der Blutwerte zeigte sich, dass das Stresshormon Kortisol stark anstieg. Steht der Körper aber unter dauerhaftem Cortisoleinfluss, kann das zu bösartigen Folgen führen. So beobachtete man in einer weiteren Studie bei einer 12-monatigen Dauerdiät einen deutlichen Knochenabbau an Wirbelsäule, Hüfte und Oberschenkel. Neben dem Skelett werden aber auch Muskeln und Collagen in der Haut abgebaut.

Übermäßig gezügeltes Essen und ständige Diätversuche haben also ihren Preis: Sie beschleunigen den Verschleiß des Körpers. Darüber hinaus ist bekannt, dass bei dauerhaft erhöhtem Stresszustand der Brain-Pull mittel- oder langfristig einen Teil seiner Kompetenz verliert – das System gerät durcheinander. Stress-Syndrome halten also den Energiebedarf des Gehirns hoch. Und hoher Energiebedarf lässt uns zum Essen greifen.

Jojo-Effekt

Nach einiger Zeit der Zurückhaltung isst du also wieder genauso viel wie vorher. Dumm nur, dass dein Körper eine Weile braucht, bis er das bemerkt. Er wähnt sich nämlich immer noch im Mangelzustand. Deshalb baut er nun jedes Gramm Fett aus der Nahrung sofort in die frisch abgespeckten Fettzellen ein – für die nächsten schweren Zeiten ... Weil Günter aber zunächst keine Lust mehr hat, sich beim Essen zu beschränken, schießt dein Körper weit übers Ziel hinaus: Binnen weniger Tage wiegst du genauso viel wie vor der Diät – wenn du Pech hast, sogar ein bisschen mehr. Dein Gewicht ist also zuerst nach unten gegangen, dann wieder nach oben. Runter und rauf, wie bei einem Jojo. Deswegen nennt man diese Entwicklung auch »Jojo-Effekt«.

Weil dein Gewicht nun aber wieder auf (oder über) dem Ausgangsniveau liegt und FDH so »gut funktioniert« hat, machst du bald die nächste Diät – mit demselben Ergebnis wie vorher: erst fasten und abnehmen, dann (fr)essen und zunehmen. Klar, dass das Jojo-Spiel auf diese Weise ewig weitergehen kann – leider oft mit steigender Gewichtstendenz: drei Kilo runter, vier Kilo rauf, drei Kilo runter, vier Kilo rauf. Und so weiter, bis zum Platzen: peng!

Schlank in 1 Woche

»Dann probier doch mal eine ›Schlank-in-1-Woche‹-Diät aus den Zeitschriften!«, sagt Günter. »Dabei kochst du einfach die leckeren Rezepte nach, und schon bist du gertenschlank.« Immer mit der Ruhe, Herr Schweinehund! Natürlich stehen in manchen Zeitschriften viele leckere Diätrezepte, und wenn man sich daran hält, mag man auch tatsächlich ein wenig abnehmen – nur: Ganz so reibungslos klappt es meist leider nicht. Warum?

Vorsicht vor reinen Kurzzeitdiäten! Unterm Strich funktionieren sie oft wie die FDH-Methode und führen somit zu Appetit, Heißhunger und Jojo-Effekt. Vorsicht auch vor besonders exquisiten und exotischen Rezepten! Hast du tatsächlich Lust auf solch eine Ernährungsumstellung? Und deine Familie? Wie lange musst du für die Rezepte in der Küche stehen? In welchem Supermarkt bekommst du alle Zutaten? Und was isst du im Restaurant, was in der Mittagspause? Außerdem: Vorsicht, wenn die Diät vorbei ist! Was machst du dann? Schließlich weiß Günter über Ernährung immer noch so wenig wie vorher. Also schnell die nächste Zeitschrift kaufen? Sonst müsstest du ja wieder »normal« essen ...

Fastenkuren

»Dann machst du eben eine richtige Fastenkur«, rät Günter nun. »Denn wenn du (fast) gar nichts mehr isst, nimmst du mit Sicherheit ab.« Oje, jetzt wird Günter aber streng! Viele fasten nämlich, indem sie nur noch dünne Süppchen und ungesüßte Tees schlürfen, andere, indem sie ganz auf Null-Diät gehen und ständig Abführmittel schlucken, wieder andere, indem sie sich von Milch und Semmeln ernähren und jeden Bissen vorm Runterschlucken hundertmal kauen. All das soll nicht nur schlank machen, sondern auch den Geist erfrischen und den Körper von giftigen Schlacken befreien. Ob das aber stimmt? Leider nicht ganz.

Zunächst die Vorteile: Du lernst während des Fastens, etwas bewusster zu essen. Und weil Magen und Darm fast leer bleiben, werden sie immer enger. Schließlich gewöhnen sie sich so gut daran, dass du bald kaum noch Hunger hast. Doch weil der Darm nun stillgelegt ist, verbraucht er auch viel weniger Kalorien als bei der Arbeit ... Und zu einseitiges Fasten führt schließlich zu Muskelabbau und Mangelernährung. Außerdem drohen nun wieder die typischen FDH-Effekte wie Schlappsein, Appetitanfälle oder Jojo, und am Ende wiegt man meist genauso viel wie vorher. Ach ja: Und das mit dem Entschlacken ist auch nicht richtig. Denn Wissenschaftler bezweifeln zumeist, dass es giftige »Stoffwechselschlacken« überhaupt gibt ...

Willenskraft

»Dann musst du dich eben dazu zwingen, weniger zu essen – und zwar für immer!«, sagt Günter. »So nimmst du erst mal ab und bleibst hinterher schlank.«

Aha: Jedes Mal, wenn du Appetit hast, will dich Günter also fortan mit Willenskraft am Essen hindern: »Finger weg, das darfst du nicht!« oder »Du bist zu dick!«. Für den Rest deines Lebens ... Wie naiv: Denn natürlich macht es keinen Spaß, sich etwas zu verbieten oder sich selbst harsche Befehle zu erteilen! Außerdem denkt Günter immer nur kurzfristig. Und so sicher er im Moment noch abnehmen will, so sicher hat er das morgen wieder vergessen. Und dann sagt er nicht mehr: »Finger weg!«, sondern: »Greif endlich zu!«. Doch wo bleibt dann dein guter Vorsatz?

Ach ja: Und solange Günter vorgibt, die harte Tour zu fahren, zögerst du natürlich das Abnehmen immer weiter hinaus: »Heut gönn ich mir noch mal was! Morgen fang ich dann mit der Diät an. Nein, übermorgen! Oder besser erst nächste Woche? Nächsten Monat?« Und so weiter. Gar nicht so dumm, dieser Schweinehund ...

Diät-Gruppen

»Dann geh doch einfach in eine Diät-Gruppe!«, schlägt Günter nun vor. »Dort lernst du lauter nette Leute kennen, die gemeinsam abspecken. Alle unterstützen sich gegenseitig, und du hältst viel länger durch.« Gar nicht schlecht, Günter! Ja, oft sind solche Gruppen hilfreich, und man bekommt gute Ernährungstipps.

Andererseits schieben manche Schweinehunde ihre Verantwortung nur allzu gerne auf andere ab: »Solange die Gruppe entscheidet, kannst du selbst ja die Füße hochlegen!« Und das führt dann eher zu Hilflosigkeit als zu mehr Eigenverantwortung. Denn was passiert, sobald Günter mal wieder alleine ist? Oder wenn du keine Zeit für einen Gruppenbesuch hast? Klar: Dann wird oft gegessen wie vorher, und du schämst dich, weil du wieder »schwach« geworden bist. So ist schon manche Diät-Gruppe zu einem Jammer-Klub für inkonsequente Schweinehunde geworden ...

Andere Schweinehunde wiederum würden niemals freiwillig eine Gruppensitzung besuchen. Sei es, weil sie zu schüchtern sind, zu bequem, zu eigenbrötlerisch oder einfach zu stolz. Oder aber sie haben keine Zeit dafür. Nicht wahr, Günter?

Gedanken-Zauberei

»Du brauchst keine Gruppe für den Diät-Erfolg, das schaffst du auch alleine: mit der Kraft deiner Gedanken.« Nanu! Was meint Günter denn damit? »Abnehmen ist reine Kopfsache! Du brauchst dafür nur eine gute Mentalstrategie. Am besten stellst du dir immer wieder vor, wie eklig Pommes frites, Nudeln oder Schokolade schmecken. Und dann denkst du ständig daran, wie schön es wäre, schlank zu sein. So beeinflusst du dein Unterbewusstsein, hast bald gar keine Lust mehr aufs Essen, und dein Speck verschwindet wie von selbst!« Na ja, Günter, knapp daneben ...

Zwar kannst du deine Motivation zum Abnehmen mit den richtigen Gedanken steigern, aber mal ehrlich: Warum solltest du Pommes frites, Nudeln oder Schokolade plötzlich eklig finden, wenn du sie in Wirklichkeit gerne isst? (Wetten, dass Günter da nicht lange mitspielt!?) Und wie sollst du ohne weiteres Wissen einfach so abnehmen? Schließlich hat das bisher noch nie geklappt. »Dann strengst du dich eben nicht genug an!«, motzt Günter schon wieder. Quatsch! Könntest du ohne Rezept etwa eine Schwarzwälder Kirschtorte backen – nur mit reiner Mentalkraft? Wohl kaum, selbst wenn du es noch so sehr wolltest. Mit einem Rezept dagegen ginge es ganz leicht – sogar ohne Mentalstrategie ...

Pillen und Pulver

»Dann schluckst du eben Abführmittel und Entwässerungstabletten. So verlierst du deine Kilos ganz sicher.« Ebenfalls Unsinn! Abführen macht zwar den Darm leer, aber deine Fettpolster bleiben – und weil du dich ans Abführen schnell gewöhnst, hast du ohne Abführmittel bald ständig Verstopfung. Und Entwässerungstabletten schwemmen Wasser aus dem Körper – oft, bis du so ausgetrocknet bist, dass dein Kreislauf streikt. Klar verlierst du dadurch

Gewicht – nur leider das falsche, denn das Fett bleibt ja, wo es ist! Keine gute Diät also ...

Doch Günter bleibt hartnäckig: »Und was passiert, wenn du Schlankheitspillen oder künstliche Nahrungsgetränke schluckst? Manche Pillen verhindern zum Beispiel, dass du nach dem Essen das Fett verdaust. Oder sie unterdrücken Hunger. Und künstliche Nahrungsgetränke ersetzen sogar ganze Mahlzeiten – einfach zusammengerührt aus kalorienarmem Pulver!« Mal im Ernst: Willst du zeit deines Lebens wirklich Pillen schlucken und teure Kunstpampe kaufen, wenn es einfacher, günstiger und besser geht? »Dann isst du eben kalorienarme Fertigmahlzeiten! Die bekommst du in jedem Supermarkt.« Und was machst du dann im Büro, beim Italiener oder wenn du irgendwo zu Besuch bist? Und was, wenn du keine Lust mehr hast auf abgepacktes Folienfutter? Etwa fasten?

Fettverbrenner und Blutgruppen

»Dann probier's doch mit Fettverbrennernahrung! Dabei isst du bestimmte exotische Früchte, nimmst Stoffe auf, die Fett abbauen, und dein Körperspeck verschwindet im Schlaf!« Nicht ganz: Zwar behaupten manche »Fatburner«-Fans, Dicksein wäre ein Mangel an sogenannten Vitalstoffen, also an bestimmten Hormonen, Vitaminen, Spurenelementen und Enzymen, ohne die der Körper zu viel Fett einlagert, sodass man abnimmt, wenn man die fehlenden Stoffe mit der Nahrung ergänzt. In Wirklichkeit aber entsteht Übergewicht vor allem durch ein Missverhältnis aus Energieaufnahme und Energieverbrauch! Ach ja: Und all die wunderbaren Enzyme der Fatburner werden beim Verdauen leider durch die Magensäure zerstört. Wie sollen sie da noch im Körper helfen können? Schade ...

»Dann ist dein Übergewicht eben Schicksal: Es liegt irgendwie an den Genen. Also mach doch mal eine Blutgruppendiät! Dabei darfst du dich je nach deiner Blutgruppe nur auf eine bestimmte Weise ernähren, denn jede Blutgruppe braucht ihre eigene spezielle Nahrung.« Aber Günter! Suchst du schon wieder nach Ausreden? Zwar mag die Veranlagung zum Dicksein Schicksal sein – das Dicksein selbst ist es aber nicht. Und Blutgruppendiäten sind aus wissenschaftlicher Sicht Blödsinn: Alle Menschen brauchen nämlich eine ziemlich ähnliche Ernährung ...

Hoffnung und Hokuspokus

»Dann mach doch Akupunktur!«, schlägt Günter nun vor. »Dabei sticht man dir an bestimmten Stellen Nadeln in den Körper, dein Appetit verschwindet, und plötzlich nimmst du ohne Anstrengung ab. Du kannst dich aber auch hypnotisieren lassen. Dabei schickt dich ein Hypnotiseur in eine Art Wachschlaf, den man ›Trance‹ nennt, er redet eine Weile auf dich ein, und sobald du wieder wach bist, hast du keine Lust mehr aufs Essen! Ist das nicht super?« Schön wär's ja. Nur sind Akupunktur und Hypnose meist weniger erfolgreich als angenommen. Und keiner kann wirklich erklären, wie sie funktionieren sollen ...

Dabei ist das richtige Gewicht keine Frage von Masochismus, Hoffnung oder Hokuspokus, sondern von guter Ernährung! Und weil sich die meisten Diäten eher auf kurzfristige Verbote konzentrieren anstatt auf langfristig richtiges Essen, folgen auf einen Fastentag meist drei Fresstage. Ist Abnehmen also unmöglich? Natürlich nicht! Denn Übergewicht ist nicht angeboren, sondern angefressen – da können ahnungslose Schweinehunde noch so sehr über Gene und Hormone schimpfen.

Werfen wir also einen Blick hinter die biologischen Kulissen: Wie funktioniert Ernährung eigentlich? Wenn Günter das begreift, purzeln die Pfunde bald wie von selbst – spielend leicht und ohne Druck: Abrakadabra!

4.
ERNÄHRUNGSPHYSIOLOGIE –
wie genau funktioniert das eigentlich?

Essen und Energie

Beginnen wir mit der Frage aller Fragen: Warum essen wir überhaupt? Damit wir daraus Energie gewinnen! Denn Energie verbrauchen wir die ganze Zeit – egal ob wir gehen, stehen, liegen oder laufen.

Warum brauchen wir Energie? Damit wir leben können! Denn jede kleine Körperzelle soll ihre Aufgaben erfüllen: Das Gehirn soll denken, das Herz schlagen, der Darm verdauen und unsere Muskeln sollen sich bewegen. Ohne Energie könnten die Zellen all das nicht tun. Sobald unsere Energie also nachlässt oder der Magen leer wird, zeigen uns Appetit und Hunger an, dass wir Nachschub brauchen. Sonst könnten wir das Essen aus Versehen ja vergessen ...

»Und wie viel Energie brauchen wir täglich?«, will Günter nun wissen. Das kommt ganz darauf an, wie viel man wiegt und wie viel man sich bewegt, denn gerade Muskelzellen sind besonders schwer und leisten die meiste Arbeit. Je mehr man also auf die Waage bringt und je mehr man sich körperlich anstrengt, desto höher ist der Energieverbrauch.

Grundumsatz und Kalorien

Die Energiemenge, die unser Körper im Ruhezustand verbraucht, nennt man – wie du aus Teil 1 dieses Buches ja schon weißt – »Grundumsatz«. Diesen Grundumsatz kann man ausrechnen: Multipliziere dazu dein Körpergewicht (in Kilogramm) erst mit 24 und dann mit 0,9 (wenn du eine Frau bist) beziehungsweise mit 1,0 (wenn du ein Mann bist). Noch mal: Grundumsatz bei Frauen = Gewicht × 24 × 0,9. Und Grundumsatz bei Männern = Gewicht × 24 × 1,0. Falls du also weiblich und 70 Kilogramm schwer bist, hast du einen Grundumsatz von 70 × 24 × 0,9 = 1512 Kilokalorien pro Tag. Alles klar?

»Und was sind Kilokalorien?«, will Günter wissen. »Kilokalorien« ist eine Maßeinheit für Energie. Die meisten sagen dazu aber einfach nur »Kalorien«. Eine Kalorie ist die Menge Energie, die man braucht, um ein Gramm Wasser um genau ein Grad Celsius zu erwärmen. Auf Lebensmittelverpackungen steht meist drauf, wie viele Kalorien das jeweilige Lebensmittel enthält, also wie viel Energie es liefert. Diese Energie nennt man dann den »Brennwert«. Zum Beispiel liefern 100 Gramm Mozzarellakäse einen Brennwert von etwa 250 kcal, während 100 Gramm Blauschimmelkäse 400 kcal liefern. Ach ja: »Kcal« ist die offizielle Abkürzung für »Kilokalorien«. (Wer übrigens 7000 Kalorien einspart, nimmt ein Kilo ab. Und wer täglich 100 Kalorien zu viel isst, nimmt in einem Jahr sieben Kilo zu.)

Der Leistungsumsatz

Unsere Muskeln verbrauchen besonders viel Energie. Und besonders dann, wenn unsere Muskeln viel zu tun haben – wie etwa beim Sport oder bei körperlicher Arbeit. Faulenzen wir jedoch oder sitzen hauptsächlich an Schreibtisch und Fernseher herum, ruhen sich unsere Muskeln aus, und wir verbrauchen nur wenig Energie. Um also zu erfahren, wie viel Energie wir täglich verbrennen, müssen wir neben dem Grundumsatz auch berücksichtigen, wie viel unsere Muskeln leisten. Das nennt man dann den »Leistungsumsatz«.

Der Leistungsumsatz ist die Kalorienmenge, die wir zusätzlich zum Grundumsatz verbrauchen. Wir berechnen ihn, indem wir unseren Grundumsatz mit 0,2, 0,3, 0,4 oder 0,5 multiplizieren, je nachdem, ob wir uns fast gar nicht, ein wenig, viel oder sehr viel bewegen. Wenn sich also ein Mann mit 1800 Kalorien Grundumsatz den ganzen Tag kaum bewegt, kommt er auf einen Leistungsumsatz von 0,2 x 1800 kcal = 360 kcal. Wenn er allerdings den ganzen Tag Möbel schleppt und abends noch ins Fitnessstudio geht, kommt er auf 0,5 x 1800 kcal = 900 kcal. Okay?

Der Energieverbrauch

Neben dem Grund- und Leistungsumsatz verbrauchen wir auch durchs Essen und Verdauen Energie. Wie gesagt: Auch unsere Darmmuskeln müssen sich ja bewegen. Diese Energie beträgt etwa ein Zehntel von Grund- und Leistungsumsatz zusammen. Wenn wir also zum Grundumsatz den Leistungsumsatz addieren und von der Summe noch mal 10 Prozent dazuzählen, erhalten wir unseren täglichen Energieverbrauch.

Also angenommen, der oben beschriebene Mann hat einen Grundumsatz von 1800 Kalorien und einen Leistungsumsatz von 900 Kalorien, dann verbraucht er schon mal 1800 + 900 = 2700 Kalorien pro Tag. 10 Prozent davon sind 270. Somit hat er einen täglichen Energieverbrauch von 2700 + 270 = 2970 Kalorien. Eine Frau hingegen mit 1500 Kalorien Grundumsatz und einem Leistungsumsatz von 300 Kalorien kommt auf einen täglichen Energieverbrauch von 1500 + 300 + 0,1 × (1500 + 300) = 1980 Kalorien. Sie braucht also fast 1000 Kalorien weniger als der zuvor beschriebene Mann, weil sie weniger wiegt und sich weniger bewegt.

ÜBUNG

BERECHNE DEINEN TÄGLICHEN ENERGIEVERBRAUCH!

Na, erinnerst du dich noch an deinen täglichen Energieverbrauch (hatten wir im ersten Teil dieses Buches berechnet)? Falls nein: Berechne ihn erneut!

Grundumsatz (kcal) = Gewicht (kg) × 24 × 0,9 (Frauen) bzw. Gewicht (kg) × 24 × 1 (Männer)

Leistungsumsatz = Grundumsatz × 0,2 beim Faulsein, × 0,3 bei leichter Bewegung, × 0,4 bei flotter Bewegungsweise, × 0,5 beim Schuften

Gesamt-Energieverbrauch = Grundumsatz + Leistungsumsatz + 0,1 × (Grundumsatz + Leistungsumsatz)

Zucker und ATP

»Jetzt reicht es aber mit der Rechnerei!«, motzt Günter. »Wofür soll das gut sein?« Nun, diese paar Rechnungen machen einem klar, wie viel (oder wie wenig) Energie man eigentlich benötigt. Denn Essen und Trinken sind für den Körper so ähnlich wie das Tanken fürs Auto: Benzin auffüllen, Benzin verbrauchen, Benzin wieder nachfüllen. Also: Energie rein, Energie raus, Energie wieder rein. Oder eben: Essen, arbeiten und wieder essen – Tag für Tag, das ganze Leben lang.

»Und wie gewinnt der Körper dabei Energie?«, will Günter wissen. Indem unsere Körperzellen Glukose und Sauerstoff in Wasser und Kohlendioxid umbauen. »Wie bitte?« Okay, nochmal der Reihe nach: Glukose ist die wissenschaftliche Bezeichnung für Traubenzucker, eine Zuckerart, die wir aus unserer Nahrung gewinnen. Und Sauerstoff atmen wir ständig ein. In unseren Körperzellen verbindet sich dann beides, und es entsteht Wasser (das unseren Körper feucht hält) und Kohlendioxid (das wir wieder ausatmen). Außerdem entsteht dabei ein wichtiges Energie-Molekül: das sogenannte »Adenosintriphosphat« oder auch kurz »ATP«. Und genau dieses ATP enthält die Energie, die wir zum Leben brauchen. Also müssen wir sie ständig nachliefern: durch immer neue Nahrung und den erneuten Abbau von Glukose und Sauerstoff zu Wasser und Kohlendioxid. »Wir essen also letztlich nur, um Glukosezucker abzubauen und dabei ATP zu gewinnen?« Genau, Günter!

Energieüberschuss

Im Idealfall befinden sich Energiezufuhr und Energieverbrauch dabei im Gleichgewicht – du nimmst durch die Nahrung also genauso viele Kalorien zu dir, wie du benötigst. Doch Günter isst sehr gerne! Und meist steht uns Nahrung im Überfluss zur Verfügung, für die wir uns kaum noch bewegen müssen – schließlich öffnen wir heute einfach den Kühlschrank, wo wir früher erst ein wildes Tier erlegen mussten. Also essen wir oft mehr, als wir verbrauchen, und das Gleichgewicht verschiebt sich. Weil unser Körper aber keine wertvolle Energie verschenken will, speichert er sie nun ab: und zwar als Fett! Denn so hat er ein paar Reserven übrig, falls es doch mal wieder auf die Jagd geht …

»Und wie bildet der Körper Fett?« Indem er das Fett aus unserer Nahrung speichert oder überschüssigen Zucker in Fett umwandelt! Dabei werden die Zuckermoleküle zunächst zu »Fettsäuren«, sehr wichtigen Fettbausteinen. Und je drei solcher Fettsäuren setzen dann die »Triglyceride« zusammen, das Speicherfett, das schließlich als Speck an Hüfte, Po und Oberschenkel landet. Dort bleibt es so lange, bis wir mehr Energie benötigen, als uns durch Glukose zur Verfügung steht: Dann lösen wir die Fettsäuren wieder aus dem Speck heraus und verwandeln sie in Glukose zurück, damit neue ATP-Energie entsteht. Verstanden?

Weniger rein, mehr raus!

»Moment!«, ruft Günter. »Dann ist doch klar, wie du schlank wirst: weniger essen, als du verbrauchst, oder mehr verbrauchen, als du isst! So leert dein Körper nämlich seine Fettspeicher, und du nimmst ab.« Richtig, Günter, so verschiebt man das Gleichgewicht in eine andere Richtung: Man tankt weniger, als man verbrennt, oder verbrennt mehr, als man tankt. Also muss der Körper auf die Fettreserven zurückgreifen, damit er Energie bekommt, und das Übergewicht verschwindet. Sobald man wieder schlank genug ist, gleicht man Energiezufuhr und Verbrauch aneinander an: Dann isst man genauso viel, wie man verbrennt, und verbrennt so viel, wie man isst. Die Fettspeicher bleiben leer und der Körper schön schlank.

»Klingt logisch«, pflichtet Günter bei. »Aber dafür müsstest du hungern oder dich mehr bewegen! Doch wenn du hungerst, knurrt ständig dein Magen und du bist schlapp und mies gelaunt. Und Bewegung ist leider so anstrengend …« Keine Sorge, guter Günter: Denn anstatt weniger zu essen, kann man auch schlauer essen! Wer seine Nahrung nämlich richtig zusammenstellt, isst sich satt und tankt dabei trotzdem nicht zu viel Energie. Und ein bisschen mehr Bewegung, Günter, ist halb so wild. Wetten?

Die vier Nahrungsgruppen

»Was soll das heißen?«, wundert sich Günter. »Kann man sich etwa satt essen und dabei trotzdem schlank werden?« Aber sicher! Denn wenn du in Zukunft etwas schlauer isst, darfst du fast alles essen, was du willst – wenn auch manchmal etwas anders zubereitet. Und du brauchst nicht einmal zum Spitzensportler, Möbelschlepper oder gar Nashornjäger zu werden: Dein Körper verbrennt die meisten Kalorien ohnehin von alleine ohne große Anstrengung. »Das wäre ja hervorragend!« Nein, Günter: Das ist hervorragend.

Aber langsam! Um zu verstehen, wie diese Super-Diät funktioniert, sollten wir unsere Ernährung erst noch etwas besser kennenlernen. Und dafür widmen wir uns nun den vier Hauptnahrungsgruppen: den Kohlenhydraten, Fetten, Eiweißen und Ballaststoffen. Denn sobald uns klar ist, woraus sie bestehen und wie sie verdaut werden, wie sie zusammenspielen und dabei Energie liefern, brauchen wir nur noch eins und eins zusammenzuzählen: Dann werfen wir einfach einen Blick auf unsere Mahlzeiten und verstehen endlich, wie wir gut und viel essen und dabei trotzdem abnehmen können.

Kohlenhydrate

Die erste große Nahrungsgruppe sind die Kohlenhydrate. Sie bestehen aus lauter Zuckermolekülen – kleine Kohlenhydrate aus einzelnen und große Kohlenhydrate aus langen Ketten von Zuckermolekülen. Kleine Kohlenhydrate sind zum Beispiel der Traubenzucker (Glukose), Fruchtzucker (Fructose), Rohrzucker (Saccharose) oder Milchzucker (Laktose). Trauben- und Fruchtzucker bestehen aus je einem Zuckermolekül, während Rohr- und Milchzucker aus zwei Molekülen zusammengesetzt sind. Solche kleinen Zucker schmecken süß und kommen beispielsweise in Obst, Honig oder den meisten Süßigkeiten vor. Ein großes (»komplexes«) Kohlenhydrat hingegen, das sich aus langen Zuckermolekülketten zusammensetzt, ist die Stärke. Man findet sie etwa in Kartoffeln, Mehl, Reis oder Nudeln. Und obwohl auch Stärke aus lauter Zuckermolekülen besteht, schmeckt sie nicht süß – schließlich sind die Zucker alle miteinander verknüpft und verknäult, sodass wir sie nicht schmecken können.

Die Kohlenhydrate sind unsere wichtigsten Energielieferanten. Sie liefern Glukose, die wir direkt zu Wasser und Kohlendioxid verbrennen können, wobei das energiereiche ATP entsteht. Bei einzelnen Zuckermolekülen geht das besonders schnell. Verknüpfte Zucker hingegen müssen wir beim Verdauen zunächst in ihre Einzelteile spalten. Erst dann werden auch sie zu Wasser und Kohlendioxid und stellen dabei ATP-Energie her.

Fette

Die zweite große Nahrungsgruppe sind die Fette (oder »Lipide«). Sie sind für unseren Körper sehr wichtig: etwa als Hauptbaustoff für die Oberflächen unserer Zellen, besonders der Nervenzellen! Darüber hinaus entstehen aus Fetten lauter kleine biologische Helfer, wichtige Transportvehikel im Blut (»Lipoproteine«) oder bestimmte Hormone, wie einige Stress- und Geschlechtshormone. Außerdem speichern Fette Energie, polstern Körper und Organe und schützen uns damit vor Erschütterung und Unterkühlung.

Die wichtigsten Bausteine der Fette sind die Fettsäuren. Davon gibt es zwei große Kategorien: die gesättigten und die ungesättigten. Die gesättigten sind fest. Man findet sie vor allem in Fleisch, Wurst, Eiern und Milchprodukten (also etwa in Butter, Käse, Milch, Sahne), aber auch in vielen Fertignahrungsmitteln. Ungesättigte Fettsäuren hingegen sind flüssig. Sie stecken zum Beispiel in den meisten Ölen (wie Oliven- oder Rapsöl) oder fetten Fischsorten (Hering, Makrele, Lachs, Forelle, Thunfisch), sind aber auch im Fleisch von Wildtieren enthalten! Ungesättigte Fette helfen im Körper beim Stoffwechsel mit, deswegen sind sie sehr gesund. Gesättigte Fette hingegen nehmen kaum am Stoffwechsel teil und werden daher meist in den Fettzellen gespeichert. Ja, häufig stören sie den Körper sogar und verursachen einige Krankheiten! Drei zusammengesetzte Fettsäuren nennt man »Triglyceride«.

Eiweiße

Die dritte Gruppe sind die Eiweiße (oder »Proteine«). Auch sie übernehmen in unserem Körper viele wichtige Aufgaben: So sind Eiweiße etwa Bausteine von Zellen und Geweben, wie zum Beispiel unseren Blutkörperchen oder Muskeln. Außerdem bilden sie Hormone und Enzyme und fungieren ebenfalls als kleine Transportvehikel. Tierische Eiweiße finden sich in Fleisch, Fisch, Käse, Eiern oder Milch, pflanzliche in Soja, Mandeln, Nüssen, Getreide oder Hülsenfrüchten – wobei rein pflanzliche Ernährung meist zu wenig Eiweiß liefert, weshalb dabei häufig Probleme wie Muskelschwund oder erhöhte Infektanfälligkeit drohen. Wer dagegen zu viel Eiweiß isst, bildet zu viel Harnsäure und riskiert Gicht.

Eiweiße bestehen aus den sogenannten »Aminosäuren«. Einige Aminosäuren kann der Körper selbst herstellen. Andere (die »essenziellen« Aminosäuren) muss man dagegen mit der Nahrung zuführen.

Ballaststoffe

Die vierte und letzte große Nahrungsgruppe sind die Ballaststoffe (oder »Faserstoffe«). Man findet sie vor allem in Gemüse, Salat, frischem Obst und Vollkorngetreide. »Ballaststoffe?«, wundert sich Günter. »Was für ein seltsamer Name!« Ja, früher hat man geglaubt, dass die Ballaststoffe für unsere Ernährung unwichtig sind – sie also nur unnötigen »Ballast« darstellen. Mittlerweile weiß man aber: Sie sind alles andere als unwichtig!

Obwohl sie keine Kalorien enthalten (also auch keine ATP-Energie liefern können), spielen Ballaststoffe bei der Ernährung eine wichtige Rolle: Ihre Bestandteile (Cellulose, Lignin, Pektin sowie Pflanzenmehl- und Quellstoffe) helfen nämlich kräftig bei der Verdauung mit. Zum Beispiel indem sie den Transport des Nahrungsbreies durch den Darm regulieren. (Deshalb bekommt man auch leicht

Verstopfung, wenn man zu wenige Ballaststoffe isst.) Oder indem sie die Fettverdauung bremsen und die Aufnahme von Kohlenhydraten verlangsamen, oder die Nahrung entgiften und damit sogar vor Darmkrebs schützen! Wir sollten also immer möglichst viele Ballaststoffe essen. Ach ja: Darüber hinaus enthalten ballaststoffreiche Lebensmittel meist auch jede Menge Wasser, Vitamine und Mineralstoffe (Spurenelemente wie Natrium, Kalium, Calcium, Magnesium, Eisen und so weiter).

Die Kalorien der Nahrungsgruppen

»Okay, okay«, sagt Günter. »Unsere Nahrung enthält also vier Stoffgruppen: die Kohlenhydrate, Fette, Eiweiße und Ballaststoffe. Kohlenhydrate bestehen aus Zucker und liefern Energie. Fette bestehen aus Fettsäuren, wobei ungesättigte Fettsäuren jung und gesund halten und gesättigte Fettsäuren dick und krank machen können. Eiweiße bestehen aus Aminosäuren und bilden wichtige Gewebe, Zellen und Enzyme. Und die Ballaststoffe helfen beim Verdauen mit und liefern Vitamine, Spurenelemente und Wasser.« Was für ein intelligenter Schweinehund!

»Schön und gut!«, findet Günter. »Aber können denn auch Fette und Eiweiße Energie liefern?« Ja, können sie. Nur muss sie unser Körper dafür zuerst in ein Kohlenhydrat umbauen, und zwar in Glukose. Nur so kann er sie verbrennen. »Und wie viel Energie liefern die einzelnen Gruppen?« Kohlenhydrate liefern exakt 4,1 Kalorien pro Gramm, Eiweiße ebenfalls 4,1 und Fette 9,3. »Also speichert Fett mehr als doppelt so viel Energie wie Kohlenhydrate oder Eiweiß?« Genau, Günter!

»Und die Ballaststoffe?« Die liefern überhaupt keine Energie. »Und Wasser? Wie viele Kalorien hat Wasser?« Auch Wasser hat keinerlei Kalorien, Günter.

Unsere Verdauung – Mund, Magen, Dünndarm, Dickdarm ...

Bevor wir unsere Nahrung aber verbrennen können, müssen wir sie zunächst mal verdauen. Betrachten wir also den Weg, den sie bei der Verdauung zurücklegt: Mund, Speiseröhre, Magen, Dünndarm und Dickdarm, Blut und Leber.

Unser Mund ist der Eingang in den Verdauungstrakt. Hier schmecken wir, was wir essen, zerkauen es in kleine Portionen und speicheln es ein. Dann rutscht unsere Nahrung die Speiseröhre hinunter und gelangt in den Magen, der sie für 1 bis 3 Stunden speichert und damit beginnt, die enthaltenen Eiweißsorten zu zerkleinern. Hierzu vermischt er unser Essen mit Salzsäure und sogenannten »Pepsinen«, bestimmten Verdauungsenzymen. Es entstehen lauter kleine Verdauungsportionen, die nun Häppchen für Häppchen in den Dünndarm wandern. Dort verbleibt der Nahrungsbrei etwa 7 bis 9 Stunden und vermischt sich mit weiteren Verdauungssäften, wie dem Enzym »Amylase«. Die kommt aus der Bauchspeicheldrüse und schneidet die Kohlenhydrate klein. Ein anderer Verdauungssaft der Bauchspeicheldrüse ist die »Lipase«. Sie zerkleinert die Fette. Auch Leber und Gallenblase helfen beim Verdauen mit: Sie schütten Gallensalze aus, die ebenfalls Fette zerkleinern.

»Also werden die Eiweiße vor allem im Magen zerkleinert und die Fette und Kohlenhydrate im Dünndarm?« Genau! »Und was passiert dann?«, will Günter wissen. Dann geht das Zerkleinern so lange weiter, bis nur noch lauter Mini-Einheiten übrig sind: klitzekleine Eiweiße, einzelne Aminosäuren, kurze Zucker, kleine Fette oder sogar einzelne Fettsäuren. Die können nämlich ganz leicht von der inneren Darmoberfläche aufgenommen werden – sie werden sozusagen von den Darmzellen verschluckt. Ach ja: Die Darmzellen nehmen auch alles andere auf, was ihnen der Nahrungsbrei Gutes bietet, wie etwa Wasser, Mineralstoffe oder Vitamine. Die Ballaststoffe bleiben im Darm übrig. Sie helfen beim Weitertransport der ehemaligen Nahrung.

Alles, was der Dünndarm nicht mehr braucht, wandert nun weiter in den Dickdarm. Hier wird dem verdauten Nahrungsbrei noch mehr Wasser entzogen und lauter fleißige Darmbakterien zersetzen ihn. Er wird immer trockener und braucht auf diese Weise nur wenig Platz. Deshalb kann unser biologischer Nahrungsabfall auch eine Weile gespeichert werden – zum Teil mehrere Tage lang! Wie praktisch: So müssen wir nicht ständig aufs Klo ...

Von der Leber ins Blut

»Jetzt sind die kleinen Fette, Eiweiße und Kohlenhydrate also in den Darmzellen. Und was geschieht dort mit ihnen?« Die Eiweiße und Kohlenhydrate werden weiter zerkleinert, bis nur noch einzelne Aminosäuren und kleine Zuckermoleküle übrig sind. Die gelangen nun in die Leber, wo ein Teil von ihnen wieder zusammengesetzt wird: Aus Aminosäuren entstehen neue Eiweiße und aus Zucker wird »Glykogen«, eine lange Kohlenhydratkette – ähnlich wie die Stärke. So kann die Leber Energie speichern und bei Bedarf wieder abgeben, wozu sie die Glykogenketten einfach wieder klein schneidet. Natürlich behält die Leber nur einen Teil der Aminosäuren und Zucker aus der Nahrung bei sich. Der größte Teil fließt mit dem Blut gleich in den übrigen Körper weiter, wo er zum Beispiel für den Aufbau von Zellen oder eben im Muskel für die Energie gebraucht wird.

»Und was passiert mit den Fetten?«, will Günter wissen. Ganz einfach: Die bauen unsere Darmzellen nun zu klitzekleinen Fettklumpen zusammen und geben sie ins Blut ab. Ein Teil davon gelangt ebenfalls in die Leber, die daraus Cholesterin, einzelne Fettsäuren oder ganze Triglyceride herstellt. Aus dem Cholesterin entstehen dann Hormone, Zellwände oder Gallensalze, die Fettsäuren dienen als Energienachschub, und die Triglyceride werden zum Speicherfett – weswegen manche Leute übrigens eine Fettleber bekommen, wenn sie zu viel essen …

Fett in Blut, Speck und Muskel

Die übrigen Fettklümpchen aus der Nahrung fließen nun durch unseren Körper. Dann werden sie von einem Enzym (namens »Lipoproteinlipase«) in lauter kleine Fettsäuren zerschnitten. Diese fließen nun frei im Blut herum, weshalb man sie auch »freie« Fettsäuren nennt. So liefern sie entweder direkten Energienachschub für die Muskeln oder sie wandern in die Fettzellen, wo auch sie zu Triglyceriden zusammengesetzt und als Fett-Tröpfchen im Speck gespeichert werden.

»Und wie entscheidet sich, ob wir die freien Fettsäuren in Energie verwandeln oder als Speck speichern?« Das hängt davon ab, wie viel Zucker unseren Muskeln zur Verfügung steht. Denn Zucker (genauer gesagt Glukose) verbrennen die Muskeln am liebsten. Wenn also genügend Zucker da ist, muss die Glukose nicht extra aus Fettsäuren hergestellt werden. Fehlt der Zucker jedoch, greifen die Muskeln auf Fette zurück. (Und wenn nicht einmal mehr Fette übrig sind, verwandeln unsere Muskeln die Aminosäuren der Eiweiße in Glukose und verbrennen sie.)

Zucker und Insulin

»Habe ich das richtig verstanden: Der Körper verbrennt also lieber Zucker als Fett?« Genau, Günter. »Aber warum? Nach dem Essen sind doch meist auch Fett und Eiweiß im Blut!« Na, weil Glukose und Sauerstoff direkt zu Wasser und Kohlendioxid verbrannt werden können – so entsteht die ATP-Energie ganz leicht. Fette und Eiweiße dagegen müssen erst mühsam in Glukose umgewandelt werden.

»Logisch!«, pflichtet Günter bei. »Sobald man also Kohlenhydrate gegessen hat, bekommt das Blut eine Ladung Süßes ab, der Glukosezucker wandert in die Zellen und wird dort verbrannt.« Genau! Allerdings kommt der Zucker nicht so ohne Weiteres in die Zellen hinein, denn die Zellen sind verschlossen. Also braucht er zunächst einen Schlüssel, der ihm die Zellen aufschließt: das »Insulin«, ein Hormon der Bauchspeicheldrüse! Und das geht so: Immer wenn man Kohlenhydrate gegessen hat, wandern kleine Zuckerstückchen ins Blut und der Blutzucker steigt an. Nun schüttet die Bauchspeicheldrüse Insulin aus, das Insulin schließt dem Zucker die Zellen auf, der Zucker kann eintreten und dir Energie liefern. Ganz einfach.

Fett und Insulin

»Prima«, freut sich Günter, »dann hilft Insulin also, Energie zu gewinnen. Hoffentlich hast du immer viel Insulin im Blut!« Hoffentlich nicht, Günter, denn Insulin hat noch andere Wirkungen: So schließt Insulin nämlich auch die Fettzellen auf – allerdings nicht, damit dort Zucker hineinkann, sondern die freien Fettsäuren! Sobald man also Kohlenhydrate gegessen hat, bewirkt Insulin, dass der Zucker aus dem Blut in die Muskelzellen gelangt und das Fett in die Fettzellen – so können deine Muskeln nämlich in aller Ruhe Zucker verbrennen und müssen sich nicht mit dem fettigen Ersatzbrennstoff herumschlagen. Und in den Fettzellen wiederum hilft Insulin dabei, die frisch aufgenommenen Fettsäuren in Triglyceride umzuwandeln und zu speichern – als hässlichen Schwabbelspeck, den du eigentlich loswerden willst. Sobald du also Insulin im Blut hast, ist es unmöglich, Fett abzubauen ...

»Moment: Das bedeutet ja, dass Insulin dick macht!« Richtig, Günter. Insulin sorgt dafür, dass die Fettpölsterchen anschwellen, indem es die Fettsäuren aus dem Blut auf die Hüften packt. »Aber kannst du das nicht verhindern?«, drängt Günter. »Schließlich willst du nicht dicker, sondern schlanker werden!« Aber natürlich, Herr Schweinehund – immer mit der Ruhe! Deswegen besprechen wir ja alles so ausführlich: Auch Günter soll genau verstehen, wie die Dinge zusammenspielen.

Insulin und Glukagon

Zurück zur Bauchspeicheldrüse: Ein anderes ihrer Hormone ist das »Glukagon«. Im Gegensatz zu Insulin wird Glukagon nicht ausgeschüttet, wenn dein Blutzucker steigt, sondern wenn er sinkt! Denn während Insulin den Brennstoff aus dem Blut in die Muskelzellen hineinlässt, sorgt Glukagon für immer neuen Brennstoff im Blut:

Erstens indem Glukagon hungrig macht – wenn dein Blutzuckerspiegel sinkt, sollst du also bald wieder etwas essen. Zweitens indem es in der Leber hilft, Glykogen abzubauen und somit neuen Zucker ins Blut abzugeben. Und drittens indem Glukagon die gespeicherten Triglyceride wieder in freie Fettsäuren umwandelt, sie aus den Fettzellen hinauslässt und in die Muskelzellen schickt. Dort werden die Fettsäuren dann in Glukose verwandelt und verbrannt.

»Also macht Glukagon schlank, indem es deine Fettspeicher leert?« Super, Günter, du hast es verstanden: Insulin macht dick und Glukagon schlank. »Dann sorge doch dafür, dass du immer möglichst wenig Insulin und viel Glukagon im Blut hast! So verbrennst du Fett statt Zucker, deine Fettzellen leeren sich und du bleibst schlank.« Nicht ganz, Günter, denn das viele Glukagon würde nur unnötig Hunger und Appetit machen. Und das hält man nicht lange aus. »So wie bei FDH-Diäten?« Ganz genau ...

Die Hungerfalle

Also noch mal der Reihe nach: Sobald dein Blutzucker steigt, schüttet die Bauchspeicheldrüse Insulin aus. Das schleust den Zucker in die Zellen ein, und der Blutzucker sinkt wieder. Doch wenn der Blutzucker sinkt, schüttet die Bauchspeicheldrüse Glukagon aus. Und das wiederum macht Hunger, baut Glykogen und Fett ab und sorgt letztlich für einen erneuten Anstieg des Blutzuckerspiegels, der anschließend natürlich wieder wegen des Insulins abfällt. Also: Blutzucker rauf, Blutzucker runter, Blutzucker wieder rauf und wieder runter – eine Kettenreaktion, die leider immer neuen Hunger hervorruft.

»Das ist aber doof!« Ja, und es kann zu einer richtigen Hungerfalle werden. »Wie denn?«, will Günter wissen. Ganz einfach: indem man besonders süße Kohlenhydrate wie Schokolade, Bonbons,

Kekse oder Eis isst. Denn je süßer das Essen, desto steiler der Blutzuckeranstieg. Je steiler der Anstieg, desto stärker die Insulinausschüttung. Und je mehr Insulin im Blut ist, desto niedriger wird der Blutzuckerspiegel. Doch je weniger Zucker, desto mehr Glukagon. Und je mehr Glukagon, desto größer der Hunger! Dumme Sache ...

Vorsicht, süß!

»Moment mal!«, empört sich Günter. »Das bedeutet ja, dass Süßigkeiten gar keinen Hunger stillen, sondern Hunger machen!« Exakt: Denn wer Süßigkeiten isst, sorgt zwar für schnellen Energienachschub, ist hinterher allerdings genauso schnell wieder hungrig, weil Süßigkeiten viel zu schnell verbrannt werden, um langfristig Energie liefern zu können! Also: Lust auf Süßes, Zucker essen, Zucker rauf, Zucker runter, Lust auf Süßes. Was glaubst du wohl, warum du nach ein paar Keksen bald wieder Appetit auf weitere Kekse hast? Das ist in etwa so, als würde man einen Ofen nur mit Stroh heizen – und deswegen ständig frieren müssen ...

»Wenn man also viel Süßes isst, dann hat man immer Hunger.« Genau, denn dann hat man ständig Glukagon im Blut. »Aber isst man dabei nicht auch insgesamt zu viel?« Natürlich! Schließlich haben Zucker-Junkies immer einen Extra-Hunger, durch den sie beim Essen hemmungslos zulangen. Dummerweise nehmen sie so lauter unnütze Kalorien zu sich und werden immer dicker. Denn wer mehr isst, als er verbraucht, verwandelt die überschüssige Glukose in Fettsäuren. Und die wandert dann als Speck an die Hüften. Wenn das Essen neben den Kohlenhydraten auch noch Fette enthält, droht ein weiteres Problem: Weil Insulin nämlich Zucker in die Muskelzellen einbaut, wandert alles Fett gleichzeitig in die Fettzellen ...

Wie du dick wirst

»Dann weiß ich jetzt genau, wie du dick wirst!« Günter wedelt stolz mit seinem Ringelschwanz und referiert, was er gelernt hat: »Du wirst dick, wenn du zu süß isst, Kohlenhydrate gemeinsam mit Fetten isst oder insgesamt mehr Kalorien verdrückst, als du verbrauchst.« Super, Günter, braver Schweinehund! Und jetzt noch mal zum Mitschreiben ...

Wenn du besonders süße Kohlenhydrate isst, steigt dein Blutzucker schnell an. Also muss deine Bauchspeicheldrüse besonders viel Insulin ausschütten. Dann jedoch fällt der Blutzucker wieder steil ab, und die Bauchspeicheldrüse produziert Glukagon. Das wiederum macht Hunger, sodass du also bald wieder isst und schließlich immer dicker wirst.

Auch wenn du süße Kohlenhydrate gemeinsam mit Fetten isst, wirst du dick. Denn dann wandert das Nahrungsfett dank Insulin sofort in die Fettzellen – schließlich produzierst du deine ATP-Energie am liebsten mit Glukose, die in den süßen Kohlenhydraten ja im Überfluss steckt!

Süß, fettig, viel

Und wenn die Gesamtkalorienmenge deiner Nahrung den Kalorienverbrauch übersteigt, wird der Kalorienüberschuss zum Speck – unabhängig von der Nährstoffgruppe: Schließlich können sich auch Kohlenhydrate und Eiweiße in Fettsäuren verwandeln. Vor allem wenn du zu viele Kohlenhydrate isst, wird die überschüssige Glukose zum Speicherfett. Und wenn du zu viele Fette isst, wandern sie direkt in die Speckspeicher – als Energienachschub für die nächste Diät ... Du siehst also: Um ordentlich zuzunehmen, musst du eigentlich nur zu viele Fette und Kohlenhydrate essen und dich möglichst wenig bewegen. In diesem Sinne: fröhliches Dickwerden!

»Hey, was soll das?«, motzt Günter. »Ich will doch nicht wissen, wie du dick wirst, sondern wie du schlank wirst!« Auch kein Problem: Man muss einfach die Mechanismen umdrehen und ein bisschen nachdenken ...

Wie du schlank wirst

»Ich glaube, ich hab's!«, freut sich Günter. »Schlank wirst du, indem du insgesamt weniger Kohlenhydrate isst, vor allem weniger süße. Iss lieber solche Kohlenhydrate, die den Zucker nur langsam ins Blut abgeben. Außerdem solltest du weniger Fette essen und die direkte Kombination von Fetten und Kohlenhydraten vermeiden. Iss stattdessen lieber mehr Ballaststoffe, trink viel Wasser, und ernähre dich insgesamt bewusster – vor allem iss nicht automatisch oder nur aus Gewohnheit. Iss dich aber satt und verbiete dir nichts. Ach ja: Und mehr bewegen solltest du dich auch.« Prima, Günter wird noch Ökotrophologe! »Was werde ich?« Ernährungswissenschaftler ... Aber nun noch mal die zehn wichtigsten Ernährungstipps zum Mitschreiben.

Erstens: Iss weniger Kohlenhydrate! Sehr viele Kohlenhydrate kannst du nämlich ersatzlos aus der Nahrung streichen: zum Beispiel die Brotbeilage im Restaurant, den Zucker im Kaffee oder unnötig große Kartoffelberge. Auf diese Weise sparst du Kalorien, hast deinen Insulinspiegel im Griff und mehr Platz für gesunde Ballaststoffe und Wasser.

Gute Zucker, schlechte Zucker

Zweitens: Iss vor allem weniger süße Kohlenhydrate! Leider steckt unsere tägliche Nahrung oft voller Süßkram: Egal ob Limonade oder Energy-Drink, Croissant oder Nussecke – zu süß führt in die Insulin-Achterbahn, und die macht dir immer wieder Hunger und schaufelt Fett in den Bauchspeck. Doch leider stecken solche süßen Kohlenhydrate auch in vielen Nahrungsmitteln drin, die eigentlich »salzig« schmecken – wie zum Beispiel in Pizzateig, Kräckern oder Ketchup. Also werfen wir später noch einen genaueren Blick auf häufige Zuckerfallen. Sogar Bier steckt übrigens voller schlechtem Zucker! Kaum zu glauben ...

Drittens: Iss stattdessen lieber gute (weniger »süße«) Kohlenhydrate! Denn manche Kohlenhydrate geben ihre Zuckermoleküle so langsam ins Blut ab, dass der Insulinspiegel dabei kaum ansteigt. So bekommen deine Zellen ihren Glukosenachschub über eine viel längere Zeit – und du bleibst schön satt! Solche guten Zucker stecken etwa in Erbsen, Wildreis oder Vollkornbrot. Auch dazu später mehr. Ach ja: Gute Kohlenhydrate senken übrigens auch die Blutwerte der sogenannten »bösen« Fette Triglyceride und »LDL-Cholesterin«, die häufig Arteriosklerose, Herzinfarkte und Schlaganfälle ankündigen!

Fette und Zucker

Viertens: Iss insgesamt weniger Fette! Denn dann nimmst du weniger Kalorien zu dir, die du verbrennen musst, und wirst oder bleibst schlank. Isst du jedoch zu viel, schwillt die Schwarte weiter. Gute Öle allerdings sollst du essen – später mehr dazu.

Fünftens: Iss Fette und Kohlenhydrate nicht gemeinsam! Denn sobald du Kohlenhydrate im Blut hast, ist auch Insulin im Blut – und dann wandert alles Fett in die Fettzellen. Wenn du also Fette isst, dann achte darauf, nicht gleichzeitig Kohlenhydrate zu essen – ganz besonders keine süßen! Und wenn du Kohlenhydrate isst, dann iss dazu keine Fette! Wenn du beide aber zeitlich getrennt zu dir nimmst, kannst du aus beiden Energie gewinnen: Dann verbrennst du die Fette, weil gerade keine Kohlenhydrate im Blut sind, oder du verbrennst die Kohlenhydrate, ohne gleichzeitig Fett zu speichern. Schlau, oder?

Leider enthalten sehr viele unserer Nahrungsmittel solche Zucker-Fett-Kombinationen – vor allem industriell produziertes Fertigfutter. Und so tun wir gut daran, in Zukunft deutlich weniger Schokoriegel, Tütensuppen, Kartoffelchips, Hamburger mit Pommes frites oder Pulver-Cappuccino zu konsumieren ...

Ballaststoffe und Wasser

Sechstens: Iss viele Ballaststoffe! Sie machen satt, ohne Kalorien zu liefern. Außerdem enthalten ballaststoffreiche Lebensmittel oft viel Wasser, Vitamine, Mineralien und lauter gesunde Farbstoffe (sogenannte »sekundäre Pflanzenstoffe«), die vor Krebs und Arteriosklerose schützen. Zudem fördern Ballaststoffe die Verdauung und bremsen die Aufnahme von Fetten und Kohlenhydraten. Und trink zu Ballaststoffen immer viel Wasser – so können sie im Darm quellen und machen noch besser satt.

Siebtens: Trink überhaupt viel Wasser – am besten 1,5 bis 2 Liter pro Tag! Dein Körper funktioniert immer dann besonders gut, wenn du jede Zelle schön feucht hältst. Viel Wasser hilft dir also beim Bewegen, Verdauen, Denken, Entspannen und sogar beim Entgiften – über die Niere kannst du Gifte nämlich buchstäblich wegpinkeln. Außerdem sorgt Wasser für mehr Volumen in Magen und Darm, weswegen du weniger Hunger hast – vor allem, wenn du wasserreiche Lebensmittel isst, die dich lange satt halten und trotzdem nur mit wenigen Kalorien versorgen. Wasser kurbelt sogar den Kalorienverbrauch an – so verbrennt ein Liter kaltes stilles Wasser etwa 100 Kalorien! Am besten trinkst du Wasser übrigens immer schön regelmäßig über den Tag verteilt und nicht erst dann, wenn du durstig bist. Denn Durst bedeutet, dass dein Körper bereits austrocknet ... Na denn: prost!

Bewusst essen!

Achtens: Ernähre dich bewusst! Achte darauf, was du isst und welche Lebensmittel du kaufst (oder dir kaufen lässt)! Denn Nahrungsmüll isst du häufig nur deswegen, weil eben nichts anderes im Kühlschrank ist. Wenn du also das nächste Mal im Supermarkt stehst, dann lies dir zuerst die Nährstoffangaben auf den Packungen durch, bevor das Essen im Einkaufswagen landet! Welche Inhaltsstoffe stecken darin? Wie viele Fette, Kohlenhydrate und Kalorien? Und hinterfrage deine Essgewohnheiten! Stopfe zum Beispiel nicht einfach alles in dich hinein, was auf dem Tisch steht, sondern denk häufiger mal nach! Müssen die Pommes frites wirklich sein? Kannst du den Nachtisch nicht mal stehen lassen? Musst du vorm Fernseher wirklich eine Tüte Chips aufmachen oder beim kleinsten Frust Schokolade naschen? Und musst du im Restaurant tatsächlich immer alles aufessen? Wohl kaum.

Neuntens: Iss dich satt und »sündige« mal zwischendurch! So vermeidest du Heißhungerattacken und Diätfrust. Denn wenn du meistens das Richtige isst, hält die Sättigung lange an, und die Kalorienaufnahme stimmt – also darf es zwischendurch auch gerne mal das Falsche sein ...

Bewegung

Zehntens: Beweg dich! Denn wer sich regelmäßig bewegt, verbrennt nicht nur mehr Kalorien, er lebt auch insgesamt gesünder: Sein Herz-Kreislauf-System bleibt bis ins hohe Alter funktionstüchtig, Infarkt, Bluthochdruck und Diabetes haben keine Chance und die Lebensqualität steigt – durch Fitness, Aktivität und Stolz. Ach ja: Auch die eine oder andere Ernährungssünde fällt dann nicht so sehr ins Gewicht ... Dabei muss es übrigens nicht gleich der Profi-Club oder das Marathontraining sein! Meist genügt schon regelmäßige, leichte Bewegung an der frischen Luft, damit du dich spürbar besser fühlst. Und mit ein bisschen mehr Bewegung oder sogar Sport purzeln plötzlich auch deine Pfunde! Denn so baust du Muskeln auf – und Muskeln fressen Kalorien ...

»Wow!« Günter ist beeindruckt. »Das hört sich alles gar nicht so schwierig an.« Richtig, lieber Schweinehund: Genau genommen ist es sogar ziemlich einfach, mit diesen Ernährungstipps abzunehmen – man muss sie nur in die Tat umsetzen.

Und damit das möglichst leicht fällt, gehen wir nun direkt zur Praxis über: Wie wendest du die Tipps für dich am besten an? Welche Details solltest du dabei beachten? Welche Probleme könnten auftauchen, und wie löst du sie am besten? Bald wird Günter wirklich ein ziemlich schlanker Schweinehund sein.

5. UNSERE ERNÄHRUNG –
genauer hingeschaut

Was ist was? Unser tägliches Essen

Bislang war viel von Fetten, Kohlenhydraten, Eiweißen und Ballaststoffen die Rede. Doch wo stecken diese Stoffe überhaupt in deiner Nahrung drin? Es wäre schließlich sinnlos, etwas reduzieren zu wollen, ohne zu wissen, was ... Also konzentrieren wir uns nun auf die Lebensmittel selbst! Was enthält was? Und wie viel?

Die meisten Nahrungsmittel enthalten mehrere Stoffgruppen gleichzeitig. So besteht etwa ein Steak vor allem aus Eiweißen (tierische Muskelzellen) und Fetten (tierisches Speicherfett, also Triglyceride). Ein Cappuccino enthält Wasser, Eiweiße (Milch), Fette (Milch) und Kohlenhydrate (weißer Haushaltszucker). Oder Weintrauben bestehen aus Ballaststoffen, Kohlenhydraten (Fruchtzucker) und ebenfalls viel Wasser. Und bei Lebensmitteln aus dem Supermarkt kann man auf der Verpackung nachlesen, was drin ist – meist als »durchschnittliche Nährwerte pro 100 Gramm«. So enthalten zum Beispiel 100 Gramm Kartoffelchips etwa 500 Kalorien, 6 Gramm Eiweiß, 50 Gramm Kohlenhydrate und 33 Gramm Fett. 100 Gramm ungekochte Spaghetti dagegen enthalten etwa 350 Kalorien, 11 Gramm Eiweiß, 72 Gramm Kohlenhydrate, 2 Gramm Fett und 3 Gramm Ballaststoffe.

Die Zutatenliste

Auch aus welchen einzelnen Zutaten die Lebensmittel bestehen, steht häufig auf der Verpackung drauf – übrigens nach ihrer Menge geordnet, von viel nach wenig. So besteht etwa eine Tiefkühlpizza »Frutti di Mare« häufig aus »Weizenmehl, Tomaten (18 %), Garnelen (15 %), Edamer Käse (14 %), Wasser, Zwiebeln, Margarine ...« und so weiter. Daraus kannst du also schließen, dass diese Pizza mehr Weizenmehl als Tomaten enthält, oder eben weniger Margarine als Wasser. »Ich kann also auf vielen Packungen nachlesen, was im Essen drinsteckt?« Genau, Günter, Nachlesen lohnt sich.

VORSICHT –
Essensfälscher und
WERBELÜGEN!

Es ist kompliziert geworden mit dem lieben Essen: Täglich sind wir den unterschiedlichsten Täuschungsmanövern durch die Lebensmittelindustrie ausgesetzt. Interessante Infos hierzu fasst Foodwatch-Gründer Thilo Bode in seinem Buch »Die Essensfälscher« zusammen. Die Irreführungen und Mogelpakete reichen von Lebensmittelimitaten, falschen Versprechen zu angeblichen Gesundheitswirkungen bis hin zu Fachchinesisch auf den Packungsbeilagen, um Qualitätseinbußen zu verschleiern. Die Möglichkeiten zur systematischen Täuschung von Verbrauchern sind vielfältig und gehören zum normalen Handwerk der Industrie.

Und weil die Märkte der Lebensmittelkonzerne in den Industrieländern längst gesättigt sind, versuchen uns die Hersteller mit billigeren Füll- oder Ersatzstoffen abzuspeisen – und mit millionenschweren Werbekampagnen um den Finger zu wickeln. So ist Wachstum auch weiterhin möglich.

Doch seien wir nicht naiv: Derlei systematische Unehrlichkeit gegenüber den Verbrauchern ist keinesfalls illegal. Die »Bibel« der deutschen Nahrungsmittelindustrie, das Lebensmittelbuch, erleichtert den Herstellern aufgrund zu schwammiger »Leitsätze« die zielgerichtete Irreführung der Verbraucher. So regelt beispielsweise das Lebensmittelbuch, dass in Fruchtcremefüllungen keine Früchte enthalten sein müssen, dass Wurstsalat mit Mayonnaise nur 25 Prozent Wurst beigefügt werden muss, dass Heringsalat auch Rindfleisch beigemischt werden darf und in Wurst- und Käseregalen bald auch fleischloser Schinken und Mogelkäse verkauft werden kann. Wir werden nach Strich und Faden belogen und ein Ende dieser Entwicklung ist nicht in Sicht. Die Ernährungsbranche ist zum Wachstum verdammt. Wer aber weiß, wie die Hersteller Verbraucher manipulieren, kann sich vor dem ausgeklügelten System selbst schützen.

Essensimitate

Lebensmittelimitate (sogenannte »Aliuds«) sind Produkte, die so weit von dem eigentlichen Charakter des Lebensmittels abweichen, dass es nicht einmal mit derselben Verkehrsbezeichnung wie das ursprüngliche Lebensmittel in den Verkehr gebracht werden darf. So darf beispielsweise Analogkäse (Käseimitat aus Nicht-Milchprodukten) nicht mit der Bezeichnung »Käse« verkauft werden, sonst macht sich der Hersteller strafbar. Trotzdem gibt es für Produzenten legale Möglichkeiten, Analogkäse dem Kunden im Supermarkt unterzujubeln. Dazu muss der Hersteller einfach nur die Originalbezeichnung »Käse« in eine andere wie etwa »Gastro-Mix« oder »Pizza-Mix« umwandeln. Und wird dieser Analogkäse dann neben echten Reibekäse ins Kühlregal gelegt, fällt dem unwissenden Käufer das Imitat nicht auf. Denn Analogkäse sieht aus wie Käse, riecht wie Käse, schmeckt wie Käse und zieht sogar noch Fäden wie Käse. Mittlerweile wird bei Pizzen, Cheeseburger, Käsebrötchen oder Käsespätzle oft Analogkäse verwendet.

Daneben gibt es weitere Imitate, die dem Verbraucher für echt verkauft werden. Dazu gehören Schinkenimitate, die aus zusammengeklebten Fleischteilen bestehen. Oder Surimi-Garnelen, die neben Fischeiweiß aus nicht anderweitig verwertbaren Fischen Geschmacksverstärker, Aromen, Farbstoffe oder auch Hühnereiweiß enthalten. Oder ein sogenannter Meeresfrüchte-Cocktail, der mit billigem Krebsfleischimitat aus Fischmuskeleiweiß gestreckt wird. Angeblicher Putensalat mit Joghurtdressing, der aus zusammengesetzten Fleischstücken besteht. Oder »Schoko«-Pudding, der nur noch zu einem einzigen Prozent aus Kakao bestehen muss ...

Functional Food – wenn Supermärkte zu Apotheken werden

Functional Food nennt man Essen, das dem Verbraucher angeblich einen gesundheitlichen Mehrwert bringen soll – so werden oft Schönheit, Gesundheit, Anti-Aging, ja sogar Wellness versprochen. Die Produkte sollen die Verbraucher gesünder, schöner und leistungsfähiger machen, gegen Krankheiten wappnen, gegen Knochenschwund helfen, nach einer Chemotherapie schneller auf die Beine helfen, die Magenschleimhaut regenerieren, den Stoffwechsel ankurbeln und den Eisenmangel beheben. Kaugummi soll gegen die Produktion von Schweißgeruch helfen und Marmelade gegen Falten im Gesicht. Functional Food sind demnach Lebensmittel im Grenzbereich zwischen Pharmazie und Hokuspokus.

Zwar bestehen für vereinzelte Produkte tatsächlich seriöse Wirknachweise. Die Behauptungen der Mehrheit hingegen sind schlicht nicht ernst zu nehmen – sie ermöglichen letztlich nur den Herstellern, dem Verbraucher Geld aus der Tasche zu ziehen. Also: Hirn anschalten, wenn Ihnen ein Produkt wahre Wunder verspricht! Das wahre Wunder liegt meist im Preis ... Recherchieren Sie lieber ganz genau, und lassen Sie sich gegebenenfalls seriöse Studien zur Wirksamkeit zeigen!

Nicht unproblematisch ist zudem die zunehmende Vernetzung zwischen Industrie und Wissenschaft: So will laut Thilo Bode zum Beispiel Nestlé zusammen mit der ETH Lausanne den Zusammenhang zwischen Ernährung und Gehirnleistung erforschen lassen – und bezahlt den Wissenschaftlern dafür über einen Zeitraum von 5 Jahren 25 Millionen Schweizer Franken plus zwei Lehrstühle, an denen geforscht werden kann. Gut möglich also, dass Nestlé bald Produkte zur Verbesserung der Denkleistung und Konzentrationsfähigkeit anbietet. Nur: Ist innerhalb solcher wirtschaftlichen Abhängigkeiten unabhängige Forschung möglich?

Die Bio-Illusion

Auch wo Bio draufsteht, ist nicht immer Bio drin. Schuld daran sind meist ebenfalls die großen Lebensmittelkonzerne, die sich die lukrative Bio-Wachstumsnische natürlich nicht entgehen lassen wollten. Wie Thilo Bode in seinem Buch beschreibt, können dank löchriger EU-Bio-Verordnung »Bioprodukte« auf den Markt geschleust werden, die zwar vielfach den Verbraucher täuschen, aber dafür mit drei- bis vierfach erhöhtem Preis verkauft werden können. Ungefähr 56 000 Lebensmittel mit Bio-Siegel werden heute auf den Markt gebracht.

Was viele Verbraucher leider nicht wissen: Das sechseckige grüne EU-Bio-Siegel erfüllt gerade mal den niedrigsten

Bio-Standard für die Rohstoffproduktion und Herstellung verarbeiteter Lebensmittel. So wird den Herstellern ermöglicht, Verarbeitungshilfsmittel wie Aromen oder Enzyme in die Produkte zu packen. In Bio-Lebensmitteln sind demnach immer noch etliche Zusatzstoffe erlaubt. Durchforsten Sie mal im Supermarkt die Bio-Produkte! Ihnen wird auffallen, dass die allermeisten nur das amtliche sechseckige Siegel tragen. Nur ein sehr kleiner Teil trägt Produktsiegel der Anbauverbände Demeter und Bioland, die höhere Qualitätsmaßstäbe haben. Eine traurige Entwicklung, der Sie mit Achtsamkeit begegnen sollten: Denn es gibt durchaus Biosupermärkte, Bioläden, Biohöfe oder Ökomärkte, die »echte« und gute Bioprodukte anbieten – suchen und finden Sie sie!

Recherchieren Sie selbst!

Überall Essensimitate, Functional Food und Bio-Illusionen. Sie ermöglichen Herstellern systematische Unehrlichkeit – letztlich nur zugunsten des eigenen Wachstums, um den Verbraucher geht es dabei nicht. Die Foodwatch-Kampagne »Abgespeist« setzt sich hingegen für den Endkonsumenten ein. Sie entlarvt Etikettenschwindel und Werbelügen und macht diese auf der Homepage www.abgespeist.de transparent. Also: Gehen Sie ins Internet und recherchieren Sie etliche der Mogeleien selbst! Falls Sie das Thema Ernährung, Verbrauchertäuschung und Verbraucherpolitik interessiert und Sie noch mehr Lesestoff wünschen, finden Sie weitere interessante Literatur auf der Webseite von Foodwatch: www.foodwatch.de.

ÜBUNG

LERNEN SIE IHR ESSEN KENNEN!

Gehen Sie zum Kühlschrank beziehungsweise in den Supermarkt und schauen Sie sich die Packungen Ihrer Lieblingsnahrungsmittel ganz genau an!

Welche Inhaltsstoffe sind enthalten?

Wie viele Kalorien, Fette und Kohlenhydrate sind enthalten?

Verstehen Sie die Angaben alle?

Vergleichen Sie die Packungen verschiedener Hersteller miteinander – was fällt Ihnen auf?

Stehen auf der Verpackung unrealistische Versprechen oder verlockende Werbesprüche? Inwieweit lassen Sie sich davon beeinflussen?

Dickmacher Kohlenhydrate

Doch konzentrieren wir uns nun auf die Nahrungsgruppe, die besonders dick macht: die Kohlenhydrate! Die sind nämlich in ziemlich vielen Nahrungsmitteln enthalten. Und weil vor allem besonders süße Kohlenhydrate dick machen, sollten wir wissen: Wo stecken sie drin? In welcher Menge? Und wie süß sind sie eigentlich? Genau darüber geben uns zum Glück zwei spannende Werte Auskunft: der »glykämische Index« und die »glykämische Last«.

Der glykämische Index

Der »glykämische Index« (GI) gibt an, wie schnell ein Kohlenhydrat ins Blut aufgenommen wird, also wie »süß« es auf deinen Körper wirkt. »Glykämie« bedeutet übrigens »Zucker im Blut«. Kohlenhydrathaltige Lebensmittel, die den Blutzucker schnell und / oder hoch ansteigen lassen, haben einen hohen glykämischen Index, solche, die den Blutzuckerspiegel nur geringfügig beziehungsweise langsam erhöhen, dagegen einen niedrigen.

Weil der Körper sehr gerne Glukose, also Traubenzucker, verbrennt und Glukose einen besonders schnellen Blutzuckeranstieg bewirkt, hat man dem glykämischen Index der Glukose den Wert »100« gegeben. Also gelten Nahrungsmittel, deren Index ähnlich hoch ist, als besonders »süß« und damit als schlecht – sie lösen nämlich leicht eine Überzuckerung mit all ihren negativen Folgen aus. Solche »schlechten« Kohlenhydrate haben GI-Werte über 70, »mittlere« Kohlenhydrate liegen zwischen 50 und 70 und »gute« Kohlenhydrate unter 50. »Das finde ich ein bisschen abstrakt ...«, bemerkt Günter nicht zu Unrecht. Also schnell ein paar Beispiele.

Wie »süß« bist du?

»Gute« Kohlenhydrate stecken etwa in Blattsalaten und Frischgemüse (GI je unter 20), Fruchtzucker, Magerquark, Linsen, ungezuckerter Marmelade, Nüssen, Mandeln, Schokolade mit 70 Prozent Kakaoanteil, Bohnen, Linsen, Wurst, Frischobst, entrahmter Milch, Milchprodukten, rohen Karotten, getrockneten Aprikosen und Feigen, Wildreis (GI zwischen 20 und 35), Vollkornnudeln, Vollkornbrot, ungezuckertem frischem Fruchtsaft, Haferflocken, Erbsen, Spaghetti al dente, Süßkartoffeln, Basmati- und Naturreis (GI zwischen 35 und 50).

»Mittlere« Kohlenhydrate stecken zum Beispiel in Sandgebäck, weich gekochten Spaghetti, Bananen, Melonen, Langkornreis, gezuckerter Marmelade, Rüben, Pellkartoffeln, Mischbrot, Rosinen oder Ravioli (GI zwischen 50 und 70).

Und Beispiele für »schlechte« Kohlenhydrate sind Kekse, Cola, Limonade, Schokolade, gezuckertes Müsli, Weißbrot, weißer Haushaltszucker (Saccharose), Puffreis und Milchreis, Schnellkochreis, gekochte Karotten, Honig (GI-Werte zwischen 70 und 85), Kartoffelchips, Kartoffelpüree, modifizierte Stärke, Pommes frites, Ofenkartoffeln oder Traubenzucker (GI zwischen 85 und 100). Und der im Bier enthaltene Malzzucker (Maltose) hat sogar einen GI von 110! Hallo, Bierbauch ...

Die glykämische Last

Manche Nahrungsmittel enthalten zwar »süße« Kohlenhydrate (KH) mit einem hohen glykämischen Index – aber davon sehr wenig. Also berechnen wir jetzt, wie viel »süßer« Zucker beim Essen bestimmter Nahrungsmittel überhaupt ins Blut kommt: mit der »glykämischen Last« (GL)! Ihren Wert erhält man, wenn man den glykämischen Index durch 100 teilt und mit der Kohlenhydratmenge je 100 Gramm Lebensmittel multipliziert, also GL = (GI / 100) × KH-Menge je 100 Gramm. Alles klar?

»Nicht ganz ...«, murmelt Günter. Nehmen wir beispielsweise Weißbrot! Das hat einen GI von 70 bei einem KH-Gehalt von 48 Gramm je 100 Gramm Brot. So ergibt sich eine glykämische Last von GL = (70 / 100) × 48 = 33,6. Möhren hingegen haben zwar auch einen GI von 70, in ihnen steckt also genauso süßer »Zucker« drin wie im Weißbrot – allerdings eine deutlich geringere Menge! Denn während 100 Gramm Weißbrot ganze 48 Gramm Kohlenhydrate enthalten, stecken in 100 Gramm Möhren gerade mal 4,8 Gramm. Also haben Möhren nur eine glykämische Last von GL = (70 / 100) × 4,8 = 3,36! Deswegen ist der Blutzuckereffekt von Weißbrot etwa zehnmal so hoch wie der von Möhren. Bugs Bunny hatte recht ...

Wenn das Insulin spinnt ...

»Und was bedeutet das?«, fragt Günter. Das bedeutet, dass wir beim Essen unseren gesunden Menschenverstand einschalten sollten: Ein bisschen süßer Zucker schadet nicht, viel süßer Zucker dagegen schadet durchaus. Und wie hoch der Zuckeranteil in unseren Lebensmitteln ist, können wir entweder auf der Packung nachlesen (»Wie hoch ist der Kohlenhydratanteil?« – schließlich verdauen wir die meisten Kohlenhydrate zu Glukose), in Büchern recherchieren oder oft ganz einfach schmecken – denn was besonders süß schmeckt, enthält in der Regel auch viel Zucker ...

Eine ziemlich gemeine Spätfolge von übermäßigem Zuckergenuss sind »Hyperinsulinismus« und »Insulinresistenz«: Wer nämlich dauernd zu süß isst, dessen Bauchspeicheldrüse muss ständig Insulin produzieren – mit den üblichen Folgen wie Heißhunger, Schlappsein und Dickwerden. Doch wenn immer eine Überdosis Insulin im Blut ist, stumpfen die Zellen dagegen ab und öffnen sich nicht mehr! Also bleibt der Zucker unverbrannt im Blut zurück, man fühlt sich immer schlapper und bewegt sich immer weniger. Doch dafür isst man nun immer mehr, und die Bauchspeicheldrüse schüttet immer mehr Insulin aus (Hyperinsulinismus) – was leider weiterhin wirkungslos bleibt (Insulinresistenz). Man hat sich eine Zuckerkrankheit (Diabetes Typ 2) angefressen! Und dann heißt es »Pillen schlucken!« und »Insulin spritzen!«. Oh ja, das Leben ist süß ...

Versteckte Zucker und Süßstoffe

»Dann ist zu viel Zucker ja sogar giftig!«, empört sich Günter. Richtig, Herr Schweinehund: Zu viel Zucker kann man durchaus als Gift bezeichnen. Doch leider mischt die Nahrungsmittelindustrie immer häufiger Zucker (oder andere Kohlenhydrate) ins Essen hinein – schließlich macht uns die Insulin-Glukagon-Spirale zu kleinen Fressmaschinen! Viel Potenzial, um dick und krank zu werden!

Je mehr Zucker wir also essen, desto schneller haben wir wieder Hunger und desto eher kaufen wir die nächste Zuckerdröhnung. So stecken mittlerweile unzählige Lebensmittel voller versteckter Zucker, von denen wir meist keine Ahnung haben: Wusstest du etwa, dass Ketchup oft zu einem Drittel aus Zucker besteht? Oder dass viele Fertigsalatsaucen lauter Zucker enthalten? Oder wie stark

Das Versteckspiel mit dem Zucker – und
DIE FATALEN FOLGEN

Beim Wort Zucker denken die meisten Menschen wohl an Streuzucker oder Würfelzucker, mit dem Kaffee gesüßt und Kuchen gebacken wird. Oder an den Zucker, der in Lebensmitteln wie Schokolade, Eis, Cola oder anderen Süßigkeiten vorkommt. Doch Zucker versteckt sich auch in Lebensmitteln, die überhaupt nicht süß schmecken.

Schätzungen besagen: Nahrungsmittelhersteller geben für Schokolade, Zuckerwaren und Eis etwa das Hundertfache von dem aus, was sie für Früchte und Gemüse aufwenden. Die Lobby der Lebensmittelkonzerne hat also aus einem süßen »Gewürz«, das in der Form niemand braucht, einen Stoff gemacht, der heute oft sogar als Grundnahrungsmittel angesehen wird. So gehen viele Menschen davon aus, dass ein Stückchen Zucker nach dem Mittagessen die Leistungsfähigkeit steigert oder der Traubenzucker beim Sport für mehr Power sorgt. Die Lebensmittellobby hat also erreicht, was sie erreichen wollte: Uns wurde systematisch eingetrichtert, dass unser Körper einen regelrechten Tagesbedarf nach Zucker hat – ohne Zuckerkonsum leben wir demnach in einer Art Mangelernährung.

In der Steinzeit gab es keinen Zucker – heute ist er überall

Haushaltszucker, wie er uns heute fast überall untergejubelt wird, gab es in der Steinzeit nicht – und trotzdem haben unsere Vorfahren überlebt. Vor der heutigen Zeit haben Menschen Tausende Jahre vorwiegend von Eiweiß und Fett gelebt. Das heißt (auch wenn die Lobbyisten der Lebensmittelbranche tagtäglich das Gegenteil predigen): Wir brauchen keinen Zucker! Denn der Körper produziert den benötigten Zucker ganz von selbst ohne die Unterstützung der Lebensmittelkonzerne. Dennoch schleusen sie den süchtig machenden Stoff sogar oft unbemerkt in allerlei Nahrungsmittel ein. Eine der Folgen ist die bereits besprochene »Pest der Neuzeit«: Diabetes Typ 2.

So steigt seit Jahrzehnten kontinuierlich der Zuckerkonsum in den Industrienationen an. In den USA liegt er im Pro-Kopf-Verbrauch mittlerweile bei 62 Kilogramm pro Kopf und Jahr. Das sind täglich fast 170 Gramm – also etwa 57 Stück Würfelzucker! Der entstehende Schaden ist laut vieler Mediziner mittlerweile so immens, dass ihn Experten mit den Folgen des Rauchens und manche Nahrungsmittelkonzerne mit der Tabakindustrie vergleichen. Die WHO bezeichnet diese Entwicklung als »globale Epidemie« der Fettleibigkeit. Laut Thilo Bode hat somit Übergewicht den Hunger als größtes Ernährungsproblem abgelöst.

Unsere Kinder sind die Opfer

Skandalös dabei: Es trifft nicht nur Erwachsene, sondern auch Kinder und Jugendliche. Von 77 Millionen Kindern im Alter zwischen 7 und 11 Jahren in Europa gelten bereits 14 Millionen als übergewichtig und weitere 3 Millionen als fettleibig. Zu den 14 Millionen übergewichtigen kommen jährlich 400 000 und zu den 3 Millionen fettleibigen 85 000 hinzu. Die KiGGS-Studie des Robert-Koch-Instituts, die im Text »Die Generation Füße hoch!« bereits zitiert wurde (siehe S. 43 f.), veröffentlichte ein weiteres besorgniserregendes Ergebnis: Innerhalb der Zeitspanne von den 1990er-Jahren bis heute ist das Übergewicht von Kindern im Alter von 0 bis 17 Jahren um 50 Prozent gestiegen. In keiner Altersgruppe hat sich Übergewicht so stark ausgebreitet. Tendenz steigend. Und immer mehr Kinder bekommen »Altersdiabetes« – der Name zeigt, dass man früher davon ausging, dass ihn nur alte Menschen bekommen.

Welche Auswirkungen und Folgen diese Entwicklung haben wird, ist letztlich nicht bekannt, obwohl Schlimmes befürchtet wird – eine vergleichbare Situation hat es bisher noch nie gegeben.

industriell verarbeitete »Fruchtsäfte« meist gezuckert sind? Lies doch mal nach!

»Und Süßstoffe?«, fragt Günter nun. Vorsicht – Falle: Denn obwohl Süßstoffe (Aspartam, Cyclamat, Saccharin) keine Kalorien enthalten, führen sie bei vielen Menschen trotzdem zur Insulinausschüttung! Also senken sie den Blutzucker und du bekommst Hunger ... Und Zuckeraustauschstoffe (Mannit, Sorbit, Maltit, Lactit, Xylit) sind zwar chemisch keine Zucker, sondern Alkohole, aber sie enthalten dadurch Kalorien ...

Erst seit Dezember 2011 ist bei uns übrigens auch Stevia als Süßstoff zugelassen, ein aus dem Süßkraut (auch Honigkraut genannt) gewonnenes Konzentrat. Das ist bis zu 300-mal süßer als Zucker, soll keine Karies hervorrufen und sogar für Diabetiker geeignet sein. Nachdem Stevia in anderen Regionen der Welt, zum Beispiel in Südamerika, schon seit Langem zum Süßen verwendet wurde, dauerte die Zulassung bei uns sehr lange. Möglicherweise hatte da die Lobby der Zuckerindustrie ihre Finger mit im Spiel ... Nun, schauen wir mal, welche Wirkungen sich langfristig zeigen!

Low-Carb-Diäten

»Doofe Zucker!«, schimpft Günter. »Kannst du dir den Süßhunger nicht einfach abtrainieren?« Gute Idee: Versuch doch, immer so wenig Zucker wie möglich zu essen! So werden deine Geschmacksnerven sensibler für all die feinen Geschmacksstoffe, die unser Essen wirklich lecker machen, und du schützt dich vor Heißhunger, Übergewicht, Diabetes und Karies – schließlich greift der viele Zucker auch deine Zähne an, was einzig deinen Zahnarzt freuen dürfte ... Ach ja, und wie von selbst wirst du auch plötzlich abnehmen – ganz ohne Anstrengung!

FEHLSIGNALE
fürs hungrige Hirn

Auch die Geschmacksrevolution des 21. Jahrhunderts ist in der Menschheitsgeschichte bisher einmalig! Denn heute können Aromastoffe und Geschmacksverstärker etwas nach Banane schmecken lassen, das keinerlei Bananen enthält. Sie können aus ein wenig Trinkwasser, Binde-, Gelier- und Verdickungsmittel Schinken machen, der zwar nach Schinken schmeckt, in dem aber kein bisschen echtes Fleisch enthalten ist. Was bedeuten diese Imitatprodukte für unsere Geschmacksnerven? Prof. Achim Peters (»Das egoistische Gehirn« – siehe S. 154) vergleicht diese Fehlinformationen an das Gehirn mit Trojanern, die die Festplatte eines Computers kapern. Das heißt: Falsche Informationen der Lebensmittel werden an das Gehirn weitergegeben – und programmieren den Brain-Pull sowie unseren Stoffwechsel um.

Denn während zum Beispiel beim Essen von echtem Obst der »Obststoffwechsel« angekurbelt wird, passiert beim Essen von Obstimitaten etwas anderes: Der süße Geschmack kündigt im Gehirn einen Glukoseschub an, der allerdings nie da oben in der Schaltzentrale ankommt. Das Gehirn ruft also einen Notstand aus. Der Befehl lautet: Wir brauchen Nahrung, um für Nachschub zu sorgen! Die Folge: Es wird gegessen ... Dieser Kreislauf wird auch von Süßstoff ausgelöst, der in vielen Lebensmitteln steckt – vor allem in Light-Produkten – und von der Lebensmittelindustrie mit einem Abnehmeffekt in Verbindung gebracht wird. Ein Trugschluss: Denn das Zuckerimitat wird vom Gehirn nicht von normalem Zucker unterschieden. Es wird der Brain-Pull aktiviert, unser Oberstübchen versucht sich Energie zu holen. Doch wenn es im Körper keine findet (schließlich haben wir keinen »echten« Zucker gegessen), wird nun der Body-Pull eingeschaltet und der Griff zum Kühlschrank ist vorprogrammiert.

Solch eine Ernährung, bei der man nur wenige Kohlenhydrate isst, nennt man auch »Low-Carb«-Diät (englisch für »niedrige Kohlenhydrate«). Bekannte Low-Carb-Diäten sind etwa die »Montignac-Methode«, bei der man sehr auf den glykämischen Index achtet, die »GLYX-Diät«, bei der man zusätzlich auch die glykämische Last beachtet, und die »LOGI-Methode«, die sich fast ausschließlich an der glykämischen Last orientiert. Und tatsächlich: Wenig andere Diäten führen so schnell und einfach zur Gewichtsabnahme wie das Sparen von Kohlenhydraten! Eine besonders radikale Low-Carb-Variante ist übrigens die »Atkins-Diät«. Der amerikanische Arzt Robert Atkins (1930–2003) riet nämlich, die Kohlenhydrate für lange Zeit vollständig aus dem Essen zu verbannen.

Vorsicht, Fleischvergiftung!?

Auch die kohlenhydratfreie Atkins-Diät führt zwar zu einer raschen Gewichtsabnahme, häufig jedoch auf Kosten erhöhter Blutfettwerte, eines unangenehmen Körpergeruchs, Leber- und Nierenschäden, Gicht sowie Akne und Verstopfung. Warum? Weil die Hauptnahrungsstoffe nun aus Fetten und Eiweißen gewonnen werden sollen und somit oft zu viel Fleisch gegessen wird! Und dabei machen einerseits die massenhaften Abbauprodukte des Eiweißstoffwechsels Ärger, andererseits die vielen schlechten Fette ...

»Also darf man auch kein Fleisch mehr essen, weil zu viele Eiweiße und Fette drin sind?«, fragt Günter erstaunt. Aber nein, gesunden Menschenverstand einschalten: Die Dosis macht das Gift! Und im Gegensatz zu Kohlenhydraten braucht unser Körper Eiweiße und Fette zum Überleben – vor allem essenzielle Aminosäuren und hochwertige Öle. So benötigt ein Erwachsener täglich immerhin etwa 1 Gramm Eiweiß pro Kilogramm Körpergewicht! Sonst drohen hässliche Mangelerkrankungen wie Haarausfall, Schwäche, Antriebsmangel oder sogar Schlimmeres. Und Fette liefern schließlich Energie, Hormone, Zellwände und helfen oft beim Vitaminstoffwechsel – schon vergessen? Außerdem steckt im Fleisch viel gutes Eisen und das wichtige Vitamin B12. Also iss Fleisch! Aber eben nicht zu viel – vor allem »rotes Fleisch« (Rind, Schwein, Schaf) in Mengen ist gefährlicher als »weißes Fleisch« (Fisch, Huhn, Pute), weil es Krebs- und Herz-Kreislauf-Erkrankungen begünstigt. Außerdem isst du Fleisch am besten (»echt« Bio!) von Tieren in artgerechter Haltung ...

Schlechte Fette

»Und wie war das mit den Fetten?«, erinnert sich Günter nun. »Fette bestehen aus Fettsäuren, wobei gesättigte Fettsäuren fest sind und ungesättigte flüssig. Gesättigte Fettsäuren stecken in Fleisch, Wurst, Eiern, Milchprodukten und Frittiertem und machen in großen Mengen krank, ungesättigte hingegen stecken in Ölen, Fisch und Wildtieren und halten jung und gesund.« Genau, Günter! Übrigens nennt man gesättigte Fettsäuren oft »tierische« Fette, obwohl natürlich auch tierische Fette durchaus ungesättigt sein können.

Die schlechten, gesättigten Fettsäuren nehmen kaum am Stoffwechsel teil. Sie fließen in Fett-Eiweiß-Klümpchen durchs Blut und landen meist als Speck in den Fettzellen. Solche Fett-Eiweiß-Klümpchen heißen Lipoproteine. Sie transportieren auch das Fett Cholesterin. »Ist das nicht für Arteriosklerose, Herzinfarkte und Schlaganfälle verantwortlich?«, will Günter wissen. Nicht ganz:

Es kommt darauf an, in welcher Art von Fett-Eiweiß-Klümpchen Cholesterin transportiert wird! Wenn die Klümpchen nämlich eine hohe Dichte haben, schützen sie vor Herzinfarkt und Schlaganfall, obwohl sie Cholesterin enthalten. Dann heißen sie »High-Density«-Lipoproteine oder auch »HDL«. Die mit niedriger Dichte hingegen – die »Low-Density«-Lipoproteine oder auch »LDL« – zeigen tatsächlich ein erhöhtes Herzinfarkt- und Schlaganfallrisiko an. Sie und die Triglyceride sind die wirklich schlechten Blutfette.

Gute Fette

»Können gesättigte Fettsäuren den Anteil schlechter Blutfette wie LDL-Cholesterin erhöhen?«, fragt Günter. Ganz genau! Denn die meisten »tierischen« Fette kann der Körper nicht so gut gebrauchen. Wer also zu viele gesättigte Fettsäuren isst, den machen seine schlechten Blutfette bald krank. Wer dagegen häufig ungesättigte Fettsäuren und gute Kohlenhydrate isst, verbessert seine Blutfette! Er steigert beispielsweise sein HDL-Cholesterin und hält sich somit gesund.

Bei den ungesättigten Fettsäuren kann man übrigens noch einfach ungesättigte und mehrfach ungesättigte unterscheiden, wobei Letztere im Körper aktiver und somit gesünder sind. Besonders die sogenannten »Omega-3-« und »Omega-6-Fettsäuren« sind gesund. Sie schützen Herz und Blutgefäße und kommen in vielen Fischen, Wildtieren und Ölen vor. Ideal ist dabei ein 2:1-Verhältnis von Omega-6- zu Omega-3-Fettsäuren – wie vor allem im Rapsöl. Ach ja: Denk aber auch daran, dass Fette viele Kalorien enthalten!

Und Vorsicht vor manchen »Light«-Produkten: Oft enthalten sie statt Fett einfach nur süße Stärke!

Gesättigte Fettsäuren
MACHEN NICHT SATT

Oft hört man, wir bräuchten Fette in der Nahrung, um ein Sättigungsgefühl zu bekommen. Besonders gesättigten Fettsäuren schreibt man diesen Effekt zu. In einem Rattenversuch der Universität Texas kam nun aber ein völlig anderes Ergebnis heraus: Demnach stören gesättigte Fettsäuren einen wichtigen Regelmechanismus: Sie bewirken eine Hemmung des Sättigungsgefühls und können dazu führen, dass man mehr isst. Die Ursache liegt wohl darin, dass gesättigte Fettsäuren die Signalwirkung der Hormone Leptin und Insulin unterdrücken, welche anzeigen, dass genügend Nahrung aufgenommen wurde.

Wenn das so stimmt, bedeutet das eindeutig, dass die »schlechten« gesättigten Fettsäuren (Butter, Wurst, Schokolade etc.) zwar als wahre Kalorienbomben fungieren und unsere körpereigenen Fettspeicher füllen, uns aber nicht satt machen! Im Gegenteil: Sie halten uns hungrig, weil sie die Sättigungsinfo im Hirn unterdrücken. Satt machen hingegen die »guten« ungesättigten Fettsäuren (Pflanzenöle, Nüsse etc.), die das Signal »Satt jetzt, nicht mehr weiteressen!« zulassen.

Und das erscheint durchaus sinnvoll: Aufgabe unserer Nahrungsaufnahme war in der Evolution schließlich auch oft das Anfressen von Fettreserven für schlechtere Zeiten. Und wann futtert man sich die am besten an? Klar: wenn gerade fett(e) Nahrung zur Verfügung steht! Und zwar am besten ohne von lästigen Sättigungsgefühlen am Weiteressen gehindert zu werden ...

6. So isst du dich SCHLANK

Guten Appetit!

»Aber was darf man dann überhaupt noch essen?«, fragt Günter. Ganz einfach: Lebensmittel mit wenig Zucker, Fett und Kalorien! »Welche zum Beispiel?« Zum Beispiel die Nahrungsmittel der folgenden Liste. Sie alle enthalten eine niedrige glykämische Last, nur wenige schlechte Fette sowie kaum Kalorien. Bei ihnen darf man also kräftig zuschlagen und sie beliebig miteinander kombinieren.

Ananas, Apfel, Apfelsine, Aprikose, Artischocke, Aubergine, Auster, Barsch, Birne, Blumenkohl, Bohnen, Brasse, Brokkoli, Buttermilch, Champignons, Chicorée, Chinakohl, Clementine, Dorsch, Endiviensalat, Erbse, Erdbeere, Feldsalat, Flunder, Forelle, Frucht-eis, Fruchtzucker, Frühlingszwiebeln, Garnelen, GLYX-Brot, Goldbarsch, Grapefruit, Grünkohl, Gurke, Haferflocken, Harzer Käse, Hase, Hecht, Heidelbeeren, Heilbutt, Himbeeren, Holunderbeeren, Honigmelone, Hühnerbrust ohne Haut, Hüttenkäse, Johannisbeeren, Kabeljau, Kalbfleisch (außer Brust!), Karotte, Kefir (1,5 % Fett), Kichererbsen, Kidneybohnen, Kirschen, Kiwi, klare Brühe,

Knoblauch, Knollensellerie, Kohlrabi, Kopfsalat, Krabben, Krebs, Kürbis, Lachsschinken, Limone, Linsen, Magermilch, Mandarine, Mango, Mangold, Meerrettich, Miesmuschel, Milch (0,2 oder 1,5 % Fett), Mineralwasser, Möhre, Morcheln, Naturjoghurt (0,1 bis 1,5 % Fett), Orange, Paprika, Petersilie, Pfifferlinge, Pfirsich, Pflaume, Pilze, Porree, Putenbrust, Quark (0,3 % Fett), Radicchio, Radieschen, Reh, Rettich, Rhabarber, Rinderfilet, Rinderlende, Rosenkohl, Rotbarsch, Rotkohl, Rucola, Sauerkraut, Schellfisch, Schinken (gekocht), Schleie, Scholle, Schwarzwurzel, Schweinefilet, Schweineschnitzel, Seehecht, Seelachs, Seezunge, Sellerie, Senf, Spargel, Spinat, Sprotte, Stachelbeeren, Staudensellerie, Steckrübe, Thunfisch (ohne Öl), Tintenfisch, Tomate, Tomatenmark, Tomatensaft, Vollkornbrot, Wassermelone, Weintraube, Weißkohl, Zander, Zitrone, Zucchini, Zwetschge und Zwiebel. Guten Appetit!

»Wow«, staunt Günter, »dann hat man ja eine Riesenauswahl!«

Appetit mit Bedacht!

Nun zu einigen Nahrungsmitteln mit etwas höherer glykämischer Last und / oder etwas mehr Fetten. Da heißt es: Greif zu – aber nicht zu viel und nicht zu häufig!

Anchovis, Apfelsaft, Avocado, Baguette, Banane, Bierschinken, Bismarckhering, Brathering, Brezel, Bückling, Camembert (45 % Fett), Cashewnüsse, Cornflakes mit Ballaststoffen, Couscous, Crème fraîche, Diätmargarine, Dickmilch (3,5 % Fett), Distelöl, Edamer (30 % Fett), Ei, Erdnüsse, Feigen (getrocknet), Gouda (40 % Fett), Halbfettmargarine, Haselnüsse, Hering, Hirsch, Honig, Hühnerkeule (ohne Haut), Jagdwurst, Joghurt (3,5 % Fett), Karpfen, Kartoffel, Kaugummi, Ketchup, Konfitüre, Kürbiskernöl, Lachs, Lammkotelett und -filet, Leberwurst, Mais, Maiskeimöl, Makrele, Mandel, Marmelade, Matjes, Mayonnaise (50 % Fett), Milcheis, Mischbrot,

Mohn, Mortadella, Mozzarella, Müslimischung, Nougat, Nudeln, Oliven, Olivenöl, Orangensaft, Papaya, Paranüsse, Parmesan, Pekannüsse, Pinienkerne, Pistazienkerne, Putenkeule (ohne Haut), Quark (20 bis 40 % Fett), Rapsöl, Reis (natur und parboiled), Roastbeef, Rosinen, Sahne, Sardine, Sauerrahm, saure Sahne, Schafskäse (45 % Fett), Schmand, Schmelzkäse (30 % Fett), Sesam, Sesamöl, Sojaöl, Sonnenblumenkerne, Sonnenblumenöl, Sushi, Thunfisch (in Öl), Vollkorntoast und -brötchen, Vollmilch, Walnüsse, Walnussöl, Weißbrot, Weißmehlbrötchen, Weizenkeimöl, Wirsing, Ziegenkäse (45 % Fett) und Zucker.

Vorsicht, Bombe!

Und nun ein paar echte Zucker- und/oder Fettbomben – nur wenig und in Ausnahmefällen!

Aal, Appenzeller Käse, Bergkäse, Blätterteig, Blauschimmelkäse, Bockwurst, Bratkartoffeln, Bratwurst, Briekäse, Butter, Butterschmalz, Camembert (60 % Fett), Cervelatwurst, Cheddarkäse, Cornflakes (gesüßt), Datteln (getrocknet), Doppelrahmfrischkäse, Edamer (45 % Fett), Edelpilzkäse, Eis (Sahneeis), Ente, Fleischkäse, Frankfurter Würstchen, Gans, Gänseschmalz, Gorgonzola, Gruyère-Käse, Gummibärchen, Hackfleisch, Kalbsbrust, Kaninchen, Kartoffelchips, Kartoffelpüree (Instant), Kasseler, Knackwurst, Kokosfett, Kokosnuss, Lammkeule und -schulter, Leberkäse, Mascarpone, Mayonnaise (80 % Fett), Mett, Mettwurst, Nuss-Nougat-Creme, Palmkernfett, Pizza, Pommes frites, Reis (weiß), Rinderrippe (Spareribs), -kamm, -schlegel, -rostbraten, -hack, -zunge, Rosine, Salami, Schmelzkäse (45 % Fett), Schokolade (Vollmilch- und weiße), Schweineschulter, -kamm, -keule,

ÜBUNG

DIE EIGENEN LIEBLINGSNAHRUNGSMITTEL ZUSAMMENSTELLEN

Gehen Sie die drei obigen Nahrungsmittelkategorien noch einmal in Ruhe durch.

Schreiben Sie eine Einkaufsliste: Welche Nahrungsmittel, die Sie unbegrenzt essen dürfen, werden Sie einkaufen? Welche mögen Sie besonders gerne?

Welche Nahrungsmittel aus der zweiten Kategorie mögen Sie gerne? Welche werden Sie einkaufen?

Vorsicht mit der »Kategorie Bombe«! Welche Fallen sollten Sie zukünftig besser umgehen?

-kotelett, -mett, -zunge, -schmalz, Speck, Süßkartoffeln, Tilsiter, Weißwurst und Wiener Würstchen.

Unser täglich Brot ...

Einige Nahrungsmittel essen wir besonders häufig. Also sollten wir sie auch genauer unter die Lupe nehmen, wie zum Beispiel Brot.

Brot besteht aus gebackenem Mehl, und das enthält Stärke, also ein Kohlenhydrat. Doch obwohl Stärke aus recht komplexen und langkettigen Kohlenhydratketten besteht, steigt der Blutzucker nach dem Essen steil an – besonders bei Brot aus Weißmehl. Also haben Weißmehlprodukte einen sehr schlechten glykämischen Index. Du solltest sie daher möglichst vom Speiseplan streichen: Helles Toastbrot, Milchbrötchen, Baguette, Hamburgerbrötchen, Ciabatta-, Misch- und Roggenbrot, aber auch Kuchen und Pizza gehören also zukünftig nur noch sehr selten auf deinen Teller – vor allem aber nicht in Verbindung mit Fetten wie Butter, Mayonnaise, Salami oder Käse. Croissants sind übrigens besonders gemein: Ihr Teig enthält neben Weißmehl auch noch jede Menge Butter – sie werden somit zur reinsten Zucker-Fett-Bombe! Auch vor anderen Blätterteigprodukten solltest du dich natürlich in Acht nehmen.

Iss doch stattdessen lieber Vollkornbrot mit ganzen Körnern, Vollkorntoast, Vollkornknäcke- oder GLYX-Brot mit besonders gutem glykämischem Index! Sie geben ihre Zucker nur langsam ab, sättigen länger und enthalten mehr Ballaststoffe.

... und was draufkommt!

Auch was auf das Brot draufkommt, ist wichtig – schließlich kannst du mit dem falschen Brotaufstrich einiges ruinieren! So enthält etwa Nuss-Nougat-Creme lauter Zucker und Fett, weshalb du sie nur mit äußerster Vorsicht genießen solltest. Besser wäre stattdessen ein Hauch Honig (ohne Fett) oder Marmelade (enthält Fruchtzucker, niedriger GI), noch besser jedoch ein selbst gemachter Fruchtaufstrich ohne Zucker oder etwa Gemüse wie Tomatenscheiben. Butter als Grundbelag ist natürlich tabu – sie besteht zu 80 Prozent aus tierischen Fetten. Besser wäre Margarine, wobei du jedoch deren Fettanteile nachlesen solltest: Enthält sie auch viele mehrfach ungesättigte Fettsäuren – und nicht die bösen »Transfette« (entstehen bei der Härtung von Pflanzenöl und machen krank)? Als Grundbelag eignet sich auch Quark – im Idealfall Magerquark – oder fettarmer Frischkäse. Apropos Käse: Selbstverständlich solltest du auch hier immer auf einen niedrigen Fettanteil achten. Besonders gut ist Harzer Käse. Er enthält fast überhaupt keine Fette und Kohlenhydrate.

Auch bei belegten Brötchen und Sandwichs hältst du dich natürlich zurück ...

Wurst und Fleisch

»Beleg doch Brot einfach mit Wurst!«, schlägt Günter nun vor. Gerne, wobei sich allerdings auch hier ein Blick auf den Fettgehalt lohnt: So besteht etwa Salami zu einem Drittel aus Fett, Schinken dagegen nur zu 3 Prozent – das bedeutet: In 100 Gramm Salami steckt die gleiche Menge Fett drin wie in einem ganzen Kilo Schinken! Also belege Brot doch lieber mit fettarmer Wurst wie Schinken (ohne Fettränder!), Corned-Beef-Scheiben oder Truthahnmortadella als mit Salami, Mett- oder Leberwurst. Auch im Hackfleisch steckt natürlich viel Fett drin. Und Vorsicht: In manche Wurstsorten mischt man Stärke hinein ...

»Fleisch zu essen ist also okay?«, wundert sich Günter nun. Natürlich! Nur eben mager und in Maßen. Wer dagegen regelmäßig Bockwurst, Ente, Leberkäse oder Schweinespeck in sich hineinstopft, braucht sich nicht zu wundern, wenn er immer dicker wird. Auch Innereien solltest du lieber meiden. Viel besser wären stattdessen Hähnchenbrust (ohne Haut), Hase, Kalbsfilet, Putenbrust, Rehrücken, Rinderfilet, Roastbeef oder Schweinefilet. Und natürlich sollte das Fleisch immer möglichst frisch sein – am besten kommt es also von der Fleischtheke beim Metzger und nicht aus der Tiefkühltruhe vom Supermarkt. Und aus artgerechter Bio-Haltung.

Fisch und Kartoffeln

Mindestens zweimal in der Woche sollte Fisch auf dem Speiseplan stehen. Magere Fische und Meeresfrüchte sind etwa Austern, Barsch, Dorsch, Flunder, Forelle, Goldbarsch, Heilbutt, Kabeljau, Miesmuscheln, Scholle, Seehecht, Thunfisch (ohne Öl), Tintenfisch oder Zander. Sie liefern unserem Körper viel wertvolles Jod.
Und fette Seefische wie Hering, Makrele, Matjes oder Lachs stecken voller guter Omega-3-Fettsäuren – sie schützen also vor Herzinfarkten, Bluthochdruck oder erhöhten Blutfetten und bauen sogar Gehirnzellen auf. Nur Aal enthält so viel Fett, dass es leicht an die Hüften wandert. Ach ja: Fischstäbchen sollten besser nicht auf den Tisch kommen – schließlich besteht ihre Panade aus Weißmehl und Frittierfett. Da könntest du ja gleich Pommes frites essen ...

»Und was ist falsch an Pommes frites?«, fragt Günter. Nun, Pommes frites bestehen aus klein geriebenen Kartoffelstückchen, die in Form gepresst und in heißem Fett frittiert wurden. Also stellen sie eine typische Zucker-Fett-Kombination dar! Die Zucker (Kohlenhydrate) stammen aus der Kartoffelstärke, das Fett aus dem fiesen Frittierfett. Deshalb: Finger weg! Natürlich sind auch Bratkartoffeln nur mit Vorsicht zu genießen, genauso wie Ofenkartoffeln oder Kartoffelpüree. Besser isst du Kartoffeln gekocht, wobei auch das nicht immer sein muss – schließlich dienen sie meist nur als unnötiger Füllstoff, der satt machen soll ...

Pasta und Pizza

Ein weiterer klassischer Füllstoff sind Nudeln. Man stellt sie aus Hartweizengrieß, Reis, Mais oder Kartoffeln her. Nudeln bestehen also vorwiegend aus Stärke und somit aus Kohlenhydraten, weswegen du sie besser stehen lassen solltest, wenn sie dir als Beilage zu fetthaltigen Speisen gereicht werden. Nimm als Magenfüller lieber Ballaststoffe! Und wenn du doch mal Spaghetti isst, dann achte darauf, dass sie »al dente« (also bissfest) sind, und nicht etwa matschig gekocht. Denn »al dente« haben Spaghetti einen besseren glykämischen Index (45) als weich gekocht (55). Noch besser sind allerdings Vollkornnudeln (al dente, 40). Und iss zu Nudeln keine fettigen Sahne- oder Bolognese-Saucen (Hackfleisch!), sondern lieber fettfreie wie etwa eine gute Tomatensauce! Oder schmeck Pasta nur mit ein wenig Olivenöl und Gewürzen ab, wie beispielsweise bei den leckeren »Spaghetti aglio e olio«.

»Und Pizza?«, will Günter wissen. »Ich liebe Pizza!« Dann sollte Günter natürlich weiterhin Pizza bekommen – allerdings nur als Ausnahme, denn auch Pizza enthält die klassische Dickmacher-Kombination aus Zucker und Fett! Die Kohlenhydrate stecken im Teig und das Fett vor allem im Käse. Und bevor du Pizza (oder Pasta) isst, verdrückst du am besten zuerst einen großen Salat. Dann nimmst du die Fette und Kohlenhydrate nämlich viel langsamer auf.

Salat und Gemüse

»Salate verlangsamen die Verdauung von Fetten und Kohlenhydraten?« Genau, Günter! Gemüse auch. Wenn man also direkt vor Fett- oder Kohlenhydrat-Mahlzeiten einen großen Salat isst, wird man nicht so dick – wegen der Ballaststoffe! Iss deshalb immer möglichst viel Salat und Gemüse – gerne auch anstatt der typischen Kohlenhydratbeilagen! Sogar schockgefrorenes Tiefkühlgemüse ist okay. Es wird meist zur richtigen Zeit geerntet und enthält noch alle seine Vitamine. Ansonsten kauf dein Gemüse am besten im Bioladen – das wurde gesund angebaut!

Viele ersetzen täglich sogar eine ganze Mahlzeit durch Salat oder Gemüse. Warum auch nicht? Schließlich darfst du dabei fast unbegrenzt zugreifen. Also feiere doch Salat-Orgien! Zelebriere Gemüsepfannen! Erfreu dich an Radicchio, Kidneybohnen, Spargel, Grünkohl, Tomaten, Paprika, Staudensellerie oder Zucchini! Sie machen satt, fördern die Verdauung, verbessern die Blutfette und enthalten überdies viel Wasser. Leckere Rezepte findest du in unzähligen Kochbüchern. Auch deiner Fantasie sind natürlich keine Grenzen gesetzt ...

Vitamine, Antioxidantien, sekundäre Pflanzenstoffe

Neben dem hohen Wasser- und niedrigen Ballaststoffgehalt sowie guten Zuckern enthalten Obst und Gemüse viele Vitamine, Antioxidantien und sekundäre Pflanzenstoffe.

Vitamine und Antioxidantien

Vitamine sind kleine Helfersubstanzen, die der Körper für unzählige Funktionen braucht und die er nicht selbst herstellen kann. Also müssen Vitamine gegessen werden. So schützt zum Beispiel das Vitamin Folsäure gegen Fehlbildungen, Frühgeburten, Arteriosklerose oder schlechtes Blutbild. Oder die Vitamine A, C und E schützen gegen sogenannte freie Radikale. Das sind aggressive Sauerstoffmoleküle, die bei der Zellatmung entstehen und zu Arteriosklerose, Krebs oder besonders schneller Zellalterung führen sollen. Hier wirken Vitamine als sogenannte Antioxidantien, weil sie die Radikale chemisch inaktivieren und so »oxidativen Stress« in der Zelle vermindern.

Auf diese Weise halten uns Obst und Gemüse gesund: Vitamin C aus Zitrusfrüchten oder Paprika schützt vor Nitrosaminbildung. Oder Lycopin aus Tomaten schützt vor Krebs. Oder die Vitamine C und E sowie Beta-Carotin und Allicin schützen vor Arteriosklerose. Die Liste solch positiver Effekte ließe sich noch ewig fortführen, wobei die vermutlich meisten Effekte bislang noch nicht einmal richtig erforscht sind.

Sekundäre Pflanzenstoffe

Auch die sogenannten sekundären Pflanzenstoffe, also Naturstoffe aus ganz bestimmten Pflanzentypen, haben jede Menge positive Wirkungen: Phenole aus dem Granatapfel etwa können den Blutdruck senken. Oder Sulfide im Knoblauch verhindern Thrombose. Polyphenole in Gewürzen fördern die Verdauung. Phenolsäuren in Früchten bekämpfen Bakterien. Saponine in Hülsenfrüchten, Hafer und Gemüse sowie Flavonoide in fast allen Pflanzen hemmen Entzündungen. Phytosterine, die ebenfalls in fast allen Pflanzen enthalten sind, und wiederum Saponine senken unser Cholesterin. Die Krebsentstehung wird gehemmt durch Carotinoide in grünblättrigem Gemüse oder durch Proteaseinhibitoren in Kartoffeln, Nüssen, Getreide, Hülsenfrüchten sowie durch Granatapfel-Polyphenole. Flavonoide und Liponsäure wirken als Antioxidantien. Ja, auch hormonähnliche Wirkungen entstehen durch sekundäre Pflanzenstoffe: wie etwa durch Phytohormone oder Phytoöstrogene.

Vorsicht – Qualitätsprobleme und Abzocke!

Leider werden Obst und Gemüse heute oft minderwertig industriell hergestellt: Dabei wachsen die Pflanzen in Nährlösungen heran und enthalten oft weit weniger Vitamine, Antioxidantien und sekundäre Pflanzenstoffe als vollwertige biologisch angebaute Produkte. Zudem essen die meisten Menschen in unserer westlichen Zivilisation täglich ohnehin viel zu wenig Obst und Gemüse (Empfehlung: fünfmal am Tag). Also entstehen Märkte für Nahrungsergänzungsprodukte, die oft teuer und wenig wirksam sind: So sollen dann etwa einzelne Vitamine, die per Pille geschluckt werden, unser schlechtes Gewissen beruhigen. Dabei bilden sie nur kleine Ausschnitte der vielen komplexen Stoffe aus Obst und Gemüse ab! Auch ihre biologische Verfügbarkeit ist in Pillen- und Pulverform weit schlechter als in der natürlichen Obst- beziehungsweise Gemüse-»verpackung«.

Nur sehr wenige Nahrungsergänzungspräparate halten, was sie versprechen. Informieren Sie sich genau, bevor Sie kaufen! Und statt Pillen mit einzelnen Inhaltsstoffen zu schlucken, wäre ein Gang zum Biomarkt schlauer ...

Suppen und Glutamat

Ebenfalls wunderbare Mahlzeiten sind Suppen. Sie schmecken schön deftig, füllen den Magen und haben meist kaum Kalorien. Du kannst sie als Vorspeise oder Hauptgang essen und so nebenbei den Anteil an festem Kalorienfutter verringern. Außerdem gibt es jede Menge leckere Suppenrezepte: Egal ob Minestrone, Spargel-, Gurken-, Brokkoli-, Kohlrabi-, Zwiebel-, Curry-, Spinat-, Möhren-, Tomaten-, Linsen-, Kraut- oder Fenchelsuppe – mit ein paar guten Rezepten eröffnest du dir einen völlig neuen Geschmackshorizont! Der arme Suppenkasper ...

Natürlich solltest du vorsichtig sein, wenn eine Suppe matschige Nudeln oder Kartoffeln enthält: Passen deren Kohlenhydrate auch zur restlichen Mahlzeit? Und Vorsicht vor Tütensuppen: Sie sind meist viel zu fettig, zu salzig und enthalten den Geschmacksverstärker »Glutamat«! Der schmeckt Mensch und Schweinehund zwar gut, löst aber oft einen Fressreflex aus, und Günter will nur noch essen, essen, essen – obwohl er eigentlich längst satt ist ... Auch in vielen anderen Fertiggerichten oder Gewürzmischungen steckt Glutamat drin – etwa als »Glutaminsäure«, »Mononatriumglutamat«, »Monokaliumglutamat«, »Calciumdiglutamat«, »Monoammoniumglutamat« oder »Magnesiumdiglutamat« – auch E 620 bis 625 genannt. Sollst du etwa absichtlich zu viel essen?

Wenn der Durst kommt

Auch viele Getränke werden industriell verdorben: So süßt man Cola, Limonade, »Fruchtsäfte«, Energy-Drinks oder Eistee fast immer mit einer Riesenmenge Zucker. Doch was passiert, wenn man unnötig Zucker zu sich nimmt? »Der Körper baut ihn schnell wieder ab, und man bekommt Hunger!« Ganz genau ... Auch »Light«-Getränke machen Ärger, denn sie simulieren die Zuckeraufnahme nur. Also fällt der Blutzucker danach ebenfalls ab, und man bekommt Heißhunger. Wenn, dann sollte man »Light«-Getränke also nur trinken, wenn man zeitnah ohnehin Kohlenhydrate (und keine Fette!) isst.

Auch bei bunt bedruckten Flaschen oder Getränkepackungen, die »Vitamine«, »Energie« oder »Gesundheit« versprechen, solltest du vorsichtig sein: All das liefert gesunde Ernährung ohnehin! Warum dir noch etwas verkaufen lassen?

Besser also, du trinkst ungesüßte Tees, leichte Fruchtsaftschorlen, Milchmixgetränke oder gesunde Sojadrinks. Am besten wäre natürlich reines Wasser – es muss auch keine Kohlensäure enthalten, denn die belastet nur unnötig den Magen. Wasser darf übrigens auch einfaches Leitungswasser sein! Das hat meist eine hervorragende Qualität, und du musst nicht unnötig Kisten schleppen ...

Na denn prost ...

»Wie sieht es mit Bier, Wein oder Schnaps aus?«, fragt Günter nun. »Ein wenig feiern wird doch erlaubt sein, oder?« Solange es sich in Maßen hält, schon. Nur: Wenn du abnehmen willst, machst du dir das mit Alkohol unnötig schwer. Denn einerseits liegt der Brennwert von Alkohol bei ganzen 7 Kalorien pro Gramm, also noch höher als der von Kohlenhydraten (4,1 kcal/g), und andererseits führt Alkohol über eine Insulinausschüttung direkt in die Hungerspirale – vor allem auf nüchternen Magen! Kein Wunder also, dass manch eine(r) im Rausch nächtliche Fressattacken bekommt und völlig alkoholenthemmt den Kühlschrank leer räumt ... Wenn du also Alkohol trinken willst, dann iss vorher etwas!

Besonders dick wird man übrigens, wenn man viel Bier trinkt, denn das enthält süßen Malzzucker. Außerdem muss man ständig pinkeln, trinkt deshalb gerne eines nach dem anderen und sorgt somit für besonders große Kalorienportionen. Auch Wein führt natürlich zur Insulinausschüttung – und Hochprozentiges erst recht! Du siehst schon: Alkohol und Abnehmen passen nicht wirklich zusammen, zumal sämtliches Nahrungsfett beim Saufen sowieso gleich im Bauchspeck landet ... Außerdem: Brauchst du zum Feiern wirklich Alkohol? Oder machst du dich davon möglicherweise etwas zu sehr abhängig?

Vorsicht, Koffein!

»Und Kaffee? Darf man wenigstens Kaffee trinken?« Klar, schließlich kann jeder tun und lassen, was er will. Aber Kaffee enthält Koffein. Und das putscht einen nicht nur künstlich auf: Bei manchen steigen auch Blutzucker und Insulin ...

Lass nach dem Essen deshalb lieber die Finger vom Kaffee – vor allem wenn er mit Zucker gesüßt ist und vorher viel Fett auf deinem Teller war! Selbstverständlich sind auch Schlagsahne (30 % Fett), Kaffeesahne (10 bis 15 % Fett) und Vollmilch (3,5 % Fett) zum Kaffee unsinnig. Besser geeignet dagegen sind H-Milch (1,5 % Fett) oder entrahmte Milch (0,2 % Fett), die übrigens auch viel schöner schäumt.

Mehrere Tassen Kaffee in kurzer Zeit (ab 300 mg Koffein, also etwa 3 Tassen) wirken zudem entwässernd, und man rennt ständig auf die Toilette. Und wer dauerhaft zu viel Kaffee trinkt, ist ohne Kaffee bald nur noch müde und schlapp – man hat sich an das Aufputschmittel gewöhnt. Besser also, du trinkst etwas weniger Kaffee oder öfter mal koffeinfrei! So hast du zwar den Kaffeegeschmack, nicht aber seine schlechte Wirkung. Du kannst stattdessen auch Tee trinken, wie etwa schwarzen oder grünen Tee. Der enthält zwar ebenfalls Koffein, aber in der Regel weniger. Man sagt auch: Kaffee regt auf, Tee regt an.

Vorsicht, süß und fettig!

Auch von Süßigkeiten solltest du besser die Finger lassen. Sie stecken voll unnötiger Kalorien und süßer Zucker, stressen deine Bauchspeicheldrüse, ruinieren die Zähne, machen Heißhunger und lassen die Schwarte schwellen. Also Finger weg von Bonbons, gezuckerten Kaugummis oder Fruchtgummi! Besonders fies sind Sahneeis, Vollmilchschokolade, Kuchen, Kekse, Riegel, Plätzchen oder Pralinen. Denn meist stecken sie so voll Zucker und Fett, dass du gleich zu einer Portion Pommes frites greifen könntest – wie übrigens auch bei Kartoffelchips, Kräckern oder Erdnussflips, die ebenfalls vor allem aus Zucker und Fetten bestehen ...»Fettige Süßigkeiten machen also fett«, stellt Günter richtig fest. »Aber wie soll ich ohne sie auskommen? Schließlich sind sie so lecker!« Keine Sorge, ganz verzichten muss man ja gar nicht. Aber mit ein paar Tricks kann man ihren Konsum problemlos reduzieren.

Zum Beispiel: Kauf dir einfach keine Süßigkeiten mehr! Was nicht im Regal steht, kann Günter auch keinen Appetit machen. Oder denk vor dem Naschen einen Moment nach! Überleg dir vor dem ersten Biss, ob du tatsächlich riskieren willst, gleich eine ganze Tafel Schokolade oder eine gesamte Packung Chips zu verdrücken – meist setzt der Fressreflex ja erst nach dem ersten Bissen ein ... Willst du wirklich die Kalorienmenge eines großen Mittagessens verspeisen? Und wärst du bereit, dafür 1 Stunde zum Joggen zu gehen?

Der kleine Hunger

Pass auf Fressfallen auf, bei denen du »nebenbei« isst: die Chips vorm Fernseher, der Brotkorb im Restaurant, Kaffee und Kuchen beim Warten im Flughafen oder die Schokolade zum Lernen – das Leben steckt voller überflüssiger Automatismen!

Und wenn der kleine Hunger trotzdem kommt, kannst du ja immer noch etwas schlauer naschen: Frucht- oder Milcheis anstatt Sahneeis, ungezuckerte Müsliriegel statt Schokoriegel, Kürbiskerne und Salzstangen statt Kartoffelchips, fettarmen Joghurt oder Molke statt Rahmjoghurts, Obst- statt Sahnetorte und schwarze Schokolade – mit mindestens 70% Kakao – statt Vollmilchschokolade! So sparst du beim Naschen Kalorien. Oder aber du steigst gleich auf Obst und Gemüse um: Nasch doch mal Selleriestangen, Karottenstreifen oder Radieschen! Oder Äpfel, Birnen und Weintrauben! Oder Ananas, Kiwi, Litschi, Mango, Melone oder Physalis – natürlich nicht gleichzeitig mit Fetten (wegen des Fruchtzuckers)! Sie sind alle gesund und enthalten viel Wasser. Vielleicht auch leckere Trockenfrüchte oder ein paar (aber nicht zu viele!) Nüsse? Ob Günter gezuckertes Industriefett dann immer noch mag?

Müsli zum Frühstück

»Schön und gut«, findet Günter. »Aber wie soll man all diese Ernährungstipps bei den Hauptmahlzeiten umsetzen?« Genauso einfach: Man isst viele Ballaststoffe, achtet auf einen geringen Fettgehalt, bevorzugt gute Kohlenhydrate, trennt Kohlenhydrate und Fette, trinkt viel Wasser und isst sich dabei satt! Ein sehr gutes und leckeres Frühstück ist zum Beispiel Müsli mit fettarmer Milch. Achte jedoch darauf, dass das Müsli ungezuckert ist und nicht etwa Schokostückchen oder gezuckerte Cornflakes enthält – eventuell beigefügte Trockenfrüchte oder Rosinen sollten für den süßen Geschmack ausreichen. Vielleicht machst du dir dein Müsli ja auch selbst? Zum Beispiel mit kernigen Haferflocken, zu denen du deine Lieblingszutaten mischst: etwa getrocknete Feigen, Weintrauben, Haselnüsse (nur wenige wegen ihres Fettanteils!) oder Erdbeeren. Vor Cornflakes, Smacks und Ähnlichem solltest du dich in Acht nehmen: Sie bestehen oft aus gezuckerter Getreidepampe voller künstlicher Zusätze ...

Verzichte nie auf das Frühstück, und iss dich dabei satt! So dauert es eine Weile, bis du wieder Hunger bekommst – gerade Haferflocken stecken voller sättigender Ballaststoffe und guter Kohlenhydrate. Und trink vor jedem Frühstück ein Glas Wasser! Das erfrischt den Geist, füllt den Magen und startet die Verdauung.

Brot zum Frühstück

Wenn du morgens lieber Brot oder Brötchen frühstückst, solltest du die Weißbrotvarianten durch Vollkornbrot ersetzen: also anstatt Toast, hellem Brötchen oder Graubrot lieber Vollkorntoast, Vollkornbrötchen oder Vollkornbrot essen – wegen der Ballaststoffe und besseren Kohlenhydrate. Und anstatt Butter nimmst du lieber eine dünne Schicht guter Margarine. Oder noch besser: Magerquark oder mageren Frischkäse! Darüber darfst du dann gerne eine dünne Marmeladen- oder Honigschicht streichen. Falls du es lieber deftig magst, beleg dein Brot doch mit magerem Käse, Schinken oder gewürzten Tomaten! Anstatt Butter kannst du dann auch Senf, Tomatenmark oder Paprikapaste verwenden. Und falls du gar nicht auf Butter verzichten willst, sollte die Butter schon eine Weile aus dem Kühlschrank draußen sein – kalte Butter streicht sich nämlich nicht dünn genug … Ach ja: So ein fettarmes Kohlenhydratfrühstück darfst du auch ruhig mit Kaffee kombinieren.

Wenn du zum Frühstück aber lieber Eieromelette, Würstchen oder Bacon magst, dann isst du dazu besser Tomaten oder anderes Gemüse anstatt Brot – also kombinier wieder Fette mit Ballaststoffen. Und trink besser Tee.

Das »fettige« Mittagessen

»Alles klar!«, freut sich Günter. »Aber was ist mit dem Mittagessen? Was gibt es dabei zu beachten?« Nun, man beginnt einfach jedes Mittagessen mit einer Suppe oder einem Salat. Dazu trinkt man am besten ein Glas stilles Wasser. So hat man den Magen bereits kalorienarm gefüllt, bevor der Hauptgang losgeht.

Auch beim Mittagessen solltest du auf Kohlenhydrate und Fette achten: Wenn du fettes Fleisch oder Fisch essen willst, sollte es nicht paniert sein (Kohlenhydrate!) und auch nicht mit einer schweren Mehlsauce (Kohlenhydrate!) serviert werden – nimm lieber eine leichte Sauce auf der Basis von Crème fraîche, saurer Sahne oder Schmand. Natürlich sollten Fisch oder Fleisch auch nicht mit Bratfett zubereitet, sondern in Dampf gegart oder mit guten Ölen gebrutzelt werden, wie etwa Rapsöl. Das ist nicht nur geschmacksneutral, passt zu jedem Salat und hat das ideale Omega-6-Omega-3-Verhältnis von 2:1, es ist sogar ultrahoch erhitzbar! Und dann isst du zu deinem »Fett«-Mittagessen natürlich keine Kohlenhydrate wie Nudeln oder Kartoffeln (schon gar keine Bratkartoffeln oder Pommes!), sondern Gemüse oder Salat. Und iss ruhig das Leckerste zuerst. Dann hörst du nämlich schneller auf, wenn du satt bist. Möglicherweise tut es dann auch eine kleinere Portion …

Das »süße« Mittagessen

Wenn sich dein Hauptgericht vorwiegend aus Kohlenhydraten zusammensetzt, lässt du alles Fett weg. Besteht also die eine Hälfte aus Spätzle, Backkartoffeln oder Kartoffelknödeln, sollte die andere nicht aus dicker Käsesauce, fettem Sahne-Dip oder Krustenbraten bestehen. Besser wären hier ein bisschen mageres Fleisch oder Fisch in Kombination mit viel Gemüse wie etwa Spargel, Champignons, Auberginen, Blumenkohl oder Erbsen – du hast die Auswahl! Selbstverständlich lässt sich ein Kohlenhydratgericht auch prima mit Salat kombinieren.

Apropos Salat: Ersetz doch immer wieder mal eine ganze Mahlzeit durch leckeren Feld-, Kopf-, Endivien-, Rucola- oder Tomatensalat! Das hat kaum Kalorien, schmeckt lecker und sättigt prima. Nur beim Dressing solltest du nicht etwa fettige Kalorienbomben wie Thousand-Island-, Sahne- oder Mayonnaise-Saucen nehmen. Besser wären leichte Essig-Öl-Dressings, gerne auch mit etwas Suppe oder fettarmem Joghurt gestreckt. Und nimm als Öl am besten kalt gepresstes Olivenöl (»extra vergine«) oder Rapsöl – nicht etwa Sonnenblumenöl, das lauter mehrfach ungesättigte Fettsäuren enthält ...

Und beim Nachtisch? Klar: Nach einem Kohlenhydratessen darf es etwas Obst und auch ein kleiner Kaffee sein. Nach einem Fett-Essen dafür lieber Käse.

Das Abendessen

Die gleichen Regeln wie bei Frühstück und Mittagessen wendest du natürlich auch beim Abendessen an – egal ob warm oder kalt: Achte vor allem auf Kohlenhydrate und Fette! »Abendessen? Ich dachte, wer abnehmen will, darf abends überhaupt nichts essen ...?«

Quatsch! Denn was passiert, wenn man hungrig ins Bett geht? »Dann wacht man nachts auf und rennt zum Kühlschrank!« Genau, Günter. Also ist das berühmte »Dinner-Cancelling« nur für Leute geeignet, die sich gerne selbst quälen. Eine kleine Wahrheit steckt allerdings doch drin: Wer abends nämlich zu viel isst, der schläft unruhig ...

Übrigens ist es sehr praktisch, wenn du abends kaum Kohlenhydrate isst: Denn dann muss sich dein Körper die Energie aus den Fetten holen – und du verbrennst deinen Bauchspeck quasi im Schlaf! Isst du dagegen Kohlenhydrate oder naschst sogar Süßigkeiten, kannst du den »Fett-weg-Schlaf« vergessen – schließlich wachst du bald wieder auf und brauchst Zuckernachschub. Eine besonders gemeine Gewichtsfalle ist abends auch der Alkohol: Nicht nur, dass er zu viele Kalorien enthält, er verursacht schließlich ungehemmte Fressattacken ...

Restaurant und Kantine

Ungemein praktisch ist es, wenn du außer Haus isst: In Restaurant und Kantine gibt es meist so ein reiches Angebot, dass du deine neue Ernährungsweise wunderbar einüben kannst! Natürlich solltest du nachfragen, wenn dir ein Gericht nicht ganz klar ist (»Woraus besteht diese Sauce?«, »Können Sie mir den Salat auch ohne Croûtons bringen?«, »Welches magere Fleisch können Sie mir empfehlen?«) und reklamieren, wenn dir etwas nicht passt. Lass auch mal etwas zurückgehen! Wenn die Portion zu groß ist oder die Beilage nicht stimmt, dann bleibt eben etwas auf dem Teller – soll der

Kellner gucken, wie er will. Pass aber auf, dass du nicht allzu hungrig zum Essen gehst! Sonst drohen Fressfallen wie etwa der Brotkorb mit Kräuterbutter oder der verlockende Nachtisch ...

Vorsicht auch bei deftiger Hausmannskost und gutbürgerlicher Küche! Hier mischt man meist hemmungslos alle Nahrungsgruppen durcheinander – ohne Rücksicht auf Fett-, Kohlenhydrat- oder Kaloriengehalt: Braten mit Spätzle und Sauce, »Himmel und Äd« oder Schweinshaxe mit Knödeln. Also passt du ganz besonders auf – wie natürlich auch beim Fast Food: Nimm zum Hamburger lieber Salat und Cola light anstatt Pommes frites und Zucker-Cola! Iss dein Gyros lieber mit Salat auf dem Teller als im Brötchen zum Mitnehmen! Und verdrücke lieber nur eine kleine Pizza – dafür aber ebenfalls einen Salat ...

Multikulti-Küche

Andere Länder, andere Sitten – natürlich auch beim Essen: Wenn du also mal amerikanisch, chinesisch, französisch, griechisch, indisch, italienisch, japanisch, mexikanisch oder spanisch essen gehst, solltest du wissen, was da auf deinem Teller landet. Also frag einfach genau nach, was »Miso-Suppe«, »Tapas-Teller« oder »Saltimbocca alla romana« eigentlich bedeutet! Passen deren Zutaten und Zubereitung auch zu deinen Ernährungsplänen? Mit ein bisschen Know-how und Mitdenken kann man nämlich einige Fallen umgehen. Bist du beispielsweise beim Asiaten, sollte dir klar sein, dass beim Kochen häufig Glutamat verwendet wird, der Füllstoff Reis ein Kohlenhydrat ist und die Erdnuss-Sauce zu den Saté-Spießchen recht viele Kalorien enthält. Du siehst schon: Wissen macht schlank.

»Toll!«, freut sich Günter. »Das sind so viele gute Ideen, dass ich davon bestimmt einige ausprobiere. Ob mir aber alles schmecken wird, weiß ich noch nicht. Und ob es dann noch zum Abnehmen reicht, werden wir sehen ...« Moment, Herr Schweinehund, wir sind noch nicht fertig! Bevor es nämlich richtig losgeht, besprechen wir noch das Thema Bewegung und ein paar Gedanken zur inneren Einstellung und dem richtigen Verhalten. Erst danach heißt es wirklich: Pfunde runter!

7. Weitere wichtige STELLSCHRAUBEN

Lockerer Sport

Wie du weißt, gibt es zwei Möglichkeiten, abzunehmen: Entweder isst du weniger, als du verbrauchst, oder du verbrauchst mehr, als du isst. Und wenn du beides miteinander kombinierst, schmilzt dein Fett wie Butter in der Sonne! Also: Ein bisschen Sport macht dich schlank, fit, gesund und glücklich – denn ein gesunder Geist steckt in einem gesunden Körper! Und was könnte gesünder sein, als diesen Körper richtig zu benutzen?

»Ich weiß nicht ...«, zögert Günter. Typisch Schweinehund! Er wittert Anstrengung, obwohl die meisten Sportarten weit weniger anstrengend sind, als man denkt. Zum Beispiel Ausdauersport: Beim Joggen, Radfahren, Walken oder Inlineskaten solltest du dich nebenher locker unterhalten können, ohne aus der Puste zu geraten! Bei leichter regelmäßiger Bewegung verbrennen die Muskeln Fett nämlich besonders gut, und dein Gehirn kriegt eine Extra-Portion Sauerstoff ab. Wer sich dagegen überanstrengt, bekommt Heißhunger, Muskelkater, fühlt sich schlapp und hat keine Lust mehr aufs nächste Mal. Wenn Sport für dich also neu ist, dann übernimm dich nicht! Besser, du bewegst dich zunächst nur ein paar Minuten und machst großzügig Pausen, als dass du die Lust verlierst. Schließlich solltest du deine Ausdauer mindestens zweimal pro Woche trainieren – wenn es auch nur 30 Minuten sind ...

Ein bisschen Kraft muss sein

Schon nach ein paar lockeren Trainingseinheiten stellst du fest: Deine Leistung verbessert sich. Also darf es nun etwas anstrengender werden: länger, schneller, weiter – aber immer noch locker! Achte dabei auf deinen maximalen Trainingspuls: 180 minus Lebensalter. Bei 20-Jährigen darf er also maximal 160 betragen und bei 70-Jährigen 110 – optimal wäre eher ein bisschen weniger. Pumpt dein Herz also zu schnell, dann schalte einen Gang zurück.

Doch weil vor allem deine Muskeln Fett verbrennen, tut auch ein bisschen Krafttraining not. Entweder gehst du dazu in ein Fitnessstudio oder du machst ein paar Übungen zu Hause. Natürlich sollst du kein Arnold Schwarzenegger werden – ein bisschen mehr Muskeln als vorher reichen meist schon. Denn wenn die Muckis kommen, geht das Fett ... Oder du kombinierst Ausdauer- und Kraftsport etwa beim Fußball-, Badminton- oder Volleyballspielen. Und wenn du partout keinen Sport treiben willst, dann kannst du mehr Bewegung immer noch in deinen Alltag einbauen: Nimm die Treppe statt des Aufzugs, parke dein Auto etwas weiter entfernt, fahr mit dem Fahrrad zur Arbeit, mach täglich einen Spaziergang oder schmeiß die Fernbedienung deines Fernsehers weg. So kommst du auch ohne Sport öfters in Schwung.

Das innere Selbstgespräch

»Schön und gut«, zögert Günter. »Aber was du bisher nicht geschafft hast, schaffst du in Zukunft bestimmt auch nicht!« Vorsicht, Falle: Die meisten Menschen sprechen ja in Gedanken mit sich selbst – oder besser gesagt: mit Günter. So kommentieren wir in einem inneren Selbstgespräch ständig, was uns passiert: »Steh auf, der Wecker klingelt!«, »Was kommt heute im Fernsehen?« oder »Spinnt dieser Autofahrer?«. Und je nachdem wie man in Gedanken mit sich (oder mit Günter) spricht, kann man entweder in Selbstzweifeln baden oder sich Mut machen: »Das schaffst du sowieso nicht!« oder »Dieses Mal klappt es bestimmt!«, »Dafür bist du zu dumm!« oder »Du brauchst nur noch ein paar Infos!«, »Das ist zu anstrengend!« oder »Wenn du einmal angefangen hast, geht es leichter!«. Kannst du dir vorstellen, welche Art von Selbstgespräch am ehesten zum Erfolg führt?

Also mach dich nicht fertig, indem du denkst: »Das bringt doch eh nix!«, »Bei dir ist sowieso alles zu spät!« oder »Einmal dick, immer dick!«. Denn wer sich sagt: »Das schaffe ich nicht!«, wird wahrscheinlich recht behalten ... Lieber soll Günter dir sagen, wie du zu Erfolg kommst! Denn deine Vergangenheit ist nicht deine Zukunft. Henry Ford hat einmal gesagt: »Es gibt mehr Leute, die kapitulieren, als solche, die scheitern.« Er hatte einen erstaunlich schlauen Schweinehund.

Die »liebe« Werbung

Häufig hat Günter ja Angst davor, auf etwas zu verzichten: »Gute Laune ohne Süßigkeiten? Unmöglich!«, »Familienausflug ohne Fast Food? Grausam!« oder »Fußball gucken ohne Bier? Schrecklich!«. Also versucht er, dich von Veränderungen abzuhalten, indem er dir einredet: »Schokolade ist gut für die Nerven!«, »Pommes frites schmecken den Kindern!« und »Ein Pils zum Fußball muss einfach sein!«. Nur wo hat Günter solche Ansichten her? Unter anderem von Vorbildern, die dich absichtlich zum Essen verführen wollen – wie zum Beispiel die Werbung!

Hast du dich auch schon mal gewundert, warum Models in der Schokoladenwerbung immer so schlank und glücklich aussehen, während die meisten Schokoverwerter eher dick und unglücklich anmuten? Oder weshalb Fast-Food-Ketten mit Bildern von glücklichen Familien werben, wo doch die meisten Besuche in Stress ausarten? Und warum kommt vor Fußballübertragungen eigentlich immer eine Bierwerbung im Fernsehen? Kann es sein, dass da jemand Günter manipulieren will, um an dein Geld zu kommen? Und wieso sind auf den Lebensmittelpackungen immer so schöne Bilder drauf? Weshalb weht der Duft frischer Brötchen durch den Supermarkt? Warum sind die Süßigkeiten an der Kasse immer so platziert, dass die lieben Kleinen sie sehen? Vielleicht sollte Günter doch etwas kritischer werden ...

Konditionierte Gewohnheiten

Oft kommen Günters Vorbilder aber auch aus dem privaten Bereich: Vielleicht ist deine beste Freundin ja ebenfalls schokoladensüchtig, haben dir deine Eltern immer eingebläut: »Was auf den Teller kommt, wird gegessen!« oder sagt dein Partner im Urlaub »Wir haben bezahlt, jetzt greifen wir auch zu!«. Und schon futterst du die nächste Tafel, putzt auch den letzten Rest vom Teller und plünderst hemmungslos das Büfett! Etwas anders machen? »Unmöglich!«, meint Günter. Klar: Der innere Schweinehund ist ein Gewohnheitstier, und was Günter nicht kennt, das frisst er nicht.

Nichts hasst er so sehr wie Veränderungen. (Und doch liebt er zum Glück alles Neue ...)

Manchmal ist Essen aber auch an bestimmte Situationen gekoppelt: Dann isst du etwa, wenn du Stress hast, traurig bist oder dir langweilig ist. Also macht dir Günter Appetit, sobald es mal unangenehm wird: Dann flüstert er dir sanft ein paar Vorwände ins Ohr, und obwohl du eigentlich weniger essen wolltest, greifst du hemmungslos zu – als »Nervennahrung«, zur »Belohnung« oder »Ablenkung«. Und Günter merkt sich erneut, dass Essen gegen Stress, Trauer oder Langeweile helfen soll ... Essen aus Hunger oder Energiemangel? Unwichtig!

Ziele im Blick

Du siehst: Oft greifst du nur deswegen zu, weil dich Günter dazu verleitet! Wie bringst du ihn also dazu, sein Verhalten zu überdenken? Indem du ihm das Schlanksein schmackhaft machst! Manche Menschen sagen ja: »Ich will abnehmen!«, und ihr ahnungsloser innerer Schweinehund bekommt Angst vorm Verzicht. Dabei ist das Wort »abnehmen« völliger Blödsinn: Niemand will gerne abnehmen, sondern alle wollen schlank sein! Und warum? Weil sich Schlanke besser fühlen und besser aussehen als Dicke! Also stell dir doch bildhaft vor, wie blendend du aussiehst, wenn du schlank bist, wie gut du dich fühlen wirst und wie stolz du dann auf dich sein kannst! Vielleicht hängst du ja überall ein paar alte Fotos auf, auf denen du noch schlanker warst – als Motivationsstütze. Oder du erzählst allen von deinen Schlankheitsplänen – als Erinnerungsstütze. Oder aber du schreibst »Schlank ist schön!« auf 100 Blätter und hängst sie überall in der Wohnung auf – als Werbung für Günter ...

Also, dicker Gewohnheits-Günter: Sollen weiterhin reifenähnliche Fettwulste über deinen Gürtel quellen? Soll dich jeder Schritt zum

Schwabbeln bringen? Willst du in der U-Bahn bald zwei Sitze auf einmal brauchen, regelmäßig hautenge XXL-Shirts durchschwitzen und in öffentlichen Gebäuden nur noch mit dem Lastenaufzug fahren dürfen? Falls nein, willst du beim Schlankwerden sicher mithelfen ...

Entscheiden und tun

Möglicherweise ist sich Günter aber immer noch unsicher. Dann musst du eben systematisch vorgehen: Welche Vorteile hat das Dicksein? »Man kann seine alten Gewohnheiten beibehalten.« Und was bringt das? »Man ist schlapp, kränklich, verfressen und unzufrieden ...« Welche Vorteile hätte dagegen das Schlanksein? »Gesundheit, Stolz, Glück, Schönheit, Freiheit ...« Und welche Nachteile? »Man müsste ein paar Gewohnheiten verändern. Und man müsste abnehmen!« Und was würde man dafür aufgeben? »Schlapp, kränklich, verfressen und unglücklich zu sein ...«

Also worauf wartest du noch? Alles liegt klar vor dir, du brauchst dich nur noch zu entscheiden: Was willst du tun? So weitermachen wie bisher oder dein Leben in die eigene Hand nehmen? Wenn du dein Leben lieber selbst in die Hand nimmst: herzlichen Glückwunsch! Dann setze deine Entscheidung sofort in die Tat um – der Unterschied zwischen Erfolg und Misserfolg liegt schließlich im Handeln: Fange noch heute damit an, dich besser zu ernähren! (Wenn du nämlich zu lange damit wartest, wird Günter vergesslich ...)

Neues macht Spaß

Günter liebt Gewohnheiten. Aber ist Geschmack häufig nicht auch nur eine Gewohnheit? Schließlich verändert er sich immer wieder. Erinnere dich an deine Kindheit: Haben dir Oliven, Kaffee oder

Sushi etwa schon damals geschmeckt? Wohl kaum! Manche Geschmäcker musstest du dir erst beibringen – durch Probieren und ständiges Wiederholen. Also lässt sich Geschmack trainieren! Und weil Günter Gewohnheiten leichtfallen, brauchst du dir nur ein paar neue Essgewohnheiten anzueignen – und Günter wird es auf jeden Fall schmecken ...

Ab sofort darfst du eine neue Welt erobern – neue Gewohnheiten, neue Geschmäcke und neue Gefühle! Was gibt es Spannenderes? Also leg deine langweiligen Essautomatismen ab: Probier neue Gerichte aus! Experimentier mit unterschiedlichen Geschmacksrichtungen! Sag öfter mal Nein und lass etwas auf dem Teller liegen! Oder frag dich vor jedem Essen erst: »Habe ich überhaupt Hunger?« Hör bei Frust auch mal Musik, nimm ein Bad oder geh in den Garten zum Holzhacken, anstatt zu essen! (Und such dir Möglichkeiten, Stress und Frust zu reduzieren!) Oder warte nach dem Essen erst mal 10 Minuten ab, bevor du dir einen Nachschlag holst – Sättigung braucht eine Weile! Vielleicht putzt du dir nach dem Essen auch mal die Zähne – das unterbricht den Appetit ebenfalls! Bald schon werden deine Gewohnheiten immer flexibler und Günter immer schlauer.

Der Weg ist das Ziel

Dein Hauptziel ist es also, Schritt für Schritt die richtigen Essgewohnheiten einzuüben. Dein Übergewicht? Vergiss es! Denn wenn du richtig isst, verschwindet es bald ganz von alleine (das hier ist ja auch kein Diätbuch im geläufigen Sinne, sondern ein Ernährungsbuch). Dann wird jede Mahlzeit zu einem kleinen Schritt in

Richtung Schlanksein und jede Ernährungsverbesserung ein Gesundheitserfolg, den du feiern darfst. Apropos feiern: Lob dich für jedes gesunde Essen auch ruhig selbst (»Das machst du wirklich gut!«) und lob Günter für seine fleißige Mithilfe: »Braver Schweinehund!« Denn obwohl die Veränderung nur langsam abläuft, seid ihr auf dem richtigen Weg – und der ist schließlich das Ziel! Ach ja, und stell dich mal ab und zu auf die Waage! Dann kannst du besser verfolgen, wie dein Fett verschwindet ...

Bald werden dir deine neuen Essgewohnheiten immer vertrauter vorkommen und leichterfallen. Dann hast du dich ans gesunde Essen gewöhnt, ohne das ungesunde je vermisst zu haben. Gratulation: Sei stolz auf dich!

Ausnahmen erlaubt

»Aber was ist, wenn das Lieblingsgericht nicht zum Diätplan passt?«, fragt Günter nun. »Darf man es dann nie wieder essen?« Quatsch! Denn wenn man hauptsächlich das Richtige isst, darf es zwischendurch ruhig mal das Falsche sein. Also verbiete dir nichts, sondern kontrolliere dein Essen flexibel! Wenn du mal zu viel und falsch gegessen hast, dann iss eben eine Weile weniger und besser. Also egal ob Bier, Pommes frites, Schweinebraten oder Schokoriegel – solange sie Ausnahmen sind, lass sie dir schmecken!

Gefährlich wird es nur, wenn sich die Ausnahmen häufen und zur Regel werden. Denn dann dreht Günter deine neuen Gewohnheiten wieder um ... In diesem Fall: Denk nicht »Jetzt ist sowieso alles egal!«, sondern steuere dagegen! Du weißt ja: »Nobody is perfect«, und es gibt keine Misserfolge, sondern nur Ergebnisse. Wenn dir also ein Ergebnis nicht passt, dann verändere dein Verhalten so, dass wieder ein Erfolg herauskommt! Unterm Strich entscheidet nur die Bilanz, wohin sich dein Gewicht entwickelt ... Also betrachte deine neue Ernährung einfach als langfristig! Dann hast du von Ausrutschern nichts zu befürchten, sondern siehst in ihnen Zeichen deiner Freiheit. Außerdem: Dick wird man nicht zwischen Weihnachten und Neujahr, sondern zwischen Neujahr und Weihnachten ...

Günter rank und schlank

Kennst du Günter? Günter ist dein innerer Schweinehund. Er lebt in deinem Kopf und bewahrt dich vor allem Übel dieser Welt. Immer, wenn du etwas Neues lernen willst oder dich mal anstrengen musst, ist Günter zur Stelle: »Lass mich helfen!«, sagt er dann oder »Das wird prima!«, freut er sich. Damit will er dich, so gut er kann, unterstützen. Ist das nicht nett von ihm?

Günter gibt dir also den ganzen Tag lang gute Ratschläge: »Runter vom Sofa, beweg dich mal wieder!« oder »Iss einen Salat, der schmeckt so lecker!«. Auf diese Weise hilft dir Günter, bewusst zu essen und dein Leben zu genießen. Er liebt schlaue Mischkost, Ballaststoffe und viel Wasser, und du bleibst rank und schlank – ganz ohne Kalorien zu zählen. Und obwohl du jahrelang einen Fettpanzer gegen Frust und Misserfolg mit dir herumgeschleppt hast, fühlst du dich nun rundum wohl, glücklich und ausgeglichen – schließlich bist du dir endlich selbst ein guter Freund. Abrakadabra!

III. GÜNTER, der innere Schweinehund, WIRD NICHTRAUCHER

1. Günter wird zum RAUCHER

Dein Kumpel Günter

Du kennst ja Günter, deinen inneren Schweinehund. Er lebt in deinem Kopf und bewahrt dich vor allem Übel dieser Welt. Immer, wenn du etwas Neues lernen sollst, ist Günter zur Stelle: »Lass das sein!«, sagt er dann, »Das ist viel zu mühsam!« oder »Das haben andere nicht geschafft, also kannst du es auch nicht«. Innere Schweinehunde sind nämlich furchtbar faul. Und weil Günter denkt, dass du genauso schweinehundefaul bist wie er, will er dich mit seinen Ratschlägen vor unnützer Mühe beschützen. Ist das nicht nett von ihm?

Also gibt dir Günter den ganzen Tag lang Tipps: »Wozu arbeiten? Morgen ist auch noch ein Tag!«, rät er dir, oder: »Appetit? Iss doch ein Stück Schokolade!« Günter will nämlich, dass du dich immer gleich und sofort gut fühlst. Und was er für schwirig hält, will er dir gar nicht erst zumuten. Schade nur, dass Günter dabei oft kurzfristig denkt! So können dir seine Ratschläge manchmal nämlich schaden ...

Am besten siehst du Günter als Freund an: Er berät dich zwar, aber entscheiden tust du letztlich selbst. Du kannst Günters Tipps also befolgen oder sie missachten.

Der junge Günter

Günter redet dir ganz schön in dein Leben rein. »Tu dies, lass das sein, mach jenes später, gönn dir mal was.« Das ist angenehm. Denn es kostet dich keine Mühe, zu tun, was er sagt: »Sport machen? Lieber hinsetzen und ausruhen!«, »Mit dem Rauchen aufhören? Nächstes Jahr vielleicht!«, »Gesünder leben? Erst mal einen Kaffee trinken!«. Und schon bald hechelst du auf der Treppe, hast ständig Husten und fühlst dich immer schlapper. Alles wegen Günter ...

Aber wo hat Günter eigentlich seine ganzen Tipps her? Tja, das ist so eine Sache: Die meisten Ratschläge kennt er von anderen Leuten. Denn weil Günter zu faul zum Selberdenken ist, übernimmt er einfach die Tipps und Tricks anderer Menschen. Das macht am wenigsten Mühe. »Man gönnt sich ja sonst nichts«, sagt Tante Lieselotte und greift nach den Keksen – und Günter findet das richtig gut. Auch wenn Klaus immer mehr Geld ausgibt, als er hat, ist Günter begeistert. Denn der Klaus sagt sich: »Wird schon.« Und Günter ist Feuer und Flamme: »Wie einfach das Leben doch ist!«

Das war schon immer so!

Günter ist ein Gewohnheitstier. Was er einmal gelernt hat, will er immer auf die gleiche Weise machen. Das ist nämlich am leichtesten. So muss er die Dinge immer nur einmal lernen ... »Das war schon immer so«, sagt er dir also gerne. Und du gehst immer in denselben Supermarkt zum Einkaufen, fährst immer an den gleichen

Urlaubsort, isst in derselben Pizzeria immer die gleiche Pizza und vertagst gesunde Ernährung und Sport Jahr um Jahr. Ist ja auch klar: Es war schon immer so! Außerdem: Geht doch!

Günter findet das alles ganz prima. Denn so ist das Leben angenehm und mühelos. Und wenn du dennoch mal etwas Neues ausprobieren willst, protestiert Günter lautstark: »Die Möbel umstellen? Du spinnst doch!«, meckert er dann, »Salat statt Pizza? Ich bin doch kein Hase!« und: »Mit dem Fahrrad statt mit dem Bus fahren? Viel zu gefährlich!« Du siehst: Günters Ausreden sind ziemlich bestechend. Und Günter ist stolz, dass er dir das Leben so leicht macht.

Schade nur, dass du so kaum neue Erfahrungen sammelst ...

Die andere Seite

Auf der anderen Seite weißt du ganz genau, was gut für dich wäre: zum Beispiel die Wohnung aufräumen und die Wäsche bügeln. »Klar machen wir das«, sagt Günter großzügig. »Sobald Zeit dafür ist.« Oder fitter und gesünder werden. »Sport? Unmöglich!«, mäkelt Günter. »Das Fitnessstudio ist zu weit weg!« Oder doch endlich Spanisch lernen? »Wäre die Volkshochschule nur nicht so kalt und ungemütlich!« Scheinheiliger Günter! Du siehst: Er wickelt dich ganz schön um den Finger – und du bleibst da stehen, wo du bist.

Aber fällt es gesunden und fitten Menschen nicht sogar leicht, gesund und fit zu sein? Und krempeln manche Menschen nicht hin und wieder gerne ihre Wohnung um?

Essen nicht manche Salat statt Pizza und fühlen sich dabei sogar noch besser als die, die ständig Kalorienpampe in sich hineinstopfen? Manche fahren sogar wie selbstverständlich mit dem Fahrrad statt mit dem Bus – und sind dadurch besser trainiert! »Haben die denn gar keinen inneren Schweinehund?«, wundert sich Günter. Doch, doch! Nur sind auch deren Schweinehunde Gewohnheitstiere. Und die haben sich eben an ein gesundes Leben gewöhnt ...

Alles ganz normal!

Was Günter also für normal hält, hängt davon ab, was er von wem lernt und woran er sich gewöhnt hat. Wächst Günter unter Raufbolden auf, sagt er bei Stunk: »Hau drauf!« Besucht Günter dagegen den Schachklub, findet er Argumente besser. Lebt Günter in Europa, rät er dir beim Essen selbstverständlich zu Messer und Gabel. Wohnt er in Asien, empfiehlt er dir Stäbchen. Und jeder Schweinehund findet sein eigenes Verhalten normal – und das von anderen oft fremdartig. Ist das nicht merkwürdig? Jeder Schweinehund ist der Nabel der Welt!

Und keinem Schweinehund fällt sein eigenes Verhalten schwer! »Hm«, überlegt Günter. »Heißt das, dass sich Salathasen gar nicht überwinden müssen, wenn sie Salat essen?« Genau! Mundharmonikaspieler spielen schließlich auch ohne Anstrengung Mundharmonika. Und überzeugte Autofahrer vermissen kein Fahrrad, während überzeugten Radlern kein Auto fehlt. Und vermutlich ist es für dich ganz normal, wenn du eine Zigarette rauchst. Klar: Das Rauchen ist für Raucher schließlich genauso normal wie das Nichtrauchen für Nichtraucher!

Günter raucht

»Stimmt!«, sagt Günter und erinnert sich. »Du könntest mal wieder eine rauchen.« Aber Moment mal: »Das ist hier ja ein Nichtraucherbuch, oder?!« Egal, denkt Günter und empfiehlt dir: »Mach trotzdem mal eine Pause und rauch eine.« Klar: Günter will sich entspannen, also empfiehlt er dir eine Zigarette. Das ist für Günter völlig normal.

Manche Schweinehunde sind Raucher, andere nicht. Wenn Günter raucht, dann gehört er zu dem Viertel aller Schweinehunde, das sich täglich Zigaretten reinzieht, während die anderen drei Viertel das nicht tun müssen. Obwohl diese »Angewohnheit« meist zwei Seiten hat: Auf der einen Seite rauchst du gern, und Günter empfiehlt es dir immer wieder. Auf der anderen Seite überlegst du dir womöglich, ob du nicht doch wieder Nichtraucher werden solltest. Ein Hin und Her im Kopf ... Erkennst du dich wieder?

Woher dieses Hin und Her kommt und wie du ganz einfach wieder Nichtraucher werden kannst, wird sich bald zeigen, keine Sorge! Jetzt genieß erst einmal deine Zigarette. Du hast sie dir verdient.

Liebe Nichtraucher – BITTE WEITERLESEN!

Sollten Sie Nichtraucher sein, kommen Ihnen nun womöglich Zweifel, ob Sie auch den dritten Teil vom »Günter-Prinzip für einen fitten Körper« lesen sollen. Wozu auch? Schließlich sind nicht Sie es, der sich regelmäßig die Rachenschwärzer anzündet, sondern Ihr Partner, Kollege, Kind, Nachbar, Papa oder wer auch immer. Sollen die doch lesen, Sie haben das nicht nötig!

Bitte lesen Sie trotzdem weiter. Denn auch Nichtraucher profitieren enorm davon, die Mechanismen des Rauchens zu durchschauen und so zu verstehen, warum Raucher überhaupt rauchen »müssen«. Denn eines sollte Ihnen klar sein: Die typischen militanten Nichtrauchersprüche helfen niemandem weiter – nicht nur Rauchern nicht, Ihnen genauso wenig. Denn der Irrglaube, es ginge »nur« um eine lästige blöde Angewohnheit, ist eben genau das: ein Irrglaube ...

Die kleine Welt

Das Rauchen ist für Günter also ganz normal. Für Nichtraucher aber nicht! Warum nur? Nun, alle Schweinehunde leben in ihrer eigenen kleinen Welt. In der befindet sich all das, was für sie normal ist.

Denk mal an die Dinge, die du in deiner kleinen Welt hast. Deine Wohnung, deinen Partner, deine Blumentöpfe ... – alles war mal neu, stimmt's? Als du deinen Führerschein gerade neu hattest und vielleicht sogar dein erstes eigenes Auto, war das eine Zeit lang etwas ganz Besonderes. Nach einer Weile war es normal. Denn Schweinehunde gewöhnen sich ziemlich schnell an neue Dinge in der kleinen Welt. Genauso schnell gewöhnen sie sich daran, wenn manche Sachen rausfliegen aus deinem Leben. Denk an deine Ex-Stadt, deine Ex-Schuhe und deinen Ex-Supermarkt: Günter findet es ganz normal, dass sie nicht mehr da sind. So einfach, wie er sich an Neues gewöhnt, wird er Altes auch wieder los!

Tja, und Raucherschweinehunde haben eben das Rauchen in ihrer kleinen Welt drin, Nichtraucherschweinehunde das Nichtrauchen. Ob man das Rauchen wohl auch so schnell loswird wie alte Turnschuhe?

Rauchen? Igitt!

Und jetzt denk mal an deine Zeit als Nichtraucher zurück! Bevor du angefangen hast zu rauchen: Woraus bestand da deine kleine Welt? Bestimmt nicht aus Entspannungs- oder Kaffeezigaretten. Vielleicht hat Günter ja damals gesagt: »Igitt, Rauchen stinkt!« Oder: »Aua, das brennt in den Augen!« Oder vielleicht sogar: »Bäh, so was tun nur doofe Erwachsene!« Versuch mal, dich zu erinnern.

Weißt du noch, wie du als Nichtraucher Hausaufgaben gemacht hast? Damals hast du keine Zigaretten gebraucht, um dich zu konzentrieren. Auch Probleme hast du ohne Zigarette gelöst – du hast einfach nachgedacht oder deinen großen Bruder geholt. Und wenn dir mal langweilig war, weil du nicht rausdurftest oder es geregnet hat – dann saßt du eben am Fenster und hast hinausgeschaut. Ohne dabei eine Zigarette rauchen zu müssen. Auch nach dem Essen hast du keine gebraucht.

Alles ging früher ohne Zigarette. Warum? Weil Günter das Rauchen damals noch nicht in seiner kleinen Welt drinhatte.

Stimmen im Kopf

Rauchst du gerne? Immer wieder? Und würdest du gerne mal mit dem Rauchen aufhören, wenn es ganz einfach ginge? Auch ja? Seltsam ... Anscheinend spricht Günter hier mit zwei Stimmen! War das schon immer so?

Denk noch mal an früher. Als Nichtraucher hattest du wahrscheinlich nur eine Stimme im Kopf: Rauchen war für dich vermutlich meist ekelhaft. So wie für manche Nichtraucher heute, die dich vielleicht bitten, woanders zu rauchen. »Langweilige Spaßbremsen und ungesellige Spießer!«, wettert Günter sofort. Seltsam: Früher, als du noch nicht geraucht hast, hat dir das Rauchen gestunken. Heute hingegen stinken dir manchmal die Nichtraucher. Warst du früher etwa spießig und langweilig?

Wie stehst du zum Rauchen? Bist du eigentlich dagegen? Oder bist du ein überzeugter Raucher und hältst Rauchen für so toll, dass du es deinen Kindern empfehlen würdest? Oder genießt du das Rauchen, obwohl du gleichzeitig damit aufhören willst? Es kann gut sein, dass du so widersprüchlich denkst. Vielen Rauchern geht es so.

Die bunte Welt der Nichtraucher

So wie du früher gelebt hast, leben Nichtraucher heute immer noch: Sie können sich entspannen, Freunde treffen, Probleme lösen, Kaffee trinken, Sonnenuntergänge bewundern, essen, trinken, aufstehen, schlafen gehen – alles ohne Zigaretten. Sie sind frei. Rauchern dagegen geht es nicht so gut: Sie scheinen ständig ihre Kippen zu vermissen! Arme Raucher ... (Leider glauben Raucher auch, ihnen würde als Ex-Rauchern dauerhaft etwas fehlen. Aber das ist natürlich Quatsch! Dazu später mehr.)

Weil das Rauchen inzwischen ein ganz normales Möbelstück in Günters kleiner Welt ist, vergisst er die Zeit als Nichtraucher manchmal. Klar: Auch an einen neuen Schrank gewöhnt man sich schnell, ohne weiter an den alten zu denken. Jetzt raucht Günter eben – obwohl er mal jahrelang nicht geraucht hat – und hält das Rauchen für normal.

Wenn Günter wüsste!

Was ist das, rauchen?

Aber ist das Rauchen denn so normal, wie es Günter erscheint? Mal sehen.

Du pflückst eine Giftpflanze, trocknest ihre Blätter, hackst sie klein, rollst die Fasern in ein dünnes Papierröllchen und leimst es zusammen. Dann nimmst du das eine Ende des Röllchens in den Mund, entflammst mit einer Hand ein Feuerzeug und hältst das andere Ende des Röllchens in die Flamme. Mit dem Mund erzeugst du einen Unterdruck, der die Flamme in das Röllchen zieht, sodass das Giftkraut zu glühen beginnt. Und wie das eben so ist, wenn Pflanzen verbrennen und verglühen, entsteht beißender Qualm. Den ziehst du in deinen Mund. Dann nimmst du das Röllchen kurz aus dem Mund und nimmst einen tiefen Atemzug. So dringt der beißende Qualm von deinem Mundraum in die zarten Tünnelchen deiner Lungen und breitet sich darin aus. Dann pustest du den Rauch wieder aus. Das Ganze wiederholst du so lange und so oft, bis das Röllchen heruntergebrannt ist und du den ganzen Rauch und Ruß ein- und wieder ausgeatmet hast, der durch die Verbrennung der Giftpflanze entstanden ist. Dann drückst du die Glut aus.

Wie würdest du einem Marsmenschen erklären, warum du das tust?

Besuch vom Mars

Stell dir vor, wir bekämen tatsächlich Besuch vom Mars. Ein Reporter vom Mars-Kurier soll eine Reportage über die Menschen auf der Erde schreiben. Schnell stellt der außerirdische Journalist fest: Manche Erdenbewohner rauchen, manche nicht. Der Mars-Kurier-Redakteur fragt einen Raucher: »Warum rauchst du?« Der Raucher antwortet: »Es entspannt mich, es gehört zum Kaffee und hilft gegen Langeweile.« Und er sagt vielleicht noch: »Aber eigentlich will ich damit aufhören.« Der Mars-Kurier-Redakteur fragt einen Nichtraucher: »Warum rauchst du nicht?« Der Nichtraucher sagt: »Weil es krank macht, weil es stinkt und weil man dadurch früher stirbt. Außerdem fehlt mir ohne Zigaretten nichts. Ich bin froh, dass ich nie damit angefangen habe.«

Günter wundert sich. »Aber hat nicht der Raucher gesagt, es würde ihn entspannen? Wäre das nicht auch was für den Nichtraucher?« Gut aufgepasst, Günter! Bald wird sich diese Frage klären. Doch die wenigsten Raucher und Nichtraucher kennen die Antwort. Auch der Reporter vom Mars-Kurier erfährt die Wahrheit nicht. Darum schreibt der Reporter in sein Mars-Blatt: »Menschheit gespalten – etwa jeder Vierte raucht – Unverständnis – Fronten verhärtet«.

Was brauchen wir?

Was brauchen wir Menschen zum Leben? Der US-amerikanische Psychologe Abraham Maslow (1908–1970) hat das in seiner sogenannten »Bedürfnispyramide« gezeigt: Zuallererst brauchen wir Luft zum Atmen, Wasser zum Trinken, etwas zu essen, die Möglichkeit zu schlafen und uns fortzupflanzen. Damit können wir schon mal überleben – als Individuum und als Art. Haben wir das alles, bauen wir darauf auf: Wir brauchen ein Dach über dem Kopf, Sicherheit und ein regelmäßiges Einkommen. Dann brauchen wir menschliche Beziehungen, Liebe, Vertrauen und Kommunikation. Ist all das gegeben, streben wir nach sozialer Anerkennung, nach

Erfolg, nach Ruhm und nach Selbstverwirklichung. Und natürlich nach einer Schachtel Zigaretten und einem Feuerzeug.

»Halt!«, kläfft Günter. »Das Rauchen kommt bei Herrn Maslow gar nicht vor!« Wieder gut aufgepasst, Schweinehund! Aber warum rauchen dann so viele? In Europa gibt es das Rauchen erst seit dem 16. Jahrhundert. Vorher hat es niemand vermisst. Vermutlich haben Indianer einmal Tabakpflanzen aufs Feuer geworfen und gemerkt, dass der Rauch etwas im Gehirn verändert. Doch gebraucht haben den Rauch auch sie nicht.

Kultur und Rituale

»Ja, aber Moment mal!«, protestiert Günter. »Für die Indianer war Rauchen doch Kultur! Es war ein Ritual! Genauso ist es für viele Raucher heute Kultur.« Stimmt, Günter! Rauchen ist Kultur. Wenn man es dazu macht. Die Friedenspfeife der Indianer ist ein gutes Beispiel: Nach einer langen Feindschaft setzen sich die Streithähne zusammen und rauchen. Tabak und Rauch verbinden die beiden spirituell. Das ist, wie wenn sich zwei prügeln und hinterher einen trinken. Dann verbindet sie der Alkohol. In der Zivilisation gibt es viele Rituale mit allerlei Substanzen: Brot und Wein, Wasser, Weihrauch ... Die Substanzen bekommen dabei einfach eine Bedeutung angedichtet. Und schon wird die Bedeutung wahr – wie bei einer »sich selbst erfüllenden Prophezeiung«. In vielen Kulturen werden so Suchtmittel zu rituellen Krücken aufgebaust.

Menschen brauchen Rauch aber nicht. Und weil Indianer Menschen sind, brauchen auch Indianer keinen Rauch. Könnte es sein, dass auch die Indianer den Tabak irgendwann zum ersten Mal probiert haben und dann nicht mehr davon loskamen? Was für eine schöne Ausrede, Suchtmittel als Kultur zu bezeichnen ...

Zauberzigaretten

»Aber Rauchen ist doch ein kleiner Luxus«, sagt Günter. »Wir brauchen es zwar nicht, aber gönnen es uns ab und zu. Und außerdem: Ich rauche gern! Ich bin frei, das Rauchen zu genießen!« Ja doch, Günter. Machen wir ein Gedankenspiel.

Stell dir vor, jeden Morgen zaubert ein Magier so viele Schachteln Zigaretten an dein Bett, wie du willst. Zauberzigaretten, die nicht krank machen. Die nicht stinken. Die du ohne schlechtes Gewissen immer und überall rauchen darfst. Das Rauchen wird dich nicht umbringen, sondern du wirst dein Leben bis ins hohe Alter genießen, fit, gesund, sportlich und aktiv. Haut, Hirn und Herz gesund, alles ohne Zipperlein und Problemchen. Und weil der Magier dir jeden Tag deine Zigaretten herzaubert, kosten sie auch kein Geld. Na, wie wäre das? Günter überlegt: »Ohne Schäden kostenlos rauchen? Au ja!«

Spannende Idee? Mehr als 90 Prozent der Raucher wollen mit dem Rauchen aufhören – die meisten ihrer Gesundheit zuliebe oder aus Geldgründen. Doch wieso etwas loswerden, was ein kleiner Luxus ist?

Spaghetti Bolognese

Kennst du den Unterschied zwischen dem Rauchen und einem kleinen Luxus? Stell dir mal dein Lieblingsessen vor. Was isst du besonders gerne? Spaghetti Bolognese? Oder etwas anderes? Wann hast du dein Leibgericht zum letzten Mal gegessen? Schon ein paar Tage oder Wochen her? Trotzdem geht es dir wahrscheinlich gut. Die Spaghetti fehlen dir nicht. Sie sind ein kleiner Luxus, den du dir ab und zu gönnst. Aber wann hast du dir zuletzt eine Zigarette »gegönnt«? Vor einer halben Stunde? Vor 2 Minuten? Und wie lange hattest du davor nicht geraucht? Tage oder Wochen? Nein! Wohl eher ein paar Stunden oder Minuten ...

Wie viele Zigaretten rauchst du täglich? 10? 20? 40? Jeden Tag, viele Jahre lang. Stell dir nun vor, du müsstest mehrmals täglich Spaghetti Bolognese essen. Jeden Tag. Viele Jahre lang. Gute Idee? »Natürlich nicht«, motzt Günter, »die Spaghetti würden dir recht schnell zum Hals heraushängen!« Wie wahr, Herr Schweinehund! Du hast den Unterschied gefunden: Ein »kleiner Luxus« übersättigt schnell, Zigaretten aber nicht. Wenn du eine Zigarette geraucht hast, brauchst du nur eine Weile zu warten – und schon willst du wieder rauchen! Anscheinend rauchst du also nicht, weil du dir mit den Zigaretten einen »kleinen Luxus gönnst«, sondern weil dir ohne Zigaretten etwas fehlt ... »Aber was nur?«, grübelt Günter. Geduld, Herr Schweinehund!

Gefühlte Gefühle

»Hm«, überlegt Günter. »Auf der einen Seite genießen Raucher das Rauchen. Auf der anderen Seite sind Nichtraucher froh, dass sie nicht rauchen. Wie kann das sein?« Spannende Frage! Das will der Reporter vom Mars auch gerne wissen.

Fassen wir kurz zusammen: Rauchen kommt in der Natur nicht vor. Die Menschen haben es nie gebraucht. Dann wurde der Tabak entdeckt und manche haben mit dem Rauchen angefangen, andere nicht. Wer mit dem Rauchen angefangen hat, braucht fortan täglich seine Zigaretten. Also wollen es die meisten Raucher wieder loswerden. Sie haben keine Lust darauf, dass das Rauchen krank macht und so viel Geld kostet. Und dabei rauchen sie eigentlich nur, weil ihnen ohne Zigaretten etwas fehlt.

ÜBUNG

WAS IST DEIN LIEBLINGSGERICHT?

Überleg dir: Was isst du gerne, was sind deine Lieblingsgerichte? Wähle eines aus, das dir besonders gut schmeckt.

Wie viele Zigaretten rauchst du täglich? »Schmecken« dir Zigaretten auch gut?

Könntest du dir vorstellen, täglich genauso oft kleine Portionen deines Lieblingsgerichtes zu essen, wie du Zigaretten rauchst – ohne einen einzigen Tag Pause, für den Rest deines Lebens?

Worin besteht wohl der Unterschied im »Geschmack« zwischen Zigaretten und deinem Lieblingsgericht?

Kennst du das Gefühl »Ich brauche eine Zigarette«? Was spürst du dabei, wie fühlt es sich an? Wie eine Art innere Leere? Ein Loch in Brust und Oberbauch? Wissen deine Hände nicht, was sie tun sollen, sodass du einfach eine rauchst? Und dann? Ist das doofe Gefühl jetzt für kurze Zeit verschwunden? Tolle Sache also, das Rauchen – ein echter Genuss! Aber: Nichtraucher kennen dieses Gefühl, eine Zigarette zu brauchen, überhaupt nicht! Also: Wie entsteht das Gefühl eigentlich?

Mit dem Rauchen anfangen

Schauen wir noch mal in die Vergangenheit. Seit wann hast du das Gefühl »Ich brauche eine Zigarette«? Überleg mal: Hattest du es schon früher, als du noch nicht geraucht hast? Oder hast du es erst seit 2 Wochen? Seit Ostern vorigen Jahres? Seit deinem letzten Umzug? Oder zufällig erst, seitdem du rauchst?

Vermutlich hast du als Kind für die Mathearbeit gelernt, ohne dabei Zigaretten zu brauchen. Vermutlich bist du mit deinen Freundinnen und Freunden ganz ohne Schachtel und Feuerzeug herumgetobt. Und bei Langeweile hast du ganz ohne Kippe im Mund die Spur der Regentropfen am Fenster verfolgt. Irre, oder?

Als du dann mit dem Rauchen angefangen hast, ist etwas passiert. Was? Um das herauszufinden, schauen wir mit einer großen Lupe in die Vergangenheit. Machen wir eine Zeitreise! Was ist damals geschehen? Wie hast du zum ersten Mal Zigaretten ausprobiert und dich ans Rauchen gewöhnt? Aufpassen, Günter, es wird spannend!

Die anderen

Warum hast du angefangen zu rauchen? Bist du selber auf die Idee gekommen, die getrockneten Blätter einer Giftpflanze in Papier zu rollen, ein Ende des Röllchens anzuzünden, das andere Ende in den Mund zu nehmen und den beißenden Rauch einzuatmen? Hast du das Rauchen erfunden? Oder hast du gesehen, wie andere geraucht haben, und es ihnen nachgemacht? Wer waren diese Vorbilder? Deine Freunde? Deine Eltern? Oder vielleicht sogar deine Lehrer?

Versuch mal, dich zu erinnern: Mit wem hast du deine ersten Zigaretten probiert? Wer waren deine Freunde? Wart ihr Kinder auf Fahrrädern im Wald oder Schüler an der Bushaltestelle? Wart ihr Jugendliche im Zeltlager? Wie alt warst du? Als du beschlossen hast, dass du es ausprobieren willst – was hast du dabei gedacht und empfunden? War es spannend? Aufregend? Warum hast du es damals probiert? Wolltest du so sein wie deine Freunde? Wolltest du deinen Gegnern die Stirn bieten? Wolltest du ein Geheimnis lüften?

Cool wie ein Star

»Auch Stars sind Vorbilder!«, sagt Günter. Ja, stimmt. Erinnerst du dich noch an deine Idole aus Jugendzeiten, an die coolen Stars? Waren darunter nicht viele Raucher? Hast auch du rauchende Stars geliebt? Was hat damals wohl Günter gedacht? Womöglich: »Wenn dein Star raucht, muss Rauchen etwas Tolles sein!« Typische Günter-Logik ... Apropos: Hast du Lust auf ein bisschen Logik? Dann pass mal auf:

Aussage 1: »Mein Star ist cool.«
Aussage 2: »Mein Star raucht.«
Folgerung: »Um cool zu sein, sollte ich auch rauchen!«

Aber ist das wirklich logisch? Machen wir die Gegenprobe: Stell dir mal einen richtig schlechten Musiker vor, einen echt uncoolen Typen. Würde es dem helfen, wenn er rauchen würde? Könnte er so zum Star werden? Wohl kaum ... Also sind coole Typen cool, weil sie coole Typen sind – nicht etwa, weil sie rauchen. Kann es also sein, dass auch die Coolen nicht rauchen, weil sie cool sind, sondern weil sie abhängig sind wie andere Raucher auch? »Klingt logisch«, murmelt Günter. Aber hallo!

Süchtige Stars

Und jetzt stell dir einen richtig coolen Menschen vor, der von den Zigaretten nicht mehr loskommt. Am liebsten wäre er frei und unabhängig, fit und gesund. Aber dummerweise haben Raucher regelmäßig das Gefühl, eine Zigarette zu brauchen. So wird der Coole leider zum Dummen! Also, was tun? Die Abhängigkeit verheimlichen? »Könnte anstrengend werden«, befürchtet Günter. Ständig darüber nachdenken? »Wie lästig!«, findet Günter. Also dreht man doch einfach den Spieß um! Denn wenn coole Menschen behaupten, dass sie gerne rauchen, obwohl auch sie nur süchtig sind, glaubt man es ihnen – eben, weil sie cool sind. Ja, manchmal glauben sie es sogar selbst ...

Manche Stars machen das Rauchen sogar zu einem Stilmerkmal! Klar: Wer sowieso gefangen ist, kann seine Handschellen auch gleich zum Markenzeichen erklären. Im Ernst: Von manchen Stars ist das Rauchen kaum wegzudenken. Sie treten mit Zigarette vor die Kameras, rauchen bei Konzerten und in Fernseh-Talkshows. Und Günter denkt jedes Mal: »Bei dem gehört das Rauchen zur Persönlichkeit!« Dabei hat der Star nur einen Weg gefunden, sich von seiner Sucht nicht so einschränken zu lassen – er lebt sie offen aus. Angriff ist eben eine prima Form der Verteidigung!

Gekaufte Stars

Das Schöne an den Stars ist: Sie sind viel bekannter als deine Freunde! Deswegen sind sie für viel mehr Menschen Vorbilder – und deswegen sind die Stars auch so wichtig für die Leute, die Zigaretten verkaufen. Ja, manche Stars bekommen sogar Geld fürs Rauchen: Der Hollywoodschauspieler Sylvester Stallone (»Rambo«) hat zum Beispiel Anfang der 1980er-Jahre fürs Rauchen in Kinofilmen 500 000 Dollar bekommen. So kann man ganz viele Kinder zu Kunden machen! Und warum ausgerechnet die Kinder? Ganz einfach: Je früher jemand anfängt zu rauchen, desto eher bleibt er lange ein zuverlässiger, regelmäßiger Raucher. Wichtig ist die Zeit zwischen 13 und 17 – da haben die meisten Raucher angefangen. In dieser Zeit passieren spannende Dinge: der erste Kuss, der erste Urlaub ohne Eltern, das »erste Mal« … Und wenn Günter solche Abenteuer mit Zigarette erlebt, wird er sich später immer daran erinnern und sagen, Rauchen ist schön. Günter-Logik eben!

Raucher machen Raucher. So wie Stäbchenesser Stäbchenesser machen und Fahrradfahrer Fahrradfahrer. Vormachen, nachmachen – und Günter erweitert seine kleine Welt. Prominente Raucher? Ganz normal! Rauchen ist eben cool!

Warnungen? Spannend?

»Also los, auf zu neuen Ufern der Erfahrung: Werden wir Raucher!«, trompetet Günter dir ins Ohr. Aber ist es so einfach? »Na klar! Rauchen macht cool, wer raucht, gehört dazu. Nichts einfacher als das!« Hm, ganz so sicher war sich Günter damals aber auch wieder nicht. Gab es da nicht jede Menge Warnungen? »Lass die Finger davon«, sagen etwa Lehrer und Eltern. »Pfui, Spielverderber!«, motzt Günter, der gerade so schön dabei ist, Erfahrungen zu machen. Ein besonderes Rätsel ist ihm Onkel Gerd. Der sagt nämlich: »Fang nicht damit an, du wirst krank und kommst nicht mehr davon los.« Dabei raucht er aber selber, der Onkel Gerd! Und behauptet, es tut ihm gut! Komisch, der Onkel Gerd ... Was soll das?

»Hm«, überlegt Günter. »Hier gibt es wohl ein Geheimnis zu lüften – wie spannend!!« Und weil keiner der Erwachsenen dieses Geheimnis erklären kann, will Günter das Rauchen einfach ausprobieren. Ist doch klar!

Rauchen verboten? Spannend!

Und nicht nur die Warnungen machen das Rauchen interessant, sondern auch die Verbote. Viele Erwachsene rauchen zwar selbst wie Fabrikschornsteine, verbieten es ihrem Nachwuchs aber. Ist ja auch logisch: Wie sollen rauchende Erwachsene denn anderen gegenüber klar sein, wenn sie das mit ihren zwei Stimmen im Kopf nicht mal sich selbst gegenüber sind?
»Geht ja gar nicht«, sagt Günter. Richtig erkannt! Und weil die Raucher zu faul sind, diesen inneren Konflikt zu hinterfragen und zu lösen, verbieten sie ihren Kindern das Rauchen einfach: »Komm mir bloß nicht mit Zigaretten nach Hause!« Erwachsene machen es sich damit ziemlich leicht.

Rauchen verboten! Ohne Erklärung! Lässt Günter das auf sich sitzen? Was rät dir Günter, wenn Papa dir verbietet, aufs Garagendach zu klettern? »Schnell rauf aufs Garagendach!«

Heimlich anfangen

Also, das Rauchen ist gefährlich und verboten. Und weil die rauchenden Erwachsenen ihren inneren Widerspruch nicht erklären können, steigt Günters Spannung ins Unermessliche. »Na, jetzt aber!«, sagt Günter ganz aufgeregt.

Wie war es bei dir? Haben deine Eltern dich offiziell ins Rauchen eingeführt und dir zum 13. Geburtstag die erste Stange Zigaretten und ein Feuerzeug geschenkt? Gab es in der Schule ab Klasse 7 ein neues Unterrichtsfach mit dem Titel »Erwachsen sein«, und ihr habt im Chemiesaal unter dem Abzug verschiedene Marken ausprobiert?

Oder wart ihr ein paar Jungs und Mädchen hinter der Turnhalle, die sich heimlich Zigaretten vom Automaten geholt haben? Die schnell die Zigaretten ausgedrückt haben, wenn ein Lehrer kam? Und die schnell einen Kaugummi gekaut haben, um den Gestank zu überdecken, der sie verraten könnte? Habt ihr euch im Wald versteckt? Oder gab es auf dem Schulweg eine Parkbank, wo man gemütlich rumprobieren konnte? Habt ihr geheime Orte aufgesucht und das Rauchen wie eine Verschwörung unter Kinderdetektiven noch spannender gemacht?

Paffen

Und wie war das erste Mal? Erinnerst du dich an die erste Schachtel, die du geöffnet hast? Vielleicht hast du an den frischen Zigaretten gerochen – mmmh, was für ein aufregendes Aroma! Dann hast du eine Zigarette herausgenommen und gespürt: Sie ist ganz zerbrechlich und fühlt sich im Mund seltsam an.

Erinnerst du dich an das Klicken des Feuerzeugs und an deinen ersten Zug? Weil du am Anfang vorsichtig warst, hast du vielleicht erst gepafft: Du hast den Rauch noch nicht in die Lunge heruntergezogen, sondern nur in den Mund. Und dann hast du ihn gleich wieder rausgelassen. Weißt du noch? Wie hat es geschmeckt? Den meisten hat es fad und trocken geschmeckt, und Günter hat sich gewundert: »Das schmeckt ja doof. Davon kann man doch nicht süchtig werden!«

Bald hast du dann vielleicht gemerkt, dass die anderen ganz anders rauchen. Bei denen quoll der Rauch nicht wolkig aus dem Mund, sondern er kam in einem kräftigen Strahl aus der Lunge. Und Günter und die anderen sagten: »Du rauchst ja gar nicht richtig!« Der Rauch muss in die Lunge, wo er hingehört!

Die erste Zigarette auf Lunge

»Neues Projekt!«, kündigt Günter an. »Rauchen auf Lunge!« Doch so einfach ist das gar nicht, den giftigen Qualm herunterzuziehen. Wie war das bei dir? Wollte der Rauch gleich runter? Oder half nur: Augen zu und durch? Kennst du den Trick »Papa kommt«? Da nimmt man Rauch in den Mund und tut so, als bekäme man einen Schreck: »Huch! Papa kommt!« Und schon ist der Rauch in der Lunge.

Wie hat sich dein erster Lungenzug angefühlt? Was hast du gespürt? Den meisten Rauchanfängern wird schwindelig und übel, und sie müssen husten. Und wieder wundert sich Günter: »Schmeckt nicht nur komisch, sondern macht auch schwindelig – davon kann man doch nicht süchtig werden!« Und er fragt sich: »Wie können andere das Zeug nur genießen?« Wieder gibt es eine Nuss zu knacken: Warum tut Rauchen erst weh und dann kommt man nicht mehr davon los? Das Rauchen scheint wohl irgendetwas im Körper zu verändern. Nur was?

2. Was beim Rauchen IM GEHIRN passiert

Die Gewöhnung ans Gift Nikotin

Zigarettenrauch ist eine Mischung von vielen, vielen Substanzen. Ein wichtiger Stoff im Rauch ist das Nikotin. Das kommt aus der Tabakpflanze, die sich mit dem giftigen Nikotin eigentlich gegen Schädlinge schützen will – so wie das die Brennnesseln mit ihrer Ameisensäure machen. Weil Nikotin deine Gehirnfunktionen stört und weil das Gehirn aus Nerven besteht, gehört Nikotin zu den Nervengiften. Nikotin ist benannt nach dem französischen Diplomaten Jan Nicot (1530–1600). Er soll den Tabak nach Frankreich gebracht haben.

Beim Paffen kommt nur sehr wenig Nikotin über die Mundschleimhaut ins Blut und ins Gehirn. Darum hat sich das nicht so schlimm angefühlt. Doch wenn du Nikotin inhalierst, gelangt viel mehr Nikotin ins Blut und ins Gehirn – und zwar über die feinen Lungenbläschen. Und zack: Sofort beginnt es zu wirken! Die Symptome einer Nikotinvergiftung sind Übelkeit, Schwindel und Kopfschmerzen – die Gefühle bei der ersten Zigarette auf Lunge. Manche Raucher spüren diese Symptome übrigens auch dann, wenn sie eine Weile nicht geraucht haben.

»Warum tun Lungenzüge aber heute nicht mehr weh?«, fragt Günter. Weil dein Gehirn und deine Lunge sich inzwischen an das

Nikotin gewöhnt haben. Wie das geht? Schauen wir einmal in dein Gehirn. Zu Zeiten, als du noch Nichtraucher warst.

Nichtrauchers Gehirn

Hinter den Augen, zwischen den Ohren, hast du eine wabbelige Masse. Günter kann es sich zwar kaum vorstellen, aber genau diese wabbelige Masse ist dein Rechenzentrum, das deinen Körper, deine Gedanken und Gefühle steuert: dein Gehirn! Dein Gehirn verarbeitet alle Informationen, die du aufnimmst. Viel besser übrigens als ein Computer. Was du nicht alles im Kopf hast ...

Unterm Mikroskop betrachtet, besteht dein Gehirn aus vielen Milliarden Nervenzellen. Die sind miteinander verbunden, um sich gegenseitig Informationen geben und sie weiterleiten zu können. Wenn du zum Beispiel einen schönen Sonnenuntergang siehst, erfährt dein Gehirn über die Augen davon. Und weil so ein Sonnenuntergang eine schöne Sache ist, sollst du das auch genießen. Also geben die Nervenzellen von der Abteilung Sehen an die anderen die Information weiter: »Alle mal herhören! Hier ist ein Sonnenuntergang! Bitte genießen – jetzt!« Und du fühlst dich gut. »Aaaaaah«, sagt Günter. »Was für ein schöner Sonnenuntergang!«

Gemurmel und Geflüster

Wenn eine Nervenzelle der anderen etwas mitteilt, so kann sie das auf verschiedene Art tun. Zum Beispiel über Botenstoffe. Botenstoffe sind Substanzen, die Informationen tragen. Je nachdem, was dein Gehirn sagen will, hat es verschiedene Botenstoffe zur Auswahl: Fühl dich gut, werd müde, ärgere dich, krieg einen Schreck. Und weil deine Nervenzellen sehr empfindlich sind, genügen kleine Mengen von Botenstoffen, damit du dich verstehst. So ein Botenstoff ist wie ein leiser Befehl, der sich schnell herumspricht: »Pst, bitte wohlfühlen!«

Die Eingänge, durch die so ein Botenstoff in eine Nervenzelle hineingelangt, heißen in der Biologie »Rezeptoren«, das ist Lateinisch für »Empfänger«. Diese Rezeptoren funktionieren so ähnlich wie kleine Ohren: Sobald eine Information (in Form eines Botenstoffs) auf das Ohr trifft, kann das Ohr sie hören. Übrigens sind sie ziemlich empfindlich, die Rezeptoren. Darum brauchen wir auch kein Gebrüll im Gehirn. Flüstern genügt! Stell dir einen Markt mit viel Gemurmel und Geflüster vor – das ist dein Gehirn. Lauter zartes Geplauder ...

Ruhe bitte!

So einem Gehirn geht es gut mit seinem Geflüster. »Fühl dich wohl ...«, »Werd nachdenklich ...«, »Ruf Tante Greta an ...« Alle Nervenzellen reden leise miteinander, und dein Körper, deine Gedanken und Gefühle funktionieren. Der Austausch auf deinem Gehirn-Marktplatz ist sehr rege und macht großen Spaß. Nichts fehlt, das Leben ist schön. Nur eines wollen deine Nervenzellen nicht: Gebrüll. Weil deine Rezeptoren-Ohren empfindlich sind, gilt in deinem Gehirn: »Ruhe bitte!« Und solange sich alle daran halten, geht es dir gut.

Hast du schon mal so lauten Lärm gehört, dass es wehtat? Stell dir vor, in deinen leisen, murmelnden und flüsternden Gehirn-Marktplatz dröhnt eine ohrenbetäubende Schiffshupe. »Böööööööh!« Was passiert? »Das tut weh«, sagt Günter. Richtig! Du würdest dir wahrscheinlich mit den Fingern die Ohren zuhalten. Aber deine armen Rezeptoren-Ohren haben keine Finger – sie können sich nicht sofort schützen. Aua!

Die Schiffshupe

»Und was hat das Ganze mit dem Rauchen zu tun?«, fragt Günter. Ganz einfach: Genau den Lärm hast du erlebt, als du die ersten Zigaretten auf Lunge geraucht hast. Wo sonst nur harmlose leise Botenstoffe in deine Nervenzellen gedrungen sind, ist nun das mega-riesen-übel-starke Nervengift Nikotin mit voller Wucht hineingedonnert. Böööööööh! Wie eine Schiffshupe. Und deine Rezeptoren-Ohren konnten sich erst mal nicht dagegen schützen – sie waren zu überrascht und hatten keine Gelegenheit, sich Gedanken über Schutzmechanismen zu machen.

Günter denkt nach. »Das heißt, dass das Nikotin an den gleichen Stellen in die Nervenzellen dringt wie die Botenstoffe ...« Richtig, Günter. Weiter? »Und weil das Nikotin viel stärker ist als die Botenstoffe, tut es der Nervenzelle weh?« Genau! Die Nervenzelle ist überreizt, überfordert. Es ist zu viel für sie.

Nikotin wirkt auf dein Gehirn wie schlimmer Lärm. Und weil dein Gehirn dem Krach hilflos ausgesetzt war, haben die Nervenzellen den Befehl weitergegeben: »Aua! Das tat weh.« Und was hast du gespürt? Kopfschmerzen, Schwindel, Übelkeit – die Symptome einer Nikotinvergiftung! Damit hat dein Körper auf die Giftdosis reagiert. Das war zu der Zeit, als du noch nicht rauchen konntest.

Üben, üben, üben

Günter fand das damals natürlich gar nicht lustig. Was soll denn das, dass dir die Zigaretten wehtun, während die anderen schon ganz große und ganz echte Raucher sind? Frechheit, dass die Großen an der Bushaltestelle stehen und lässig-locker ihre Fluppen durchziehen, während du peinlich herumhustest und dir von Lungenzügen noch ganz schwummrig wird! Wie kannst du denn da den anderen gegenübertreten? Dich selbst noch mit Hochachtung im Spiegel anschauen? Für Günter war die Sache klar: »Dann musst du das Rauchen eben so lange üben, bis du es kannst!« Wie eben bei anderen Dingen auch, die du in deine kleine Welt hereinholst.

Üben, üben, üben! Erinnerst du dich? Bei den meisten Rauchern dauerte es einige Wochen lang. »Hey, ich habe gestern ganze drei Zigaretten geschafft!« oder »Auf der Party gestern habe ich sogar schon fünf geraucht!«. Das war die Zeit, als du dich an das Nikotin gewöhnt hast. Die Zigaretten haben immer weniger schlecht geschmeckt, und du hast das Nikotin immer besser ertragen.

Hilfe!

Was ist in dieser Übungszeit neurobiologisch passiert? Du hast deine Nervenzellen immer wieder mit Nikotin beballert. Immer wieder hast du die Schiffshupe eingeschaltet, in der Hoffnung, den Lärm bald ertragen zu können. Deine Nervenzellen haben gelitten, um Hilfe geschrien und mit Kopfschmerzen, Schwindel und Übelkeit reagiert. Und natürlich haben deine Nervenzellen bald geahnt, dass die Quälerei kein Ende mehr nimmt, sondern dass du damit weitermachen wirst.

Inzwischen hatten die Nervenzellen aber auch Zeit, über Schutzmechanismen nachzudenken, und einige Nervenzellen sind dabei tatsächlich auf eine spannende Idee gekommen: Eigentlich ist es ganz einfach, sich vor Lärm zu schützen! Was meinst du wohl, was die geschundenen Nerven getan haben, um den Krach besser zu ertragen? Stell dir mal vor, du stehst neben einer Schiffshupe, die jeden Moment loshupen und dir das Trommelfell zerfetzen kann. Was würdest du zur Vorbeugung tun?

Neurobiologischer Lärmschutz

»Haben sich die Nervenzellen etwa Watte in ihre Rezeptoren-Ohren gestopft?«, fragt Günter. Guter Gedanke, Schweinehund! Um sich gegen den Lärm zu schützen, mussten die Nervenohren gegen den Lärm unempfindlich werden: quasi mit Wattepfropfen! Also haben die Nervenzellen der Reihe nach angefangen, sich die Ohren zu verstopfen. Erst die erste Nervenzelle, dann die zweite Nervenzelle, dann die dritte. Bis alle dicht waren, hat es ein paar Wochen gedauert – eben genau die Übungszeit bis zur ersten Zigarette ohne Übelkeit. Und weil der Nikotinlärm durch die Watte nun nicht mehr mit voller Wucht durchdringen konnte, kam er immer leiser und erträglicher in deinen Nervenzellen an. Darum haben deine Zigaretten auch von Mal zu Mal weniger schlecht geschmeckt und von Tag zu Tag weniger Übelkeit, Schwindel und Kopfschmerzen erzeugt.

Auch heute noch hast du diese Wattepfropfen in den Ohren: einen Schutzwall gegen die starken Impulse des Nikotins.

Watte in den Ohren

Irgendwann waren alle Ohren voller Wattepfropfen. Seitdem tun dir die meisten Zigaretten nicht mehr weh. Dein Gehirn hat sich geschützt. »Super!«, sagt Günter. »Endlich kann ich rauchen!« Stimmt: Du erträgst seitdem ein hochgefährliches Nervengift. Ob du zu beneiden bist? Tausende junger Schweinehunde wollen das auch und trainieren das Rauchen an Bushaltestellen und in Wäldern, auf Parkbänken und hinter Sporthallen. Sie wollen Raucher werden und endlich so rauchen können wie du! Würdest du ihnen raten, es so zu üben wie du damals?

Leider haben die Wattepfropfen in den Ohren eine dumme Nebenwirkung auf die übrigen, natürlichen Botenstoffe in deinen Nerven. Rate mal, welche, Günter! Günter kombiniert: »Diese Botenstoffe sind nun zu leise.« Wie bitte? Hast du was gesagt? Günter lauter: »Die natürlichen Botenstoffe sind jetzt zu leise!« Hallo? Spricht da jemand? »Ja, Günter hier!«, brüllt Günter sauer. Aber, Günter! Warum sprichst du so leise? Du bist kaum zu verstehen! »Ich spreche nicht leise!«, schreit Günter und brüllt: »Hast du etwa Watte in den Ohren, oder was?« Na klar doch ...

Stille und Leere

Würde Günter nicht so schreien, wäre er nicht zu verstehen – seine normale Stimme ist zu leise, um durch die Wattepfropfen zu dringen. So ähnlich geht es Rauchern, wenn sie gerade nicht rauchen, also mal keinen Nikotinlärm durch die Wattepfropfen in ihre Rezeptoren-Ohren schicken: Die normale Lautstärke der Botenstoffe ist viel zu leise! Stell dir vor, du kommst zu einem Sonnenuntergang, und dein Gehirn schüttet die passenden Botenstoffe aus, die jetzt aber viel zu schwach sind, um deine Wattepfropfen zu durchdringen ... Menschen ohne Watte im Gehirn können das Schauspiel also genießen. Du nicht mehr. »Gemeinheit!«, erbost sich Günter.

»Aber warum bleibt die Watte im Ohr?«, fragt sich Günter. Ganz einfach: Stell dir vor, die Schiffshupe neben dir verstummt, könnte aber jederzeit wieder losgehen. Nimmst du deine Finger sofort aus den Ohren? »Natürlich nicht«, grummelt Günter. Siehst du! Erst wenn du ganz sicher bist, dass die Hupe ausgehupt hat, nimmst du die Finger wieder raus. So ist das auch in deinem Gehirn: Wenn du nicht rauchst, bleiben deine Rezeptoren noch eine Weile zugestopft. Sie haben Angst vor dem Lärm. Und weil deine Nervenzellen in dieser Zeit zu wenige Botenstoffinformationen empfangen, signalisieren sie dir: »Hier fehlt doch was!«

Rauchen »tut gut«

»Ist ja doof, ständig so eine Stille zu haben!«, sagt Günter. Klar. Nur leider haben sich Raucher diesen Zustand selbst herbeitrainiert: Die zugestopften Rezeptoren-Ohren können kaum noch hören, denn ihnen fehlt etwas Wichtiges: die sanften Streicheleinheiten von Botenstoffen, die jeder Nichtraucher erleben darf. Stattdessen empfinden Raucher ständig so ein lästiges Gefühl ...

Kennst du das Gefühl: »Ich will jetzt eine rauchen«? Genau das ist die Leere in den Nervenzellen! Das ist die Stille! Dir fehlt eigentlich etwas! Dieses dumme Gefühl haben Nichtraucher nicht, sie kennen es gar nicht! Kein Wunder: Schließlich haben sie auch keine Wattepfropfen im Gehirn. Aber Raucher kennen es. Und sie wollen diese blöde Leere wieder loswerden. Was hilft dabei, Günter? »Eine Zigarette!« Klar: Wenn du jetzt rauchst, donnert das Nikotin wieder in die Wattepfropfen, und die schwächen es ab. Und in deiner Nervenzelle kommt ein Ton an, der ungefähr so leise ist wie ein Wohlfühlbotenstoff. Die Rezeptoren hören lieber leise Nikotin als gar nichts! Sie brauchen das Zeug, weil ihnen sonst etwas fehlt ...

Rauchen wollen? Nicht müssen!

»Na prima«, sagt Günter, »dann kann Nikotin also ein Wohlgefühl herzaubern. Bleib doch einfach Raucher: Schnell her mit der nächsten Zigarette!« Nein, Günter, bitte rauch jetzt erst mal keine Zigarette – wir machen gleich gemeinsam einen kleinen Test. Du darfst gespannt sein!

Übrigens: Weil Nikotin in Wirklichkeit ein Gift ist, baut es dein Körper so schnell wieder ab, dass auch die Wirkung schnell verblasst. Was aber bleibt, sind die Wattepfropfen im Gehirn: Deine Nerven müssen sich ja immer wieder schützen! Also brauchst du immer wieder Nikotin, das die Watte durchdringt und dir diese komische Wohlfühlillusion vorspielt. Und Günter ist überzeugt: Rauchen tut gut. Nur: Wie wäre es, wenn du das Bedürfnis zu rauchen gar nicht mehr hättest? Stell es dir mal andersherum vor: Dauernde Zufriedenheit anstelle einer lästigen Leere im Kopf, die dich immer wieder unzufrieden macht und wie ferngesteuert rauchen lässt. Na, wäre das was?

»Kann man die Pfropfen überhaupt je wieder rausnehmen?«, fragt Günter ängstlich. Ja, kann man, keine Sorge. Doch zuerst ein kleines Märchen.

Der Wildschweinwolf

Mitten im tiefen, tiefen Wald lebt ein böses, böses Monster: der Wildschweinwolf. Dieses Monster hat ein Viertel der Menschen versklavt. Die Menschen müssen dem Monster ständig Nikotin zu fressen geben. Sonst fängt das Monster an, sie mit miesen Gefühlen zu quälen. Weil das Monster gefräßig ist, belästigt es seine Sklaven dauernd. »Gib mir Nikotin«, grunzt das Vieh. Die Sklaven gehorchen. Ihr ganzes Leben ist zerstückelt: Das Monster unterbricht sie bei allem, stört sie beim Genießen und beim Konzentrieren. Diesen Sklaven geht es erst dann gut, wenn sie die Bestie mit Nikotin gefüttert haben – dann ist ihr mieses Gefühl kurz weg.

Der König sucht schon lange einen tapferen Ritter, der dem Monster den Kopf abschlägt. Aber die Sklaven sagen: »Wir füttern die Bestie gerne, weil wir dann kurz Ruhe haben.« Das sagen sie, weil sie sich in diesen Momenten so fühlen können wie Menschen, die keine Sklaven sind. Kannst du dir solche Leute vorstellen, Günter? »Gibt's doch gar nicht«, sagt Günter und muss ganz schön lachen.

Zwei Stimmen im Kopf

Raucher sind das Leben mit dem Monster gewöhnt. Je früher sie mit dem Rauchen angefangen haben, desto schwerer erinnern sie sich an die Zeit, als sie das Monster noch nicht hatten. Darum halten Raucher den Wildschweinwolf für normal. Sie haben ihn in ihre kleine Welt aufgenommen. Und da spielt er jetzt den dicken Max.

Als Nichtraucher hattest du nur eine Stimme im Kopf. Was ist heute, wenn du eine Weile nicht geraucht hast? Sagt da eine zweite Stimme leise: »Rauch eine«? Dann etwas lauter: »Rauch eine«? Sie geht dir auf den Geist, und du willst, dass sie weg ist. Aber sie wird immer lauter, bis du endlich eine Zigarette rauchst. Dann schweigt sie kurz. Das ist der Wildschweinwolf! Du fütterst ihn ständig mit Nikotin, damit du dich so fühlen kannst, wie ein Nichtraucher sich sowieso ständig fühlt: ohne das Gefühl, dass etwas fehlt.

»Aber dann rauchen Raucher ja nur, um sich so zu fühlen wie Nichtraucher!«, wundert sich Günter. Ein kluger Schweinehund ...

Die Kettenreaktion

Leider gibst du dem Monster mit dem Nikotin die Kraft, dir bald wieder miese Gefühle zu machen. Du fütterst die Bestie, und sie lässt dich kurz in Ruhe. Das tut dir gut, weil es dich für einen Moment entlastet. Die Anspannung verschwindet kurz, wenn das Monster aufhört, dich zu nerven. Aber weil das Nikotin den Körper sehr schnell verlässt, hat der Wildschweinwolf bald schon wieder Hunger. Was tut er also? »Gib mir Nikotin!«, nervt er dich dann ...

Und wenn du mal nicht rauchst? Dann wird der Wildschweinwolf langsam böse! Erinnerst du dich an die Wattepfropfen? Deine Nerven hören keine Botenstoffe und brauchen Ersatz! Also nervt dich der Wildschweinwolf, immer mehr und mehr und mehr – bis du es leid bist und dem Monster nachgibst. Du rauchst. Das Monster ist satt und zufrieden und schwirrt ab. Und du hast kurz deine Ruhe: »Aaaaaah, tut das gut!«, sagt Günter. Doch das Nikotin verlässt den Körper wieder ziemlich schnell. Der Wildschweinwolf wird wieder hungrig, deinen Nerven fehlt wieder der Botenstoffersatz, du empfindest wieder Stille. Und so weiter ...

Was für ein Hin und Her! Was für eine sinnlose Kettenreaktion! Und weil Günter das alles irgendwann für normal hält, glaubt er, rauchen würde guttun.

»Ich brauche eine Zigarette!«

Wie fühlt sich das eigentlich genau an, das Gefühl: »Ich brauche eine Zigarette«? Was spürst du, wenn die Bestie nervt? Wo im Körper ist dieses Gefühl? Spürst du es in den Kniekehlen oder am Rücken? In der Nase oder auf den Fußsohlen?

Lass uns rauskriegen, wie das Gefühl ist. Mit einem kleinen Test. Hast du etwa eine Dreiviertelstunde keine Zigarette geraucht? Prima. Dann kannst du den Rest dieses Kapitels überspringen und gleich beim nächsten Kapitel weiterlesen.

Wenn du innerhalb der vergangenen Dreiviertelstunde geraucht hast, dann lies dieses Kapitel zu Ende. Danach legst du das Buch für 45 Minuten weg. Ganz wichtig: ohne zu rauchen! Hör Musik, schau ein bisschen fern, telefonier mit einer Freundin oder einem Freund, schreibe einen Einkaufszettel, häng die Wäsche auf, geh ein paar Schritte raus, trink eine Tasse Kaffee – ganz egal, solange du dabei nicht rauchst. Lass Zeit vergehen. Nach 45 Minuten liest du weiter.

Reine Gefühlssache ...

Hast du nun Lust, eine zu rauchen? Wenn nein, dann warte noch eine Dreiviertelstunde, ohne zu rauchen, und leg das Buch noch einmal weg. Lies bitte erst weiter, wenn du das Gefühl hast, eine rauchen zu wollen. Wenn das nicht mehr geschieht, hast du bereits gewonnen und kannst das Buch sofort an einen lieben Raucher verschenken.

Und? Hast du jetzt Lust, eine zu rauchen? Was spürst du dabei? Das Gefühl, das du jetzt hast, ist das Verlangen deiner Rezeptoren im Gehirn nach Wohlfühlinformationen. Weil du aber durch die letzten Zigaretten noch Watte in deinen Rezeptoren-Ohren hast, fehlt dir etwas, das ein Nichtraucher nicht braucht: Nikotin! Viele Raucher empfinden dieses Gefühl als eine leichte Leere in der Brust und im Oberbauch, ein Gefühl, das sich ein wenig wie Hunger anfühlt – eine Art Vakuum, als hätten sie einen schwachen Staubsauger in sich. Das tut nicht weh, ist aber auch nicht schön. Also wird man dadurch nervös und unruhig.

Bitte lies auch die folgenden Absätze, ohne zu rauchen.

Schlimm?

Und? Wie ist das so, dieses Leeregefühl zu haben? Tut es weh? Schreist du vor Schmerzen? Weinst du? Rinnt dir der Schweiß von der Stirn? Wird der Blick trüb? Fällt dir vor lauter Zittern das Buch aus der Hand? Läuft die Nase? Wachsen dir dicke schwarze Haare auf dem Handrücken? Wirst du aggressiv und cholerisch? Geben die Muskeln auf, und die Knie knicken weg? Treten deine Augen aus den Höhlen? Bekommst du Nasenbluten? Hast du Durchfall? Steigt deine Körpertemperatur? Hast du juckende Ausschläge? Schnappst du nach Luft? Fallen dir Zähne oder Haare aus? Wirst du ohnmächtig? Nein? Nichts davon?

Das Gefühl »Ich will eine rauchen« besteht nur aus einer minimalen inneren Unruhe und einer leichten Leere. Schlimm ist es nicht. Es ist ein bisschen unangenehm, und darum will niemand so ein Gefühl haben. Es ist das Entzugssymptom beim Rauchen, und es ist lästig. Mehr nicht. Deine Rezeptoren-Ohren hören schlecht, und das ist ihnen unangenehm. Sie sehnen sich nach leisen, zarten Tönen. Das ist alles.

Siehst du: Der Wildschweinwolf ist harmloser, als er tut! Er kann dir im Grunde gar nichts.

Bitte lies weiter, ohne zu rauchen.

Der Horrorentzug

»Aber es gibt doch so viele, die sich elend lange quälen, wenn sie mit dem Rauchen aufhören«, wendet Günter ein. Was beschreiben diese Leute denn für Entzugserscheinungen? Manche sprechen von Schlaflosigkeit, Schwindel, Aggressionen. Andere hingegen werfen ihre Zigaretten und Feuerzeuge auf den Müll und sind vom ersten Moment an glücklich und frei. Wie kann das sein?

»Vielleicht indem sich die einen darauf konzentrieren, dass ihnen etwas fehlt, während es den anderen egal ist?« Kluger Gedanke, Günter! Stellen wir uns mal vor, wir sperren einen Raucher in eine Gefängniszelle. Ohne Zigaretten. Einen Raucher, der sonst eine Schachtel oder zwei oder drei Schachteln am Tag raucht. Wie geht es dem Raucher nach 2 Tagen? Schlecht? Gut? Kommt drauf an! Manche gehen die Wand hoch, andere bleiben entspannt. Und warum? Weil sich die einen reinsteigern, während die anderen locker bleiben! Aber dazu später mehr.

Wie geht es dir jetzt? Du rauchst seit einiger Zeit nicht. Alles klar? Oder gehst du die Wand hoch? Nein? Brauchst du auch nicht. Gleich darfst du rauchen!

Ein kleiner Test

Du hast jetzt seit einiger Zeit nicht geraucht. Prima! Dann lass uns jetzt noch einen kleinen Test machen: Wie schmeckt es, eine zu rauchen?

Steck dir bitte zunächst eine Zigarette in den Mund, ohne sie anzuzünden. Dann sauge durch die Zigarette kurz ein wenig Luft in den Mundraum (aber bitte nicht einatmen!) und nimm die Zigarette wieder heraus. Anschließend pustest du die Luft wieder aus und atmest ganz normal weiter. Du paffst sozusagen trocken. Damit es gleich klappt, wenn du die Zigarette anzündest.

Zieh noch mal an der kalten Zigarette. Jetzt lass die Luft 20 Sekunden im Mundraum stehen und atme durch die Nase, am Mund vorbei. Jetzt schlucke kurz. Merkst du, wie die Luft nun vom Mund in die Nase kommt? Atme die Luft durch die Nase aus.

»Rauchen ist Geschmack«

Jetzt steck dir die Zigarette in den Mund und zünde sie an. Mach genau das Gleiche wie im vorigen Kapitel, nur eben mit Rauch. Zieh den Rauch von der Zigarette in den Mundraum. Bitte nicht inhalieren! Nicht in die Lunge ziehen! Stattdessen pustest du den Rauch gleich wieder aus. Wie schmeckt das? Beschreib es mal!

Zieh noch einmal Rauch in den Mund. Jetzt nimm die Zigarette raus, schließ den Mund und atme durch die Nase weiter. Lass den Rauch im Mund stehen und zähle die Sekunden. 21, 22, 23, 24, 25 ... Und? 26, 27, 28, 29, 30 ... Den Rauch schön drin behalten! 31, 32, 33, 34, 35, 36, 37 ... Und? Lass den Rauch weiter im Mund, er setzt sich jetzt langsam auf deine Geschmackssinneszellen, die du im Mund hast. 38, 39, 40, 41, 42 ... Was schmeckst du? Und jetzt schluck mal, sodass der Rauch in deine Nase dringt und deine Geruchssinneszellen streift. Was riechst du? Jetzt atme den Rauch durch die Nase aus.

Na, wie schmeckt und riecht Rauchen? (Bitte warte mit dem Inhalieren noch.)

Geschmack oder Physiologie?

»Bäääh!«, schimpft Günter. »So schmecken also Freiheit und Abenteuer? Pfui bah!« Na ja. Manche Tabakhersteller erzählen eben Quatsch, Günter. Aber du kennst ja jetzt die Wahrheit.

Weiter im Test! Jetzt darfst du »ganz normal« rauchen. Zieh an der Zigarette und zieh den Rauch jetzt einmal tief in die Lunge. Was spürst du? Ist es gut? »Oh ja«, grunzt Günter zufrieden. Aber warum? Was passiert jetzt in Wirklichkeit? Der Nikotinlärm dröhnt wieder in die Watte deiner Rezeptoren-Ohren! Dieses Gefühl, das du jetzt hast, bezeichnen manche Raucher als Geschmack. Doch sie irren sich: Dass Rauch nicht gut schmeckt, hast du ja eben getestet. Und in der Lunge gibt es keine Geschmacks- und Geruchssinneszellen, wohl aber Lungenbläschen, die das Nikotin aus dem Rauch nun ganz schnell ins Blut schaffen. Und von dort gelangt es zu den Nervenzellen – reine Physiologie! Was also zu schmecken scheint, ist in Wirklichkeit nur das gute Gefühl, wenn die doofe Leere nachlässt!

Und dann zähl mal deine Züge an der Zigarette: Nach wie vielen ist das Leeregefühl im Bauch wieder weg? Etwa schon nach zwei oder drei oder vier?

Zu viel des Guten

»Tut das gut«, sagt Günter. »Endlich eine rauchen!« Er lehnt sich entspannt zurück. Man kann also etwas gegen diese innere Leere tun. Es gibt zwei Möglichkeiten: Die erste ist, schnell eine zu rauchen – dann ist das Leeregefühl kurz weg. Zur zweiten Möglichkeit kommen wir später – sie ist viel besser, denn durch sie ist der Wildschweinwolf bald für immer still. Die meisten Raucher kennen nur die erste Möglichkeit. Günter kennt bald auch die zweite.

Jetzt aber weiter im Test! Wenn du mit der Zigarette fertig bist, dann zünde dir gleich noch mal eine an und nimm ein paar tiefe Lungenzüge. Und? Wie ist es jetzt? Tut es immer noch so gut wie bei der ersten Zigarette? Nein? Dann hast du dir jetzt mehr Nikotin angetan, als deine Rezeptoren gebraucht haben. Der Nikotinlärm ist jetzt so laut, dass er sogar deine Wattepfropfen durchdringt und in den Rezeptoren als Krach ankommt! Du hast den Wildschweinwolf überfüttert, sodass dir schlecht wird. Eine Überdosis! Schmeckt ein bisschen wie die Erste, oder?

Danke fürs Mitmachen! Du kannst jetzt wieder normal weiterrauchen.

Die Sache mit dem Genuss

Fassen wir mal zusammen: Raucher genießen das Rauchen, weil das Nikotin kurz die Watte im Gehirn durchdringt und für ein Wohlgefühl sorgt. Nichtraucher dagegen finden das Rauchen ekelhaft. Warum? Weil sie keine Watte im Gehirn haben und weil das Nikotin in voller Wucht auf die Rezeptoren trifft. Aua! Und warum haben die Raucher Watte im Gehirn? Weil die Nervenzellen nach einigen Zigaretten begonnen haben, sich gegen das Nervengift Nikotin zu schützen.

ÜBUNG

»SCHMECKEN« ZIGARETTEN WIRKLICH?

Na, hast du den kleinen Test mitgemacht? Falls nein, dann mach ihn unbedingt jetzt! Denn: Zigaretten sollen angeblich »schmecken«. Das ist jedoch falsch. Stattdessen haben sie nur eine physiologische Wirkung, die Raucher gerne »Geschmack« nennen – die aber rein gar nichts mit echtem Schmecken zu tun hat.
Also los jetzt:

Zünde dir eine Zigarette an – doch anstatt den Rauch wie gewohnt zu inhalieren, behalte ihn nur im Mundraum. Also: Paffe die Zigarette erst mal nur!

Behalte den Rauch ein paar Sekunden im Mund und versuch, ihn zu »schmecken«. Wie »schmeckt« Zigarettenrauch? Und ist das Gefühl, das du jetzt hast, tatsächlich der Grund, warum du rauchst?

Nach einigen Zügen bewussten Paffens und Schmeckens: Inhaliere die Zigarette nun wie gewohnt. Na, wie ist das Gefühl jetzt? Spürst du, wie der Rauch in den Lungen ankommt und das Nikotin ins Blut und in die Nerven gelangt? Ist genau dieses Gefühl etwa das, was du »Geschmack« nennst?

Rauch deine Zigarette zu Ende und zünde dir gleich danach die nächste an, die du nun ebenfalls »normal« auf Lunge rauchst. Na? Wie »schmeckt« diese zweite Zigarette? Vermutlich schlechter – deine Nerven sind längst nikotingesättigt, sie brauchen noch keine weitere Zigarette ...

Günter kombiniert: »Wenn ein Nichtraucher ab und zu raucht, schützen sich seine Nervenzellen dann auch bald gegen das Nikotin?« Na klar, Günter. Gelegenheitsraucher sind also ebenfalls suchtgefährdet. Und Günter kombiniert noch mal: »Dann hat auch er Watte im Gehirn und muss rauchen, um Wohlfühlbotenstoffe zu hören?« Genau! Dann fühlt er sich so, wie er sich als Nichtraucher sowieso immer gefühlt hat. Nur wenn er dann raucht, hat er kurz das Gefühl, dass ihm nichts fehlt.

Was fehlt dem Nichtraucher?

Sag mal, Günter, wer ist eigentlich glücklicher: der Raucher oder der Nichtraucher? Oder besser: Was hat der Raucher, was der Nichtraucher nicht hat? Günter weiß sofort Bescheid: »Na, dem Nichtraucher fehlt die Entspannung in den Pausen! Ihm fehlt die Zigarette zur Konzentration! Und die zum Kaffee, die nach dem Essen ...« Moment, Günter. Erinnerst du dich an die Zeit, als du noch nicht geraucht hast? Hat dir da die Entspannung in den Pausen gefehlt? Oder die Zigarette zur Konzentration? Überleg mal: Ging es dir damals etwa nicht gut? »Doch, natürlich!«

Günter wird nachdenklich. Wenn nur Raucher das Rauchen brauchen, dann fehlt den Nichtrauchern ja gar nichts! Und was haben Raucher, was Nichtraucher nicht haben? »Husten?«, sagt Günter sofort. Zum Beispiel! Und die Entspannung von einem lästigen Leeregefühl, das Raucher nur deswegen haben, weil sie eben rauchen ...

Wie wäre es denn, wenn du das doofe Leeregefühl für immer los wärest?

Was fehlt dem Ex-Raucher?

Und was fehlt dem Ex-Raucher? Stell dir mal vor, du könntest wieder so frei und unabhängig sein, wie du es früher schon mal als Nichtraucher warst. Ohne dass du ständig rausmusst zum Rauchen. Ohne dass du immer wieder dieses Gefühl hast, dass dir was fehlt. Wie wäre das?

Günter ist sich nicht ganz sicher. »Ob das ohne Zigaretten geht?« Na, dann überleg mal, Günter. Nur Raucher brauchen das Rauchen. Weil nur Raucher das doofe Leeregefühl haben. Doch das doofe Leeregefühl entsteht dadurch, dass dein Körper das Nikotin der vorangegangenen Zigarette abbaut. Dadurch verblasst die Wirkung des Nikotins, das durch deine Wattepfropfen im Gehirn durchgesickert ist und so getan hat, als sei es ein zärtlicher Botenstoff. Was aber, wenn du gar keinen Nikotinpegel mehr hättest? Was, wenn dieses ständige Auf und Ab von Nikotin ein Ende hätte und deine Nerven wieder die normalen Botenstoffe hören könnten? »Hm«, sagt Günter traurig. »Ich habe ihn aber nun mal, diesen Nikotinpegel.« Oooh, armer, schwarzer Schweinehundkater! Ob du wohl für immer ein dummes Gefühl haben musst?

Behindertenausweis für Raucher?

Niemand will so ein Leeregefühl haben. Die Nichtraucher haben gut lachen, denn sie kennen das Gefühl nicht. Nur die Raucher kennen es. Es zwingt sie ständig zu Unterbrechungen, nichts können sie am Stück tun und genießen. Immer wieder müssen sie rauchen.

»Kriegt man als Raucher eigentlich einen Behindertenausweis und darf kostenlos ins Kino?«, fragt Günter. Gute Frage. Wer ständig auf eine Droge angewiesen ist, ist ja schon irgendwie behindert. Aber deswegen kostenlos ins Kino? Helfen wir den Menschen lieber, ihre Behinderung loszuwerden! Dann können sie auch wieder lange Filme genießen, ohne im Kino zappelig zu werden. Nichtraucher können das – sie haben ja auch keine Wattepfropfen im Kopf.

»Verschwinden die Wattepfropfen denn auch mal?« Aber ja, Günter. Günter wedelt mit dem Ringelschwanz. Schon nach 12 Stunden Nichtrauchen ist es zur Hälfte geschafft! »Nach 12 Stunden?«, argwöhnt Günter. Na, pass mal auf! Gedankenspiel. Wir rechnen jetzt aus, wann du so viel Nikotin abgebaut hast, dass deine Nervenzellen die Wattepfropfen von alleine wieder rausnehmen.

Rauchen im 5-Minuten-Takt

Stell dir vor, du rauchst eine Zigarette und rauchst 5 Minuten danach die nächste und 5 Minuten später noch eine. Wie ist das? »Nicht so gut«, sagt Günter. Richtig! Und weißt du auch, warum? Weil die erste Zigarette deinen Nervenzellen schon genug Nikotin verpasst hat. Das tut jetzt erst mal so, als sei es ein zärtlicher Wohlfühlbotenstoff. Darum brauchst du jetzt erst mal kein weiteres Nikotin. Bedarf gedeckt!

Damit du wieder Nikotin brauchst und damit das Nikotin dann auch Wohlfühlbotenstoff spielen kann, muss dein Körper erst mal das Nikotin von eben abbauen. Wenn du jetzt gleich wieder rauchst, landet so viel Nikotin in deinem Gehirn, dass es sogar die Wattepfropfen überfordert. Es dringt als Lärm durch und tut deinen Rezeptoren-Ohren weh. Darum tut Kettenrauchen nicht gut.

Einige Zeit nicht rauchen

Und jetzt stell dir vor, du rauchst eine Dreiviertelstunde nicht. Dann zündest du dir eine Zigarette an. Wie ist die? »Schon besser«, antwortet Günter. Richtig! Und weißt du auch, warum? »Vielleicht weil der Körper in der Zwischenzeit schon mehr Nikotin abgebaut hat?« Genau! Und zwar so viel, dass du schon wieder eine leichte Leere spürst. Anders ausgedrückt: so viel, dass die Wohlfühlillusion des Nikotins in den Rezeptoren schon wieder aufhört. Dir fehlt schon wieder ein bisschen was, und darum tut es gut, eine zu rauchen.

Jetzt stell dir vor, du rauchst 3 Stunden nicht. Weil du zum Beispiel im Kino bist und einen langen Film ansiehst. Danach rauchst du eine. Wie ist die? »Göttlich«, grunzt Günter ... Wirklich? »Ja«, schnurrt der Schweinehund. »Noch viel besser als die nach einer Dreiviertelstunde.« Wie kann das sein? Günter spielt den Musterschüler: »Na, weil nach 3 Stunden noch mehr Nikotin abgebaut ist und das Leeregefühl noch viiiiiel größer ist!« Genau.

Genuss ist, wenn's nicht mies ist

Kleine Zusammenfassung gefällig? »Na gut ...«, sagt Günter. »Wenn's schnell geht.« Okay! Also: Zigaretten scheinen unterschiedlich gutzutun, je nachdem, wie lange die vorige Zigarette her ist. Klar, Günter? »Klar, weiter!« Und das liegt daran, dass das Leeregefühl umso größer ist, je mehr Zeit vergeht. Okay? »Aye«, sagt Günter. Dann heißt das doch, dass nicht die Zigaretten besonders guttun, sondern dass das Gefühl vorher einfach umso mieser ist. »Hm ... ja stimmt«, sagt Günter und kratzt sich am Kopf. »Rauchen ist also gar kein Genuss. Raucher halten es nur nicht aus ohne Zigaretten!« Gut erkannt, Herr Schweinehund! Eins mit Sternchen.

Noch mal zum Mitschreiben: Rauchen ist kein Genuss. Es erscheint den Rauchern nur so. Denn je mehr Zeit nach einer Zigarette vergeht, umso mieser fühlt sich ein Raucher, wenn er nicht raucht. Um das miese Gefühl loszuwerden, muss er rauchen. Und je mieser sein Gefühl ist, umso mehr erscheint es ihm als Genuss, das Gefühl kurz wegzuqualmen. Raucher rauchen also nicht, um sich gut zu fühlen. Sondern sie rauchen, um sich weniger schlecht zu fühlen!

3 Tage nicht rauchen

Weiter im Gedankenexperiment! Stell dir vor, du rauchst 3 Tage lang nicht. Dann zündest du dir eine an. Wie ist die? »Na ja«, meint Günter. »Nicht so toll. Sie ist viel zu stark!« Wie bitte? Warum denn? Wir haben doch gerade eben festgestellt, dass Zigaretten umso besser sind, je mehr Zeit vergeht! Commander Günter, schicken Sie einen Aufklärungstrupp! Wo ist der Denkfehler?

Günter rätselt. »Seltsame Sache. Eigentlich müsste die Zigarette nach 3 Tagen irre-super-klasse-mega-giga-turbo guttun.« Tut sie aber nicht. Warum? Ganz einfach: weil dein Gehirn inzwischen die meisten Wattepfropfen von alleine wieder rausgeschmissen hat. »Brauchen wir nicht mehr«, haben die Rezeptoren-Ohren gesagt. Denn schließlich hast du sie 3 Tage mit Lärm verschont. Mit der Zeit haben die ersten Rezeptoren gemerkt, dass kein Krach mehr kommt, haben Vertrauen in die Stille gewonnen und die Pfropfen rausgeworfen.

Und wie reagieren die Rezeptoren-Ohren auf die Zigarette nach 3 Tagen? »Keine Ahnung«, sagt Günter. Na, sie sind enttäuscht, dass du sie wieder quälst! Und stopfen sich die Watte sofort wieder rein! Und du kannst von vorne anfangen.

Eine Nacht – halbe Miete!

Günter hat nachgerechnet. »Aber 3 Tage sind doch mehr als 12 Stunden!« Stimmt schon. Es ging nur darum, dass du nach 3 Tagen alles locker hinter dir hast. Jetzt leiten wir die 12 Stunden von vorhin her. Da feiern deine Rezeptoren-Ohren Bergfest: Sie sind zur Hälfte drüber weg und wattefrei. Okay? »Klar«, sagt Günter.

Was meinst du: Welche Zigarette am Tag schmeckt gleichzeitig gut und schlecht? Welche Zigarette schmeckt irgendwie besonders gut und kräftig auf einmal? Günter grübelt. »Die erste am Morgen?« Genau! Die meisten Raucher finden die erste Zigarette am Morgen gut und schlecht zugleich. Und wie kommt das? Weil die Hälfte deiner Rezeptoren-Ohren ihre Wattepfropfen schon rausgenommen hat! So wie übrigens jede Nacht.

»Das heißt ja, dass Raucher jede Nacht zur Hälfte Nichtraucher werden«, sagt Günter. Genau! Das Leeregefühl ist nämlich so schwach, dass die meisten Raucher durchschlafen. In dieser Zeit baut das Gehirn so viel Nikotin ab, dass sich die Rezeptoren wieder aufs Nichtraucherdasein einrichten. Es geht also gar nicht darum, endlich mit dem Rauchen aufzuhören. Sondern darum, nicht jeden Tag aufs Neue wieder damit anzufangen! Schließlich setzt jede Zigarette die Kettenreaktion in Gang, die zur nächsten Zigarette führt. Und zur nächsten Zigarette. Und zur nächsten Zigarette …

Mehr oder weniger ...

Wann welche Zigarette wie schmeckt, ist natürlich von Raucher zu Raucher unterschiedlich. Denn Menschen sind verschieden: Alle Raucher bauen Nikotin ab, wenn sie nicht rauchen – der eine schneller, der andere langsamer. Die einen haben die Hälfte nach 9 Stunden abgebaut. Bei anderen dauert es 15 Stunden – sie bauen Nikotin langsamer ab. Im Durchschnitt sind Raucher nach etwa 12 Stunden die Hälfte ihrer Wattepfropfen los. Darum schmeckt die erste Zigarette am Morgen den meisten Rauchern gut und schlecht: Wo noch Stöpsel sind, spielt das Nikotin wie gewohnt den Wohlfühlbotenstoff. Wo die Stöpsel schon verschwunden sind, donnert das Nikotin rein und tut weh.

Und jetzt mal sehen, wie es bei dir ist! Wann feiern eigentlich deine Rezeptoren ihr Bergfest?

Dein persönliches Bergfest

Wann rauchst du am Abend deine letzte Zigarette? Und um wie viel Uhr am Morgen ist dir die Zigarette eigentlich schon zu stark, erscheint dir aber noch wertvoll? Die Differenz ergibt dein Bergfest. Machen wir ein Beispiel!

Stellen wir uns vor, du rauchst abends um 22 Uhr die letzte Zigarette und gehst dann schlafen. Während du schläfst, baut dein Körper Nikotin ab. Über Nacht erkennt dein Gehirn, dass du es nicht mehr mit Nikotin quälst. Es gewinnt Vertrauen, wirft schon mal die ersten Wattepfropfen raus und stellt sich aufs Nichtraucherdasein ein. Gegen Morgen bist du zur Hälfte wattefrei.

Wenn du deine erste Zigarette normalerweise gegen 10 Uhr rauchst und wenn diese Zigarette gut und schlecht zugleich schmeckt, hast

du dein persönliches Bergfest: Zwischen 22 Uhr und 10 Uhr liegen 12 Stunden. Schon nach 12 Stunden ist der wichtigste Teil des Entzuges erledigt!

Und die andere Hälfte?

Günter rechnet: »Heißt das, dass der Entzug genau 24 Stunden dauert?« Nicht ganz, Günter. Denn Nikotin baut sich zwar schnell ab, aber immer Stück für Stück. In 12 Stunden baust du die Hälfte des Nikotins ab, das du im Körper hast. In den nächsten 12 Stunden wieder die Hälfte des Nikotins, das du noch im Körper hast. Dann wieder die Hälfte der Hälfte der Hälfte. Und so weiter. Auf null bist du nach ungefähr 2 Wochen. Das heißt aber nicht, dass du 2 Wochen warten musst, bis du Nichtraucher bist – das geht viel schneller. Die 2 Wochen sind nur ein statistischer Wert. Von merkwürdigen Gefühlen in dieser Zeit solltest du dich nicht beeindrucken lassen.

Auf jeden Fall bist du nach 24 Stunden durch. Wenn du eine Zigarette rauchst, bist du zu 100 Prozent mit Nikotin gesättigt. Nach 12 Stunden bist du auf 50 Prozent – Bergfest! Nach 24 Stunden bist du auf 25 Prozent – und das ist so wenig, dass du es schon gar nicht mehr spürst. Denn ob du 25 oder 0 Prozent Nikotin in dir hast, fühlt sich fast gleich an – die meisten Rezeptoren hören wieder die normalen Wohlfühltöne der natürlichen Botenstoffe, und dir geht es gut. Der Pegel flaut einfach langsam auf null ab.

Wie viel wir rauchen

»Und warum rauchen manche mehr und manche weniger?«, fragt Günter. Auch eine wichtige Frage. Der eine raucht nur eine Schachtel am Tag und der andere drei oder vier. Warum ist das so? Ist der Vielraucher süchtiger?

Nein, keine Sorge. Alle Raucher sind gleich süchtig. Wie viel du rauchst, entscheidet nur dein Körper: Wie lange braucht er, um Nikotin abzubauen? Der eine baut Nikotin schneller ab, weil er ein Bär von Schrank ist und eine super Kondition hat. Der andere ist vielleicht schmächtiger und baut Nikotin langsamer ab. Wer Nikotin schneller abbaut, kommt schneller in den Bereich, in dem den Rezeptoren Wohlfühlinformationen fehlen – denn das Nikotin verschwindet ja schneller! Und wenn die Rezeptoren nichts hören, empfinden alle Raucher das Gleiche: Leere. Darum sind alle Raucher gleich süchtig.

Günter kombiniert: »Das heißt, weil Vielraucher Nikotin schneller abbauen, sind sie auch schneller auf 0 Prozent Nikotin?« Volltreffer, Günter! Aber auch die Wenigraucher schaffen es ziemlich fix.

Und nachts?

»Seltsam«, sagt Günter. »Wenn das Rauchen so eine Kettenreaktion ist, warum rauchen Raucher dann nicht auch nachts? Die Kettenreaktion müsste doch durchlaufen!« Guter Gedanke, Günter! Tja, warum ist das so? Tagsüber rauchen Raucher durchschnittlich 20 Zigaretten im Abstand von 45 bis 60 Minuten. Abends drücken sie ihre letzte Zigarette aus und gehen schlafen. Nachts rauchen die wenigsten Raucher. Wie kann das sein?

Die letzte Zigarette am Abend hebt den Nikotinpegel noch einmal auf 100 Prozent, und dein inneres Leeregefühl ist weg. Du kratzt dir vorm Schlafengehen sozusagen noch mal einen lästigen Juckreiz weg. Dann schläfst du ein. Jetzt flaut die Wirkung des Nikotins langsam ab, und du kommst in die Hauptphase des leichten Nikotinentzugs. Ohne es zu merken! Ganz wichtig: Das Leeregefühl ist so schwach, dass es dich nicht mal weckt! Es stört dich nicht beim Schlafen. So stark ist der Wildschweinwolf nicht. Ein Mückenstich weckt einen schließlich auch nicht auf …

»Aber manche stehen doch nachts auf, um zu rauchen«, wendet Günter ein. Vorsicht, nichts durcheinanderbringen! Manche Leute haben Schlafprobleme. Die wachen dann nachts auf. Und wenn sie schon aufwachen, spüren sie eben auch das Leeregefühl und rauchen eine. Aber das Gefühl selbst weckt sie nicht.

Und im Flugzeug nach Amerika?

Günter ist gespannt. »Und im Flugzeug nach Amerika? Warum schaffen Raucher es, so lange nicht zu rauchen, obwohl es mitten am Tag ist und die Kettenreaktion läuft?« Erinnerst du dich an den Raucher in der Gefängniszelle? Wie geht es dem Raucher bei Wasser und Brot? Der eine geht die Wand hoch, und der andere bleibt ganz entspannt. Denn wie du mit dem Leeregefühl umgehst, ist eine mentale Frage: Ob du den Wildschweinwolf wahrnimmst oder nicht, entscheidest du selbst.

Wenn du nicht rauchen darfst, hast du zwei Möglichkeiten: Entweder du ärgerst dich derart maßlos über das Verbot, dass du dich in eine Rauchgier hineinsteigerst und schmachtest wie ein Zuchthengst auf Stutenentzug. Dann hast du nur das Rauchen im Kopf und kannst an fast nichts anderes mehr denken. Und das, obwohl das Leeregefühl so schwach ist, dass es dich nicht einmal weckt!

Oder du findest dich damit ab. Und dann ist es okay. Die wenigsten Raucher bekommen Aggressionsattacken, wenn sie auf der Arbeit nicht rauchen dürfen. Dürften manche Raucher zum Beispiel beim Arbeiten rauchen, hätten sie nach 20 Minuten schon wieder die nächste Zigarette im Mund! Und wenn sie nicht rauchen dürfen, arbeiten sie trotzdem problemlos bis zur Pause und rauchen dann. Also scheint es ihnen sooo sehr gar nicht zu fehlen!

Warum rauchen manche erst mittags?

»Warum rauchen manche Raucher erst spät am Tag? Zum Beispiel erst mittags?«, fragt Günter. »Manche rauchen sogar erst abends!« Na, Schweinehund? Unter die Detektive gegangen? Auch diese Frage lässt sich ganz einfach beantworten. Kommst du vielleicht selbst drauf? Machen wir ein Frage-Antwort-Spiel!

Was geschieht nach der letzten Zigarette am Abend? Günter überlegt. »Der Raucher geht schlafen, und der Nikotinpegel sinkt.« Richtig! Und wie schmeckt die erste Zigarette am Morgen? »Meistens nicht gut.« Stimmt! Und was bedeutet das? »Dass der Raucher schon zur Hälfte Nichtraucher geworden ist.« Genau! Und wie stark ist das Bedürfnis, jetzt eine zu rauchen? Günter grübelt. »Hm ... Weil die Rezeptoren die Hälfte ihrer Wattepfropfen schon rausgeworfen haben, kann das Bedürfnis nicht so stark sein ...« Bingo! Und was geschieht, wenn der Raucher jetzt Zeit vergehen lässt, ohne zu rauchen? »Das Bedürfnis wird immer schwächer!« Genau, Günter! Bravo! Manche Raucher rauchen erst ab Mittag, weil sie morgens so gut wie kein Leeregefühl mehr haben. Sie sind frei und haben kein Bedürfnis mehr zu rauchen. Günter grübelt. »Aber warum rauchen Raucher dann überhaupt ihre erste Zigarette am Tag?«

ÜBUNG

Sich selbst einschätzen

Wie viele Zigaretten rauchst du täglich?

Wann am Tag rauchst du deine erste? Ist dir bereits aufgefallen, dass du danach die tägliche Kettenreaktion in Gang bringst?

Hast du bereits erlebt, wie einfach es ist, ein paar Tage am Stück nicht zu rauchen, weil die Kettenreaktion unterbrochen ist?

In welchen Situationen rauchst du problemlos überhaupt nicht, weil rauchen nicht erlaubt ist? Und wie lange dauert es nach solch einer Situation, bis du dir deine nächste Zigarette anzündest?

3. Die PSYCHOLOGIE des Rauchens

Warum die Erste?

Tja, Günter, gute Frage: Warum rauchen Raucher die Erste am Tag, wenn sie doch über Nacht schon zum größten Teil zum Nichtraucher geworden sind und gar nicht mehr rauchen müssten? Irgendwie scheinen sie zu glauben, sie bräuchten es ...

Manche Raucher haben vielleicht morgens noch ein flaues Leeregefühl im Bauch. Einen ganz schwachen Wildschweinwolf, der fast still ist. Zum Beispiel dann, wenn sie Nikotin langsamer abbauen. Oder wenn sie dazu neigen, sich in gedankliche Gefühlsspiralen hineinzudrehen. Da sagt Günter dann so komische Sachen wie: »Aber ich muss doch jetzt das Bedürfnis nach einer Zigarette haben!«

Die meisten Raucher rauchen ihre erste Zigarette automatisch. Sie haben so einen Ablauf im Kopf: aufstehen – rauchen! Oder: Kaffee – rauchen! Oder: ins Büro gehen – rauchen! Dann rauchen sie eine Zigarette, die ihre Rezeptoren eigentlich gar nicht brauchen. Und mit der stoßen sie die Kettenreaktion an, sodass sie eine Dreiviertelstunde später wieder eine Zigarette wollen.

Das heißt: Neben den Gehirnstöpseln gibt es noch andere Gründe zu rauchen ...

Die kleine Welt des Rauchers

»Welche Gründe gibt es denn zu rauchen?«, fragt Günter. Na, jetzt aber! Herr Schweinehund, das wissen Sie doch selbst sehr genau! Was predigt Günter seit Jahren zu jeder Zigarette?

»Rauchen gehört zum Kaffee. Rauch eine, das entspannt dich. Rauchen gehört zum Pausemachen, es ist gesellig, und am besten geht man mit vielen netten anderen Rauchern raus zum Rauchen. Raucher sind sowieso die netteren Leute. Nichtraucher sind genussfeindlich und machen Stress. Rauchen gehört zum Konzentrieren und zur Kreativität, es hilft in schwierigen Situationen und bei Problemen. Nicht aus der Ruhe bringen lassen, erst mal eine rauchen. Rauchen ist eine Belohnung, wenn man was geschafft oder endlich erledigt hat. Rauchen tut gut! Es gehört zur Arbeit, zur Freizeit, zum Erfolg, zum Misserfolg, es hilft gegen Stress und Langeweile, es regt an und beruhigt, es gehört zum Alltag und zum Urlaub. Wenn man im Sessellift oder unter der Lieblingspalme sitzt – wow, schmeckt so eine Zigarette dann lecker!«

Das schöne, pralle Leben

Ganz schön viel, nicht? Das ganze Leben steckt voller Rauchersituationen. Mal im Ernst: Hast du dich noch nie gefragt, wie die Nichtraucher ihr Leben ertragen? Tatsächlich deckt das Rauchen bei Rauchern fast das ganze Leben ab. Es gibt kaum Situationen, in denen sie nicht rauchen. Viele rauchen sogar beim Sport oder bei der Beerdigung ihres Onkels, dem die Qualmerei das Licht ausgeblasen hat. »Jetzt erst recht«, sagt Günter ihnen dann. »Jeder muss mal sterben!«

Also hat die Raucherei nicht nur biologische Ursachen, sondern auch psychische! Die gestörten Nervenzellen sind das eine, die ganzen Rauchersituationen das andere. Und diese psychische Abhängigkeit entsteht erst nach der körperlichen Abhängigkeit.

Denk bitte noch mal an die Zeit, als du mit dem Rauchen angefangen hast. Warum hast du angefangen? Hast du angefangen, weil das Rauchen zum Pausemachen gehört? Vermutlich nicht. Als Nichtraucher hast du die Zigaretten zu nichts gebraucht – nicht einmal bei Pausen. Heute unvorstellbar, stimmt's?

Erst Körper, dann Psyche

Die meisten Raucher haben nicht angefangen, weil Zigaretten zur Pause gehören. Sondern weil andere geraucht haben. Sie wollten dabei sein und mitmachen.

»Und wer mit dem Rauchen anfängt, braucht bald im Durchschnitt alle 45 Minuten Nikotin!« Günter weiß Bescheid. Aber was passiert wohl mit deinem Tagesablauf, wenn du alle Dreiviertelstunde Nikotin brauchst? Du organisierst dir deine Pausen!

Noch mal zusammengefasst: Erst ordnen sich Raucher dem Nikotinintervall unter. Darum nutzen sie bald alle Pausen, um zu rauchen. Sie brauchen es ja auch – schließlich hören ihre Rezeptoren-Ohren regelmäßig keine Wohlfühltöne! Bald richten die Raucher ihr Leben auf die Kettenreaktion ein – wer will schon lange Durststrecken haben? Und machen Pausen, um zu rauchen! Und dann geschieht das Verrückte: Bald rauchen sie, um Pause zu machen! Tja, da hat Günter wohl ein bisschen an der Logik gedreht ... Und es ist kein Wunder, dass Raucher Angst vor dem Aufhören haben: Wer will schon auf Pausen verzichten?

Warum Rauchen gegen Stress hilft

»Rauchen in der Pause muss sein! Rauchen entspannt!«, protestiert Günter. Ja natürlich – aber eben nur die Raucher. »Rauchen beruhigt, rauchen ist eine Belohnung, die Zigarette nach dem Essen tut gut und die nach dem Sex auch.« Du merkst schon: Alle diese Rauchersituationen hängen eigentlich mit dem körperlichen Pseudo-Stress-Entspannungs-Mechanismus des Nikotins zusammen. Günter aber denkt bald, die Zigarette gehöre zur Situation. Schließlich erlebst du in all den typischen Rauchmomenten eine kurze Entspannung vom leichten Entzugsstress. Gemeine Psychofalle ...

Stell dir einen Raucher und einen Nichtraucher vor. Beide haben einen Stress-Rucksack. Weil das Leben kein Ponyhof ist, trägt jeder der beiden 10 Kilogramm Stress durchs Leben. Der Raucher hat noch ein zusätzliches Problem: Immer wenn er eine Zigarette ausdrückt, wird sein Stress-Rucksack langsam noch schwerer. 11 Kilo, 12 Kilo Stress ... Und bei 15 Kilogramm Stress raucht er eine Zigarette und reduziert den Stress für ein paar Minuten wieder auf 10 Kilogramm. Und das empfindet er natürlich als Entspannung! Doch leider füllt sich sein Rucksack gleich wieder neu. Nur wegen der Zigarette ...

Warum abschreckende Werbekampagnen NICHTS BRINGEN

Beim Stichwort »Nichtraucherkampagne« denkt man meist an Bilder von teergeschwärzten Lungen, Skeletten mit Zigarette im Mund, Krebserkrankten oder ähnliche Motive. Motto: Was nachweislich so schlimm ist, sollte man nicht nachmachen.

So weit, so wirkungslos. Denn: Leider haben die Verantwortlichen solcher Kampagnen überhaupt nicht begriffen, wie das Rauchen funktioniert. Raucher haben schließlich kein Intelligenz-, sondern ein Suchtproblem. Wirklich jeder Raucher weiß, dass Zigaretten ungesund sind. Doch Raucher rauchen nicht, weil sie die Gründe ignorieren, aus denen sie aufhören sollten. Sie rauchen vielmehr, weil ihren Nerven ohne Nikotin etwas fehlt und sie viele bestimmte Situationen mit Zigaretten verknüpft haben. Also wird anders herum ein Schuh draus: Raucher ignorieren die Gründe, aus denen sie aufhören sollten, weil sie nicht glauben können, dass es für sie überhaupt möglich ist, nicht mehr zu rauchen! Denn Raucher bekommen ohne Zigarette Stress, den sie nur mit Kippe ertragen zu können glauben – weil ihnen nicht bewusst ist, dass der Stress durchs Rauchen nicht weggeht, sondern vom Rauchen kommt. Anstatt Rauchern also mit erhobenem Zeigefinger noch mehr Stress zu machen, wäre es viel sinnvoller, Ursachen zu erläutern und Auswege zu zeigen. Denn wozu führt es, wenn man Rauchern Stress macht? Nur zur nächsten Zigarette ...

Gefahren machen das Rauchen für Jugendliche attraktiv

Bei Kindern und Jugendlichen kann gewollte Abschreckung sogar das genaue Gegenteil bewirken! Ein internes Memo vom Zigarettenhersteller Reynolds aus dem Jahr 1973 lautet wörtlich (übersetzt): »*Die Kontroverse um Rauchen und Gesundheit erscheint Jugendlichen nicht wichtig, weil man mit 18 psychologisch gesehen unsterblich ist. Zudem: Wenn der Wunsch, ein Draufgänger zu sein, Teil der Motivation ist, mit dem Rauchen anzufangen, machen immer wieder betonte Risiken das Rauchen attraktiv. Schließlich: Wenn Erwachsene gegen das Rauchen predigen, bringt gerade das Anti-Gefühl Jugendliche dazu, erst recht zu rauchen. Eine neue Marke für die junge Zielgruppe sollte daher in keiner Weise als »Gesundheitsmarke« beworben werden und stattdessen vielleicht eher sogar ein gewisses Risiko transportieren. In diesem Sinne könnten Warnhinweise auf Zigarettenschachteln durchaus von Vorteil sein.*«

Rauchverbote helfen auch nicht

Helfen vielleicht Rauchverbote? Den Rauchern (und Nichtrauchern) helfen sie höchstens zeitweise während eines Restaurantbesuchs, Kinofilms, am Arbeitsplatz oder während eines Flugs.

Hinterher jedoch rauchen Raucher weiter – trotz allgemeiner Ächtung und Einschränkungen. Denn: Wer mit dem Rauchen aufhören will, braucht keine Verbote – er kann es höchst freiwillig tun. Und wer nicht aufhören will, fühlt sich durch Verbote nur diskriminiert. Süchtige werden auch trotz Verboten Wege finden, ihren Stoff zu konsumieren. Verbote erzeugen dabei vor allem Druck und Stress – und wie reagieren Raucher auf Stress? So wie immer: Sie rauchen ...

Schlaue Warnhinweise

Statt hohler Kampagnen mit erhobenem Zeigefinger (der schon bei Kindern nicht funktioniert – warum glauben wir, er funktioniere bei Erwachsenen?) sollte wirkungsvolle Prävention ganz anders aussehen. Sie sollte erklären, wie das Rauchen funktioniert und wie man sich daraus befreit, anstatt nur Druck zu machen. Das könnte bei den Warnhinweisen auf den Packungen beginnen: Viel sinnvoller als »Rauchen tötet« wäre etwa »Aufhören macht gesund«, »Das Bedürfnis zu rauchen kommt von der jeweils vorigen Zigarette«, »Nur Rauchern fehlt das Rauchen« oder »Wenn Sie mit dem Rauchen aufhören, werden Sie sich freier fühlen« – und »Rauchen macht nicht cool. Wer uncool ist, wird auch durchs Rauchen nicht cool«. Anstatt abzuschrecken und Rauchern Vorwände für Jetzt-erst-recht-Reaktionen zu liefern, könnten Warnhinweise die Absurdität der Kettenreaktion bloßstellen, die dem Rauchen zugrunde liegt. Und wesentlich mehr Raucher würden mit dem Rauchen aufhören (können).

Wenn Zeit vergeht ...

Und das ist immer so bei Rauchern: Kaum rauchen sie nicht, verlieren sie Nikotin. Die Folge ist, dass wegen der Watte in den Ohren die Rezeptoren im Gehirn Leere empfinden. Dann zu rauchen, tut kurzfristig immer gut – egal in welcher Situation! Also überleg mal, ob viele Rauchersituationen einfach nur entstehen, weil Zeit vergangen ist.

Belohnungszigarette? Fühlt sich gut an, wenn du vorher eine Zeit lang nicht geraucht hast, zum Beispiel während einer Prüfung. Klar tut eine Zigarette danach gut. Aber nicht, weil sie dich belohnt, sondern weil in der Prüfung Zeit vergangen ist, in der dein Nikotinpegel gesunken ist! Natürlich empfinden deine Rezeptoren jetzt Leere, und dir fehlt was! Zigarette nach dem Essen? Na klar, weil Zeit vergangen ist! Nach dem Sex? Auch das, wenn es kein Quickie war.

Gegenprobe: Kein Nichtraucher braucht in all diesen Situationen eine Zigarette. Nach dem Essen brauchen Nichtraucher nichts. Nur Raucher müssen Nikotin nachkippen – weil sie Stöpsel im Gehirn haben, die die Nichtraucher nicht haben.

Das Leben wird angekettet

Raucher rauchen also, wenn ihr Nikotinpegel niedrig ist. Wenn der Wildschweinwolf sowieso gerade mal wieder nervt. Weil Günter gut aufgepasst hat, weiß er: Wer über seinen Bedarf hinaus raucht, spürt bald wieder Kopfschmerzen und Schwindel – die Vergiftungssymptome des Nikotins. Viel rauchen ist nicht gut. Rauchen tut nur dann gut, wenn man es braucht. Wer zu viel geraucht hat, genießt die Zigarette weder zum Kaffee noch als Belohnung – sie ist scheußlich.

Und weil die Raucher immer rauchen, wenn ihr Nikotinpegel niedrig ist, gewöhnen sie sich an einen Takt. 45 Minuten, 60, 120 – je nach körperlicher Verfassung. Und weil in dieser Zeit das pralle Leben weiterläuft, beginnen Raucher, die vielen Ereignisse mit dem Rauchen zu verketten. Plötzlich gehört das Rauchen zum Kaffee, zum geselligen Abend, zur Lieblingspalme, zum Autofahren, zum Weintrinken – das ganze Leben ist gefangen!
Und weil Raucher all die vielen schönen Dinge im Leben mit dem Rauchen verknüpft haben, glauben sie, sie könnten die vielen schönen Dinge als Ex-Raucher nicht mehr genießen. Was für ein Irrtum!

Ausreden

Ist es nicht merkwürdig? Millionen von Rauchern glauben, Zigaretten gehörten zum Kaffee. Dabei kriegen drei Viertel aller Menschen ihren Kaffee auch so runter!

Oder trinkst du keinen Kaffee? Dann verbindest du mit dem Kaffee auch keine Zigaretten. Schweinehunde verknüpfen das Rauchen nur mit Dingen, die sie in ihrer kleinen Welt haben. Verknüpfst du das Rauchen mit »Kühe melken«, »Reaktor hochfahren« oder »Auftritt vor 100 000 Menschen«? Wenn ja, dann hast du Dinge in deiner kleinen Welt, die zwar für andere Schweinehunde ungewöhnlich sind, für dich aber normal. Also verknüpfst du eben die mit dem Rauchen! Oder ist dir nie langweilig, weil du immer so viel zu tun hast? Dann kannst du natürlich auch das Rauchen nicht mit Langeweile verbinden.

Egal, was du in deiner kleinen Welt hast: Wegen der Nikotinkettenreaktion wirst du bald alles mit dem Rauchen verbinden – weil es einfach unwahrscheinlich ist, dass du in einem 45-Minuten-Takt Nikotin brauchst und dabei nicht zufällig öfter mal Stress, Erfolg und Spaß hast oder Kaffee trinkst. Darum sind die Rauchersituationen Ausreden.

Die Psychologie

So weit okay? »Hm«, brummt Günter. »Warum sitzt der Glaube an diese Rauchersituationen bei vielen Rauchern so tief?« Weil Schweinehunde sich nicht nur ans Fahrradfahren gewöhnen, sondern auch an neue Überzeugungen. Was Schweinehunde immer wieder hören oder denken, daran glauben sie bald. Drei Tassen Kaffee mit Zigarette am Tag sind im Jahr mehr als 1000 Kaffeezigaretten. Na, wenn das kein Training ist! Die Psychologie nennt so etwas eine »Konditionierung«, also eine Verknüpfung zweier Dinge im Kopf, die vorher nicht da war. Diese Dinge müssen übrigens gar nichts miteinander zu tun haben – was man dann oft »Fehlkonditionierung« nennt.

»Psychologie?«, quiekt Günter. »Heißt das, ich habe eine Macke?« Ruhig, Brauner. Natürlich nicht. Die meisten Raucher sind psychisch gesund. Wenn manche Raucher psychische Störungen haben, liegt das nicht am Rauchen, sondern hat andere Gründe. Wichtig an der Psychologie ist das Prinzip, das den Konditionierungen zugrunde liegt. Denn das gilt auch für psychisch gesunde Schweinehunde.

Der Pawlow'sche Schweinehund

Konditionierungen kann man lernen. Egal ob sie falsch oder richtig sind. Was wir gut genug lernen, beherrschen wir irgendwann – auch wenn es Unsinn ist. Anders gesagt: Nach genug Übung machen wir alles richtig – auch wenn es das Falsche ist. Raucher gehorchen sozusagen den falschen Mechanismen richtig. Und weil es ihnen in sich stimmig erscheint, verteidigen sie es und erzählen anderen Schweinehunden Dinge wie »Rauchen entspannt« und »Ich rauche gern«.

Der berühmteste Schweinehunddompteur war der russische Verhaltensforscher Iwan Petrowitsch Pawlow (1849–1936). Kurz bevor Pawlow seine Hunde gefüttert hat, hat er mit einer Glocke geläutet. Mit der Zeit haben die Hunde gelernt, dass es kurz nach dem Klingeln Fressen gibt. Was tut ein Hund mit Appetit? Er sabbert! Also haben die Hunde bald schon nur durch das Klingeln gesabbert. Bimmel bimmel, sabber sabber! Eine Fehlkonditionierung. Und die Hunde haben auch dann noch aufs Klingeln mit Gesabber reagiert, wenn es kein Futter mehr gab! Die Fehlkonditionierung war Teil ihrer kleinen Hundewelt geworden und damit gewohnt. Obwohl sie vorher ungewohnt gewesen war.

Das perfekte Produkt

»Wenn keiner Raucher wird, um Pausen machen zu können, warum glauben es die Raucher dann? Warum packen sie sich so komische Sachen in ihre kleine Welt?« Gute Frage, Günter.

Stell dir vor, du bist Chef und verkaufst ein merkwürdiges Produkt. Das Produkt ist völlig sinnlos, und schaden tut es auch. Aber wer es ein paarmal probiert hat, kommt kaum noch davon los und braucht es immer wieder. Beim Chefstammtisch bestaunen deine

DEINE TYPISCHEN ZIGARETTENSITUATIONEN

Kennst du deine typischen Zigarettensituationen?

Geh deinen Alltag durch: In welchen Situationen greifst du automatisch zur Zigarette?

Wie viele dieser Zigaretten rauchst du beinahe unbewusst, ohne sie zu genießen, einfach nur, weil die Zigaretten angeblich zur Situation »dazugehören«?

Freunde die Kundenbindung deines Produkts und sagen: »100 Prozent! Perfekt!« Deine Kunden wollen dein perfektes Produkt zwar loswerden, aber sie erzählen trotzdem allen, es würde entspannen. Du durchschaust das, weil deinen Kunden ohne dein Produkt ja auch was fehlt, aber natürlich verrätst du das nicht. Stattdessen nimmst du einfach die ganzen Situationen, in denen deine Kunden ohne dein Produkt nicht klarkommen, und malst sie auf große Plakate. Was passiert? Deine Kunden fühlen sich bestätigt!

»Ach, bloß Werbung«, sagt Günter und winkt ab. »Die wirkt doch gar nicht.« Bist du sicher? Pass mal auf!

Werbung

Trendiger junger Mann fährt auf dem Trittbrett eines Müllautos durch Paris? Raucher sind unkonventionell und eigensinnig! Schicker Geschäftsmann am Gartentisch, zurückgelehnt mit einer Tasse? Rauchen entspannt und gehört zu Erfolg und Kaffee! Zwei zerknüllte Zigarettenschachteln und der Satz »Wer keine Falten hat, hat nichts erlebt«? Raucher erleben mehr als Nichtraucher und sind spannender! Gut aussehende Frau mit klarem Blick und dem Satz »Ich rauche gern«? Raucher sind ehrlich zu sich selbst! Cooler Raucher repariert Motorrad im Wohnzimmer? Raucher packen's an und sind unkonventionell! Raucher im Regen mit verschmitztem Lächeln und dem Satz »Für Urlaub in Deutschland«? Raucher sehen's locker und nehmen's leicht! Nacktes Pärchen raucht eine? Die Zigarette danach gehört zu gutem Sex! Cowboy zähmt Pferd und raucht am Feuer vor romantischer Kulisse? Rauchen ist eine Belohnung und gehört zu schönen Situationen! Kleines Männchen, das nicht in die Luft geht? Rauchen hilft gegen Stress! Jemand geht meilenweit für eine Zigarette? Raucher sind keine Weicheier!

Hübsche Models

Hast du eigentlich in der Tabakwerbung schon mal röchelnde Asthmatiker mit Raucherbein und halbseitiger Lähmung nach einem Schlaganfall gesehen? Nein? Wie seltsam: Die Raucher in der Werbung haben weiße Zähne, eine frische und gesunde Haut und keine gelben Finger. Sie sind mit sich selbst im Reinen und genießen das Leben. Die Werbung zeigt uns keine rauchenden Mütter mit schlechtem Gewissen. Wir sehen keine hustenden Raucher, die sich wie Verlierer fühlen, weil sie nicht wissen, wie sie von dem Zeug loskommen. Die Werbung zeigt uns keine nervösen Sitzungsteilnehmer, die dringend eine Zigarette brauchen. Die Werbung zeigt uns auch kein Asthma, wir sehen keine unsportlichen Typen, die kurzatmig auf der Treppe hecheln und die Nichtraucher beneiden. Wir sehen auch keinen Brustkrebs, keine Impotenz und keine Fehlgeburten. Warum spielt Tabakwerbung nicht in Kliniken, Reha-Zentren und auf Friedhöfen? Das wäre doch als Schauplatz viel realistischer!

Günter schluckt. Krankheit und Tod – das mag er gar nicht. Jetzt braucht er erst einmal eine Zigarette. Rauch sie, Günter! Genieß sie. Der Gedanke an den Tod hat dir ein beklemmendes Gefühl gemacht. Was tun Raucher, wenn sie beklemmende Gefühle haben? Sie rauchen! Warum? Weil sie gelernt haben, dass Rauchen Stress löst – auch wenn es nur der ist, den das Rauchen selbst erzeugt ...

Selektive Wahrnehmung

Nach dem ersten Zug sagt Günter: »Es werden ja nicht alle krank.« Stimmt! Aber fast alle. Jeder spürt die Folgen, jeder Zweite wird schwer krank – und damit ist kein harmloser Auswurf gemeint, sondern Krebs und Herzinfarkt. »Bevor ich so etwas kriege, höre ich auf«, sagt Günter. Typisch Schweinehund! Das dachte der Lungenkrebspatient auch, bevor der Arzt den Schatten auf der Lunge fand ...

Warum will Günter nicht wahrhaben, dass Rauchen krank macht? Das Phänomen heißt »selektive Wahrnehmung«: Günter sieht nur einen Teil der Wirklichkeit. Gehst du abends weg, trifft Günter lauter gesunde Raucher. Selten begegnen ihm Kehlkopfkrebs- oder Herzinfarktpatienten – dazu müsstest du dich schon in Krankenhäusern herumtreiben. Dann hätte Günter einen Eindruck von der Wirklichkeit des Rauchens. »Aber gerade Klinikärzte rauchen doch so viel«, sagt Günter. Klar – eben, weil sie das Elend vor sich haben. Was haben Raucher gelernt? Rauchen hilft gegen Stress und in beklemmenden Situationen? Besser 10 Kilogramm Stress im Rucksack als 15! Die Gehirnwäsche der Tabakindustrie ist schon was Tolles: Nicht einmal Akademiker bleiben verschont.

Günter wird krank

Dabei ist es eigentlich ganz logisch: Wer so viel Gift und Dreck zu sich nimmt wie ein Raucher, wird krank. Im Rauch sind etwa 4000 giftige Chemikalien. Darunter Teer: Klebt die Flimmerhärchen in den Atemwegen fest und erzeugt Bronchialinfekte. Setzt sich auf die Lungenoberfläche und erschwert dem Sauerstoff den Zugang zu den roten Blutkörperchen, die ihn durch den Körper tragen sollen. Erzeugt Krebs, vor allem Lungen-, Zungen- und Mundbodenkrebs.

Und Kohlenmonoxid: Giftgas. Besetzt die roten Blutkörperchen, sodass weniger Sauerstoff zur Nährstoffverbrennung in die Zellen kommt. Das Blut wird dickflüssig, die Kondition mies. Da Raucher zur Verkalkung neigen, stockt die Durchblutung, und allen Organen fehlt Sauerstoff. Folgen: fahle Haut, Früh- und Fehlgeburten, Impotenz, Raucherbein, Herzinfarkt, Schlaganfall. Oft tödlich.

Oder auch Cadmium (fruchtbarkeitsschädigend), Acetaldehyd und Benzol (krebserregend), Radon (radioaktiv), Polonium 210 (radioaktiv). Kein Wunder: Das führt häufig zu Brustkrebs, Nierenkrebs, Blasenkrebs, Bauchspeicheldrüsenkrebs, Kehlkopfkrebs, Speiseröhrenkrebs, Magenkrebs oder Blutkrebs. Gute Besserung!

Tabakindustrie kauft Wissenschaft

Damit die Akzeptanz des Rauchens allgemein nicht zu schnell schwindet, begann die Tabakindustrie in den 1970er-Jahren damit, Forschung zum Thema »Rauchen und Gesundheit« zu fördern und zu finanzieren. Jahrelang wurden hochrangige deutsche Gesundheitswissenschaftler von der Tabakindustrie bezahlt.

Mittlerweile gilt als belegt, dass die Wissenschaftler zumeist instrumentalisiert wurden, um die Risiken des Rauchens zu verharmlosen. So konnten Publikationen mit für die Tabakindustrie nachteiligen Forschungsergebnissen unterdrückt werden. Oder es wurden die Gefahren des Rauchens durch systematisch eingeschleuste Fehler heruntergespielt. Selektive Forschung lenkte von manchen Erkenntnissen ab, verheimlichte besonders unangenehme Ergebnisse oder manipulierte sie sogar.

All das führte dazu, dass sich das Wissen über die Gesundheitsgefahren des Rauchens viel langsamer verbreitete als notwendig.

4. ENDLICH MIT DEM RAUCHEN AUFHÖREN!

Günter wird gesund

»Puuuh«, sagt Günter. »So schlimm ist das alles? Erst mal eine rauchen!« Ja, Günter, füttere deinen Wildschweinwolf. Schnell weg mit dem Entzugsstress und dem schlechten Gewissen ... »Aber dauert es nicht viel zu lange, bis sich alle Organe wieder erholen? Lohnt sich das Aufhören überhaupt noch?« Vorsicht, Günter: Lass dich nicht zum Selbstbetrug verführen. Natürlich lohnt sich das Aufhören! Stell dir vor, du hast jahrelang täglich Terpentin getrunken. Jetzt willst du damit aufhören. Würdest du weiterhin Terpentin trinken, nur weil dein Magen ein paar Wochen zur Erholung braucht?

Wer aufhört zu rauchen, wird wieder gesund! Also freu dich darauf, statt feige zu kneifen: Die Krankheiten betreffen dich bald nicht mehr. Schon nach 3 Tagen hast du so viel Sauerstoff im Blut, dass du vor Energie die Treppe hinaufrennst! Deine Haut wird wieder zart – schließlich bekommt sie endlich wieder Sauerstoff! Schlaganfall- und Herzinfarktrisiko sind übermorgen halbiert! Dein Krebsrisiko sinkt augenblicklich, sobald du die Zufuhr krebserregender Substanzen stoppst! Du wirst fitter, gesünder und ausgeglichener werden – und man wird es dir ansehen.

Aufhören! Wie?

Günter will es gar nicht glauben. »Auch Nichtraucher bekommen Krebs«, hat er immer gesagt. Jetzt weiß er: klar, weil Rauchen nicht die einzige Krebsursache ist. Es ist aber die wichtigste. Oder: »Wir sterben doch eh alle.« Na klar! Die Raucher eben 7 Jahre früher. Oder: »Opa war Raucher und ist 80 geworden!« Respekt! Erstaunlich für einen Raucher. Als Nichtraucher hätte Opa wohl länger gelebt.

Das ist schon eine merkwürdige Raucherlogik, die du da all die Jahre schon pflegst. Also wie wär's, Günter: Schluss mit dem Selbstbetrug? Endlich wieder fit und gesund werden? Nie mehr das Leeregefühl haben? Raus mit der Watte aus den Rezeptoren-Ohren? Nicht mehr stinken? Geruchs- und Geschmackssinn sich erholen lassen? Nicht mehr durchgetaktet sein und jede Dreiviertelstunde rausmüssen? Nie mehr nach Zigarettengeld kramen? Endlich frei sein und selbstbestimmt – was die Tabakwerbung dir jahrelang versprochen hat? Unabhängig sein – vom Nikotin?

»Na klar«, sagt Günter. »Nur wie?« Ruhig, kleiner Schweinehund. Zigtausende machen es dir vor – schau dich um! Es geht! Es ist leicht! Und nichts wird dir fehlen! Lies einfach sorgfältig die nächsten Kapitel.

Was wird mir fehlen?

»Aber die Ex-Raucher?«, fragt Günter. »Ich kenne welche, die quälen sich nach Monaten noch!« Ein wichtiger Gedanke. Denn wenn Raucher mit dem Rauchen aufhören, werden sie ja Ex-Raucher. Welche Gefühle erwarten einen da?

Es gibt zwei Arten von Ex-Rauchern: die unglücklichen und die glücklichen. Die unglücklichen Ex-Raucher denken, sie würden auf etwas verzichten. Obwohl sie seit Wochen, Monaten oder gar Jahren nicht mehr geraucht haben, trauern sie dem Rauchen hinterher und schmachten alle Raucher an – dabei haben sie längst keine Stöpsel mehr in den Rezeptoren. Sie haben es schwer. Die glücklichen Ex-Raucher waren das Rauchen von einer Sekunde zur anderen los. Ihnen fällt es im Traum nicht ein, jemals wieder eine Zigarette auch nur anzufassen. Ihnen geht es gut, sie sind frei.

Günter bangt. »Wie wird es wohl bei dir sein?« Und hat schon die nächste Ausrede parat: »Lieber sicherheitshalber weiterrauchen?« Keine Sorge, Günter: Du wirst kein unglücklicher Ex-Raucher werden! Alles eine Frage der richtigen Technik ...

Reduzieren? Nikotinpräparate?

»Vielleicht nicht gleich auf einmal aufhören, sondern Stück für Stück?«, fragt Günter. »Wenn man jeden Tag ein bisschen weniger raucht, verschwindet das Rauchen doch von alleine!« Aber Günter. Hast du vorhin in Neurobiologie nicht aufgepasst? Was sollen deine Rezeptoren dazu sagen? Lässt du zum Beispiel die 14-Uhr-Zigarette weg und rauchst erst wieder um 16 Uhr, empfindest du eben länger eine Leere als sonst. Und die Zigarette um 16 Uhr macht auch nichts anderes als um 14 Uhr: Sie schickt Nikotin in die Rezeptoren-Ohren, und die behalten ihre Watte deshalb drin. Doch weil du so lange auf die Zigarette gewartet hast, scheint sie dir nur besser zu schmecken ...

»Und Nikotinkaugummis oder -pflaster?« Günter, Günter. Kommt ein Alkoholiker mit Weinbrandbohnen vom Alkohol weg? Es ist egal, wie du Nikotin zu dir nimmst – ob du es klebst, kaust oder rauchst. Wenn du vom Nikotin loskommen willst, dann hör auf, es zu nehmen. Deine Rezeptoren wollen eine klare Ansage: Watte rein oder raus? Entweder du bist Raucher – dann nimm die Menge Nikotin, die dein Gehirn für die Illusion eines Wohlgefühls braucht, in den Abständen, die dir dein Nikotinabbautempo vorgibt. Oder du bist Nichtraucher – dann genieß deine körpereigenen Wohlfühltöne.

Druck machen?

Günter dachte jahrelang, das Rauchen sei ein Genuss, Aufhören eine Qual und das Nichtrauchen Verzicht. Darum verwendet er manchmal seltsame Wörter, wenn er mit dir spricht. Er sagt etwa, du »musst« das Rauchen »aufgeben« – so als hätten die vielen glücklichen Ex-Raucher kein tolles Leben gewonnen! »Müssen« und »aufgeben« will keiner was, und darum hörst du so was auch nicht gern. Nichts im Leben funktioniert gut mit Druck. Es ist egal, ob dich ein militanter Nichtraucher unter Druck setzt oder du dich selbst: Schweinehunde haben ihren eigenen Kopf und reagieren sofort mit Gegendruck: »Jetzt erst recht eine Zigarette!«

Darum achte immer darauf, wie Günter mit dir spricht. Sagt er zu dir: »Du darfst nicht rauchen, du musst aufhören!«? Dann bitte ihn, stattdessen zu sagen: »Du musst gar nicht rauchen, du darfst damit aufhören!« Spürst du, wie sich der Druck löst und ein Sog entsteht? 90 Prozent der Raucher wollen lieber Nichtraucher sein. Nicht weil sie müssen, sondern weil sie wollen. Es gibt also nichts aufzugeben, sondern nur zu gewinnen. Auch du kannst wieder Nichtraucher werden, wenn du es dir erlaubst. Dann geht Günter ganz von alleine in die richtige Richtung.

Ein Freund, ein guter Freund …

Ist Rauchen denn so ein guter Freund, dass es wehtäte, dich von ihm zu trennen? Stell dir mal einen guten Freund vor. Einen, der dich tröstet, wenn die Welt mal gegen dich ist. Jetzt pfeift dich dein Chef zusammen, weil du angeblich geklaut hast. Hast du aber gar nicht, wie ungerecht! Am Abend tröstet dich dein Freund. Er nimmt dich in den Arm und sagt lieb: »Na komm, ich bin doch bei dir. Ist ja wieder gut.« Und du lässt dich von ihm einlullen, und irgendwie ist es wieder gut. Am nächsten Tag kommt der Chef zu dir und sagt: »Sie haben da ja einen irren Freund. Der hat Sie bei mir angeschwärzt. Dabei haben Sie ja gar nicht geklaut!« Du fragst erstaunt: »Was? Mein Freund hat mich angeschwärzt? Aber warum?« – »Offenbar nur, damit er Sie hinterher trösten kann!«

Was sagst du zu so einem Freund? Sagst du ihm: »Wir können uns nur noch am Wochenende sehen«? Nein. Dieser Freund fliegt hochkant aus deinem Leben. Die Zigarette ist dieser Freund: Vorne herum erzählt sie dir, sie helfe gegen Stress. Aber hintenrum setzt sie dich so unter Strom, dass du sie alle 45 Minuten brauchst. Weg mit diesem »Freund«! Du gibst nichts auf und musst weder trauern noch verzichten.

Die meisten Ex-Raucher hörten
OHNE HILFSMITTEL
mit dem Rauchen auf

Über 500 Studien von 2007 und 2008 belegen: Zwei Drittel bis drei Viertel aller Ex-Raucher sind ohne Hilfsmittel wie Nikotinentzugspräparate oder professionelle Hilfe von Zigaretten losgekommen! Sie haben »einfach so« aufgehört zu rauchen – obwohl die meisten Studien implizieren, für einen erfolgreichen Rauchstopp sei entweder die richtige Medikation oder psychologische Unterstützung nötig. In »The Global Research Neglect of Unassisted Smoking Cessation: Causes and Consequences« (»Die globale Missachtung des nicht assistierten Rauchstopps durch die Forschung: Ursachen und Konsequenzen«) zeigten die beiden australischen Forscher Chapman und MacKenzie im Jahre 2010: Über 90 Prozent (91,4) der Rauchstoppstudien konzentrieren sich auf die Effekte der unterstützten Raucherentwöhnung durch pharmatherapeutische Hilfsmittel (52,9) oder professionelle Unterstützung (47,1) – nur schlappe 9 Prozent (8,6) hingegen auf eine Raucherentwöhnung ohne Hilfsmittel!

Die gekaufte Wissenschaft

Besonders interessant dabei ist die Beobachtung der beiden Forscher, dass bei fast jeder zweiten pharmakologischen Interventionsstudie mindestens einer der Autoren durch Hersteller von Tabakentwöhnungsprodukten unterstützt wird. Wieder ein Zeichen dafür, dass Wissenschaft käuflich ist – zum Vorteil der Pharmakonzerne, die sich mit dem »wissenschaftlichen Siegel« die Wirkung ihrer Produkte beschönigen lassen. Möglichkeiten zur Raucherentwöhnung, die mit pharmatherapeutischen Maßnahmen konkurrieren, werden dabei erst gar nicht in den Studien erwähnt. So entsteht ein einseitiges Bild zugunsten der Pharmakonzerne – und zugunsten des Pillenumsatzes ...

»Erfolge« pharmazeutischer Mittelchen

Dabei ist die Wirkung von Tabakersatzstoffen (oder professioneller Unterstützung) weit weniger erfolgreich, als über erkaufte Studien suggeriert wird: Beispielsweise schreiben unabhängige Studien den Tabakersatztherapien kaum einen entscheidenden Effekt auf die Raucherentwöhnung zu. Bei finanziell geförderten Studien ist es hingegen jede zweite, die dies tut. Eine US-amerikanische Studie von 2009 konnte zeigen, dass die meisten Raucher, die ungeplant und ohne Hilfsmittel mit dem Rauchen aufhören, doppelt so erfolgreich sind wie Raucher, die ihre Zigarettenentwöhnung »professionell« angehen.

Manipulation durch Werbekampagnen

Die Kombination aus wissenschaftlich »fundierten« Ergebnissen und dem gewaltigen PR-Marketing der Pharmakonzerne vermittelt: Tabakentwöhnung sei nur in Kombination mit Nikotinentzugsmittelchen oder professioneller Hilfe möglich. Was dabei verschwiegen wird: Etwa 70 Prozent der Ex-Raucher haben ohne medikamentöse Hilfsmittelchen aufgehört! 1986 hat die American Cancer Society sogar berichtet, dass über 90 Prozent der geschätzten 37 Millionen Ex-Raucher in den USA keine Hilfsmittel benötigt haben. Chapman und MacKenzie argumentieren, dass auf Basis der über 500 Studien, die sie ausgewertet haben, auch heute noch die Raucherentwöhnung ohne Hilfsmittel die erfolgreichste Methode ist, um mit dem Rauchen aufzuhören. Auch die britische Studie von Marsh und Matheson (1983) belegt, dass es für 53 Prozent der Ex-Raucher »überhaupt nicht schwierig« war, mit dem Rauchen aufzuhören. Für 27 Prozent war es »etwas schwer« und der Rest fand es »sehr schwierig« – also nur jeder Fünfte.

Fazit: Pharmakonzerne verschleiern, wie einfach es ist, mit dem Rauchen aufzuhören. Stattdessen dramatisieren sie das Thema Raucherentwöhnung, damit sich Raucher einen Rauchstopp ohne Pillen gar nicht erst vorstellen können. Wie viele Raucher wohl nur deswegen weiterrauchen und ernsthaft krank werden?

Die Entscheidung

Eine Droge, die nur kurz ein Leeregefühl beseitigt, das sie selbst erzeugt. Eine Kettenreaktion, deren Sinn nur darin besteht, sich selbst aufrechtzuerhalten. Die jede Nacht von alleine zum größten Teil ausläuft und die du bisher jeden Tag wieder neu angestoßen hast. Eine Substanz, die dein Gehirn dabei stört, schöne Dinge zu empfinden. Eine Substanz, die dich von sich abhängig macht, weil sie dir kurz schöne Gefühle vorgaukelt, die Nichtraucher sowieso ständig erleben. Eine nervende Bestie. Jede Menge Selbstbetrug, weil du die Bestie irgendwann zum Kulturgut erklärst, um dich mit ihr abzufinden. Ein Produkt, das dir genau das Gegenteil dessen antut, was die Werbung dir verspricht: Krankheit und Tod, statt mitten im Leben zu stehen. Stress und Sucht statt Freiheit und Selbstbestimmung. Ein Giftcocktail von mehr als 4000 Chemikalien, die Körper und Geist den Sauerstoff entziehen, den du so dringend brauchst, um glücklich zu sein. Was soll das?

Gleich triffst du eine wichtige Entscheidung. Triff sie. Triff sie einmal, triff sie richtig. Ohne Druck und ohne Zwang. Atme auf und freu dich schon mal: Gleich bist du das Zeug los!

Konditionierungen ändern

Bevor du deine letzte Zigarette rauchst, nun noch ein paar Gedanken fürs neue Nichtraucherleben. Womöglich fragt sich Günter nun Dinge wie:»Sollst du am Anfang auf Kaffee verzichten? Kaffee war immer so ein spezieller Bimmel-Sabber-Reflex-Auslöser. Oder sollst du dich jetzt von Rauchern fernhalten? Nicht, dass ich wieder schwach werde!« Doch wenn du den Kaffee streichst, nimmst du Günter die Chance zu lernen, dass Kaffeetrinken auch ohne Zigarette geht. Und wenn du deine Raucherfreunde meidest, hast du wahrscheinlich bald Sehnsucht nach ihnen. Also leb doch einfach normal weiter – nur eben ohne Zigaretten! Fang am besten gleich damit an: Trink gleich nach diesem Buch eine schöne Tasse Kaffee und rauch dabei keine. Oder triff einen Raucher und rauche keine. Oder geh essen und rauch danach keine. Geh auf eine Party, trink ein Bier und rauch dabei keine. Am Anfang ist das vielleicht ungewohnt. Aber je öfter du es tust und dich über deine neue Unabhängigkeit freust, desto schneller wird sich alles wieder normal anfühlen – wie früher, als du noch Nichtraucher warst. Also rein ins pralle Leben! Erlebe freudig die Bimmel-Sabber-Situationen und sag dir jedes Mal: »Hey, früher hätte ich jetzt eine geraucht! Toll, dass ich das nicht mehr brauche!« Und wenn du ein Problem hast, dann sag dir: »Hurra, das werde ich jetzt ohne Zigarette lösen!« So kann jedes Problem zum Erfolgserlebnis werden.

Sessellift und Lieblingspalme

Wenn du alle Rauchersituationen ohne zu rauchen erlebst, festigt Günter schnell neue Vorstellungen vom Leben. Denk an die kleine Welt: Neues ist erst ungewohnt und wird dann schnell gewohnt. Was du rauswirfst, daran denkst du bald nicht mehr. Jetzt wirft Günter eben das Rauchen aus der kleinen Welt und holt das Nichtrauchen wieder rein. Kaffee, Stress, nette Runde, Erfolge, Misserfolge – Günter wird schnell lernen, dass alles im Leben ohne Qualm geht – und sogar viel, viel besser! Weil Gleiches Gleiches anzieht, lernt er weitere Ex-Raucher kennen, die dich bestärken: Sie vermissen nichts, und sie fühlen sich hervorragend.

»Und was ist im Urlaub?«, fragt Günter. Wenn du einmal im Jahr im Sessellift oder unter deiner Lieblingspalme sitzt und bisher dabei eine geraucht hast, hast du wahrscheinlich beim nächsten Urlaub wie immer den Impuls: »Rauch eine!« Tja, da war wohl noch eine Pawlow'sche Verknüpfung offen. Was tun? Ganz einfach: Geh offen in die Situation rein: »Hey, das war jetzt die letzte Bimmel-Sabber-Verknüpfung, die noch offen war! Nun ist das auch vorbei.« Und dann genieß die Bergluft und den Strand. Sei dir sicher: Du bist Nichtraucher.

Tricks gegen dumme Gedanken

»Und was, wenn doch mal so ein komisches Gefühl kommt?«, fragt Günter. So ein Impuls zum »Rauchen-ist-gar-nicht-schlimm«. Es ist nur ein seltsames Gefühl, das dir nichts anhaben kann. Schließlich verliert der Wildschweinwolf sehr schnell seine Kraft! Natürlich wirst du ab und zu noch ans Rauchen denken – wie an dein altes Fahrrad. Aber das ist kein Grund, es sich zurückzuwünschen, sondern nur ein kleiner, dummer Gedanke.

Am wichtigsten ist: nicht hineinsteigern! Wer sich auf schwache Gefühle konzentriert, macht sie stark. Lass Günter lieber sagen: »Wie seltsam, dieses Gefühl! Arme Raucher: So was fühlen die ständig. Schön, dass ich es los bin!« Oder: »Sieh an, das ist das letzte Gejammer vom Wildschweinwolf.« Und winke ihm: »Tschüüüüs!« Und wende dich dann den Dingen zu, die du gerade gemacht hast – Arbeiten, Bügeln, Lernen, Autofahren, Skatspielen. Reiß das Fenster auf und ziehe frische Luft tief in deine Lungen – das tut richtig gut und ist sowieso viel besser als Rauch. Seltsame Gefühle – wenn du sie denn hast – gehen von ganz allein vorbei. Sie kommen vom Rauchen, nicht vom Nichtrauchen. Sei stolz auf dich.

Die Sache mit dem Gewicht

Eine Frage hat Günter aber dann doch noch. »Wer aufhört zu rauchen, nimmt doch zu! Tante Ilse, Onkel Horst, der Klaus ... – alle fett!« Aufhören macht dick, davon ist Günter felsenfest überzeugt. Keine Sorge: Aufhören muss nicht dick machen. Erinnerst du dich an das Leeregefühl, das Raucher regelmäßig haben? Das fühlt sich ein bisschen an wie Hunger. Eine Leere im Brust-Bauch-Bereich. Wer aufhört zu rauchen, spürt das vielleicht in der ersten Zeit. Wer dieses Gefühl für Hunger hält und etwas isst, stellt seine Ernährung um und nimmt zu. Logisch.

Du bleibst schlank, wenn du deine Ernährung beibehältst und »Hunger« und »Hunger« auseinanderhältst. Bisher hat das Mittagessen deinen Nahrungshunger gestillt, und die Zigarette danach deinen Nikotinhunger. Merke: Wenn du nach dem Essen noch ein Hungergefühl hast, ist es der Wildschweinwolf! Ein Nachtisch hätte keinen Sinn – du hast ja keinen Nahrungshunger mehr. Mach dir also einfach klar, dass das Leeregefühl bald selbst vorbeigeht. Jeder Schnupfen ist schlimmer!

Stoffwechsel und Sauerstoff

»Aber der Stoffwechsel?«, protestiert Günter. »Raucher verbrauchen doch mehr Kalorien als Nichtraucher!« Das ist zwar richtig, Günter, aber leider übersehen viele dabei den Gesamtzusammenhang: Ja, Raucher verbrennen etwa 200 Kalorien mehr pro Tag als Nichtraucher, das entspricht einem harmlosen 50-Gramm-Müsliriegel. Aber warum tun sie das? Weil sie sozusagen mit angezogener Handbremse fahren. Die ständige Kohlenmonoxidzufuhr macht das Blut dickflüssig, und um diese Pampe zu pumpen, braucht der Organismus mehr Kraft. Das ist aber keine gesunde Art, Energie zu verbrauchen! Von den ganzen Kränkeleien ganz zu schweigen ...

Und was geschieht, wenn du mit dem Rauchen aufhörst? Dann landet endlich wieder Sauerstoff in deinen Zellen und die Krankheiten verschwinden. So verbrennt dein Körper Nährstoffe viel besser als zu Raucherzeiten. Also setz diese zusätzliche Kraft doch einfach in Bewegung um! Werd aktiv! Dann nimmst du nicht zu, sondern ab! Und wenn du dennoch Sorgen haben solltest, zuzunehmen, dann trink mehr Wasser, iss mehr Salat, Obst und Gemüse und spare ein bisschen bei süßen Lebensmitteln. Du wirst sehen: Plötzlich schmilzt die Schwarte dahin – obwohl du mit dem Rauchen aufgehört hast ...

Die letzte Zigarette

Fassen wir noch einmal zusammen! Nichtrauchern fehlt nichts. Ex-Rauchern fehlt auch nichts – die Rezeptoren-Ohren haben ihre Stöpsel längst rausgeworfen, die Ex-Raucher sind wieder frei. Sie brauchen keine Zigarette mehr – in keiner Situation. Darum ist es jetzt Zeit, Abschied zu nehmen. Ohne Wehmut. Du trennst dich von einem betrügerischen Feind, der jahrelang so getan hat, als wäre er ein Freund, und dich dabei krank und abhängig gemacht und jede Menge Geld gekostet hat.

»Jetzt noch eine rauchen?«, fragt Günter. Ja! Bitte rauch noch eine. Die Letzte. Rauch sie alleine, ganz bewusst. Und sei dir klar darüber, dass es die Letzte ist – damit du sie sicher nur einmal rauchst. Spür noch mal, wie der Qualm in deine Lungen dringt und die Flimmerhärchen zuklebt. Spür, wie der Nikotinlärm einmal noch die Ohrstöpsel in den Rezeptoren durchdringt und Botenstoff spielt. Dann mach dir klar, dass du das fortan nie mehr brauchen wirst. Denn nur Raucher brauchen das Rauchen. Und auch nur Rauchern fehlt ständig irgendwas – wenn sie nämlich nicht rauchen. Wenn du in Zukunft nicht rauchst, wird es jedes Mal ein Triumph für dich sein. Du wirst unabhängig, selbstbestimmt und frei sein.

ÜBUNG
Die letzte Zigarette rauchen

Such dir ein ruhiges Plätzchen und rauch deine letzte Zigarette ganz bewusst!

Nimm jeden Zug genau wahr und schmecke die radioaktiven ätzenden Gifte im Rauch, die dir die Lunge verkleben und Krebszellen züchten! Spüre noch einmal ganz bewusst den dreckigen Geschmack auf deiner Zunge, rieche den Mief im Mundraum, fühle das Erstickungsgefühl, das dir deine Lunge signalisiert!

Denk an die Atemnot, die dir das Rauchen bislang gebracht hat, an die Tausende Euro, die dich das Rauchen bislang gekostet hat, und an all die lieben Menschen, die du kennst, die vom Rauchen krank geworden oder bereits daran gestorben sind!

Stell dir vor, wie schön es sein wird, nie wieder rauchen zu müssen – frische Luft zu atmen, jeden Tag fitter zu werden, stolz zu sein, ein gutes Gewissen zu haben!

Dann drücke bewusst und voller Vorfreude deine letzte Zigarette aus – es wartet eine grandios schöne neue Welt auf dich!

Schmeiß deine restlichen Zigarettenschachteln, Feuerzeug und Aschenbecher einfach weg! Brauchst du alles nicht mehr.

Genieße ganz bewusst die spannende Zeit, die nun beginnt: Du darfst dein eigenes Leben auf völlig neue Weise wiederentdecken! Nimm jede Verbesserung bewusst wahr! Und sei dankbar: Du bekommst eine zweite Chance!

Herzlichen Glückwunsch!

Hast du deine letzte Zigarette geraucht? Trörööö! Du hast sie ausgedrückt, und fortan gehören Kohlenmonoxid, Krebs und schwachsinnige Kettenreaktionen nicht mehr in dein Leben hinein. Herzlichen Glückwunsch! Du bist nun Nichtraucher. Sei stolz auf dich! Du hast etwas geschafft, was sich 90 Prozent der Raucher sehnlichst wünschen, worum sie dich beneiden – auch wenn viele es nicht zugeben.

Frag nicht, wann du Nichtraucher bist. Zähl keine Tage. Du bist jetzt bereits Nichtraucher! Ab sofort hast du nur noch eine Stimme im Kopf. Streich den Tag in dem Kalender an und feiere ihn künftig jedes Jahr. Günter wird sich schnell daran gewöhnen, dass nun alles einfacher, freier und leichter wird. Nimm ihn mit auf diese wunderschöne Entdeckungsreise, die du vor dir hast. Du wirst viele neue Seiten an dir entdecken! Körperlich, mental, sinnlich – du bist einfach zu beneiden!

Das Wichtigste ist jetzt: Feier jede Zigarette, die du nicht rauchst. Sag dir jedes Mal: Ich bin frei, ich brauche es nicht! Und lies noch die folgenden Tipps, damit auch in brenzligen Situationen nichts schiefgeht.

Was tun bei Stress?

Na, Günter, freust du dich auf die Rauchersituationen? Der Schweinehund wedelt mit seinem Ringelschwanz. Jaaaa? Toll! Dann hast du die besten Chancen, schnell zu erkennen, dass dir ohne Zigaretten auch in Extremsituationen nichts fehlt.

»Und bei Stress?« Kein Problem: Stress ist ganz normal. Alle Menschen haben Stress – Raucher und Nichtraucher. Denn das eine hat mit dem anderen ja nichts zu tun! In der nächsten Stresssituation sind wir uns darüber bewusst, dass keine Zigarette der Welt den Stress lösen würde! Denn Zigaretten lösen nur den Stress, den sie selbst erzeugen. Zigaretten machen nur den Rauchern Stress, weil sie deren Gehirnstöpsel aufrechterhalten. Also haben nur Raucher das irrige Gefühl, eine Zigarette würde helfen. Eine Illusion! Raucher haben mehr Stress. Also fällst du darauf nicht mehr herein.

Familienstress, Beziehungsprobleme, Nervkram mit Behörden und im Job? »Super!«, freut sich Günter. »Alles Gelegenheiten zum Feiern!« Gut so. So wirst du als Nichtraucher immer sicherer!

Was tun bei Partys?

»Und beim Feiern?«, fragt Günter. Mach es da genauso! Freu dich auf jede Party. Such dir Nichtraucherpartys – du wirst schnell verstehen, warum viele Leute die saubere Luft bevorzugen. Du wirst es bald zu schätzen wissen, dass du deine Kleider nicht mehr ständig waschen musst. Und geh auch bewusst auf Raucherpartys! Schau dir die Raucher an, wie sie ihren Pegel füllen, nur um kurz die Leere zu überwinden, die sie nur haben, weil sie rauchen. Mach dir klar, dass diese Raucher nicht wissen, was du jetzt alles weißt: Die meisten wissen nicht einmal, dass Rauchen eine Kettenreaktion ist. Du hingegen weißt jetzt Bescheid!

Und Vorsicht mit Alkohol: Alkohol enthemmt, darum geben Raucher dem Leeregefühl schneller nach und rauchen auf Partys mehr. Und weil Alkohol ein Betäubungsmittel ist, betäubt es die Kopfschmerzen, die das Nikotin hervorruft – und die Raucher rauchen noch mehr. Wenn du Alkohol trinkst, dann trink weiterhin welchen, damit Günter auch hierbei das Nichtrauchen lernen kann. Aber übertreib es damit nicht: Bei Kontrollverlust droht Rückfall.

Was tun bei einem Rückfall?

Und wenn nun doch etwas passiert? Schauen wir uns mal einen Rückfall an: Ein Ex-Raucher zieht an einer Zigarette. Wie schmeckt das? »Scheußlich«, sagt Günter. Genau! Weil er längst keine Watte mehr in den Rezeptoren-Ohren hat. »Aber eine schadet doch nicht?«, fragt Günter leise. Achtung, Selbstbetrug: Sie schadet eben doch! Jedes bisschen Nikotin irritiert deine Nervenzellen. Also stopfen die Rezeptoren nun sofort wieder Watte in die Ohren, um sich gegen den Lärm zu schützen. Und der Ex-Raucher will – mit schlechtem Gewissen – bald schon die nächste Zigarette qualmen ... Also Vorsicht: Sei bei einem Rückfall hellwach! Auch eine einzige Zigarette schadet dir. Drück die Zigarette sofort wieder aus. Und lass den Kopf nicht hängen. Verzeih dir den Fehler und unternimm sofort den nächsten Anlauf. Du bist Nichtraucher! Nichtraucher rauchen nicht!

Am besten schließt du Rückfälle durch Überzeugung aus: Wenn du bald vor deinem Kaffee sitzt und dich daran erinnerst, dass die Zigarette zum Kaffee immer besonders lecker erschien, dann mach dir klar: Die Zeit als Raucher war eine Zeit von Husten, Nerverei und Abhängigkeit. Und: Wenn du nach Jahren als glücklicher Nichtraucher eine anzündest – wie würde die schmecken? »Scheußlich«, sagt Günter. Eben! Also lass es.

Was tun mit Rauchern?

»Das wird ja alles spannend«, sagt Günter. Ja, kleiner Schweinehund. Wird es. Freu dich drauf! Du wirst eine neue Welt entdecken. Sei neugierig und offen!

Ach ja, eines noch: Bitte werde kein militanter Nichtraucher-Schweinehund. Geh den Rauchern nicht auf den Geist mit Sprüchen wie »Hör doch auf mit der Qualmerei, das macht krank«. Erinnerst du dich, wie solche Sprüche auf dich als Raucher gewirkt haben? »Die haben genervt«, erinnert sich Günter. Genau! Und warum? Weil Raucher zwei Stimmen im Kopf haben. Folge: Bei Druck schalten Raucher sofort auf Trotz und rauchen erst recht! Schade, dass so viele Raucher und Nichtraucher diesen Zusammenhang nicht kennen. Sei einfach froh, dass du nur eine Stimme in dir hast, und lass die Raucher in Ruhe. Die meisten werden von alleine kommen und dich fragen, wie du das gemacht hast. Gib ihnen einfach dieses Buch.

Übrigens: Passivrauchen macht nicht rückfällig. Dazu ist üblicherweise die Konzentration des Nikotins in der Atemluft nicht hoch genug. Und sobald der Rauch in den Augen beißt, wirst du den Raum sowieso verlassen.

Günter, der Nichtraucher

Kennst du Günter? Günter ist dein innerer Schweinehund. Er lebt in deinem Kopf und bewahrt dich vor allem Übel dieser Welt. Wenn du etwas Neues lernen sollst, ist Günter zur Stelle: »Das schaffen wir«, sagt er dann, »Das macht Spaß!« und »Du bist frei und kannst dein Leben selbst bestimmen«. Und weil Günter inzwischen glücklicher Nichtraucher ist, freut er sich über mehr Sauerstoff in Körper und Gehirn, über seine fließende statt durchgetaktete Zeit, über mehr Geld in der Tasche, über saubere Finger und wohlriechende Klamotten, über mehr Energie und Konzentration und ein schöneres, längeres Leben.

Weißt du noch, Günter? Früher, als du noch geraucht hast? »Ach ja, stimmt ... Schön, dass das vorbei ist!« Allein der Gedanke an Aschenbecher zu Hause erfüllt ihn mit Befremden, und er fragt sich, wie er dieses lästige Leeregefühl so lange hat ertragen können. Günter weiß vielleicht noch nicht, dass die Entscheidung zum Nichtrauchen auch für viele, viele andere Dinge im Leben maßgebend sein kann. Günter hat sich gezeigt, dass er sein Leben selbst in die Hand nehmen und verbessern kann. Günter kann stolz auf sich sein: Er ist ein toller Schweinehund!

Literaturhinweise

Spannende wissenschaftliche Literatur

Ärzte Zeitung (2005): Fettleber bei Kindern ist keine Seltenheit mehr (www.aerztezeitung.de)

Ärzte Zeitung (2008): Arterien dicker Kinder eng wie bei 45-Jährigen (www.aerztezeitung.de)

Ärzte Zeitung (2009): 16 Prozent sterben an Trägheit (www.aerztezeitung.de)

Ärzte Zeitung (2009): Motorik und Psyche bei Kindern oft gleichzeitig gestört (www.aerztezeitung.de)

BARMER GEK Krankenkasse (2010): Heil- und Hilfsmittel-Report 2010

Bös, K.; Worth, A.; Opper, E.; Oberger, J. & Woll, A. (2009): Motorik-Modul: Motorische Leistungsfähigkeit und körperlich-sportliche Aktivität von Kindern und Jugendlichen in Deutschland. Baden-Baden: Nomos-Verlag

Brownell, K. D. & Warner, K. E. (2009): The Perils of Ignoring History: Big Tobacco Played Dirty and Millions Died. How Similar Is Big Food? Milbank Quarterly, 87(1), S. 259–294

Chapman, S. & MacKenzie, R. (2010): The Global Research Neglect of Unassisted Smoking Cessation: Causes and Consequences. PLoS Med, 7(2), S. e1000216

Cherkas, L. F.; Hunkin, J. L.; Kato, B. S.; Richards, J. B.; Gardner, J. P.; Surdulescu, G. et al. (2008): The association between physical activity in leisure time and leukocyte telomere length. Archives of Internal Medicine, 168(2), S. 154–158

Chi, P. W.; Jackson, P. M. W.; Min, K. T.; Yi, C. Y.; Ting, Y. D. C.; Meng-Chih, L. et al. (2011): Minimum amount of physical activity for reduced mortality and extended life expectancy: a prospective cohort study. The Lancet, 378(9798), S. 1244–1253

Costanzo, S.; Castelnuovo, A.; Donati, M. B.; Iacoviello, L. & Gaetano, G. (2011): Wine, beer or spirit drinking in relation to fatal and non-fatal cardiovascular events: a meta-analysis. European Journal of Epidemiology, 26(11), S. 833–850

Golduan, B. (2010): Freiheit für die Füße. Technology Review, S. 74–75

Grüning, T. & Schönfeld, N. (2007): Tabakindustrie und Ärzte: »Vom Teufel bezahlt ...«. Deutsches Ärzteblatt, 104(12), S. 770–774

Haskell, W. (2000): Sport, Bewegung und Gesundheit. Der Orthopäde, 29, S. 930–935

Hebebrand, J. & Bös, K. (2005): Umgebungsfaktoren – Körperliche Aktivität. In: Wabtisch, M. et al. (eds.): Adipositas bei Kindern und Jugendlichen. Heidelberg: Springer Verlag

Heiduk, R. (2011): Warum Schuhe krank machen. Teil 1 und 2 (www.eisenklinik.de)

Heiduk, R. (2011): Was ist Functional Training? (www.eisenklinik.de)

Kerrigan, C. D.; Franz, J. R.; Keenan, G. S.; Dicharry, J.; Della Croce, U. & Wilder, R. P. (2009): The Effect of Running Shoes on Lower Extremity Joint Torques. American Academy of Physical Medicine and Rehabilitation, 1, S. 1058–1063

Khaw, K.-T.; Wareham, N.; Bingham, S.; Welch, A.; Luben, R. & Day, N. (2008): Combined Impact of Health Behaviours and Mortality in Men and Women: The EPIC-Norfolk Prospective Population Study. PLoS Medicine, 5(1), S. e12

Knowler, W.C.; Barrett-Connor, E.; Fowler, S. E.; Hamman, R. F.; Lachin, J. M.; Walker, E. A. et al. (2002): Reduction in the incidence of type 2 diabetes with lifestyle intervention or metformin. The New England Journal of Medicine, 346, S. 393–403

Korsten-Reck, U. (2007): Sport zur Prävention und Theorie von Übergewicht bei Kindern. Deutsches Ärzteblatt, 104(1-2), S. A35–39

Kvaavik, E.; Batty, G. D.; Ursin, G.; Huxley, R. & Gale, C. R. (2010): Influence of Individual and Combined Health Behaviors on Total and Cause-Specific Mortality in Men and Women: The United Kingdom Health and Lifestyle Survey. Archives of Internal Medicine, 170(8), S. 711–718

Lampert, T.; Mensink, G. B. M.; Romahn, N.; Woll, A. (2007): Körperlich-sportliche Aktivität von Kindern und Jugendlichen in Deutschland. Bundesgesundheitsblatt, 50(5-6), S. 634–642

Lange, M.; Kamtsiuris, P.; Lange, C.; Schaffrath Rosario, A.; Stolzenberg, H. & Lampert, T. (2007): Messung soziodemographischer Merkmale im Kinder- und Jugendgesundheitssurvey (KiGGS) und ihre Bedeutung am Beispiel der Einschätzung des allgemeinen Gesundheitszustands. Bundesgesundheitsblatt, 50(5-6), S. 578–589

Lawrence, D.; Mitrou, F. & Zubrick, S. R. (2011): Global research neglect of population-based approaches to smoking cessation: time for a more rigorous science of population health interventions. Addiction, 106(9), S. 1549–1554

Lieberman, D. E.; Venkadesan, M.; Werbel, W. A.; Daoud, A. I.; D'Andrea, S.; Davis, I. S.; Mang'Eni R. O. & Pitsiladis, Y. (2010): Foot strike patterns and collision forcesin habitually barefoot versus shod runners. Nature, 463, S. 531–536

Ludwig, U. (2005): Geheime Gesandte. Der Spiegel, 23, S. 156–158

Malka, S. & Gregori, M. (2008): Vernebelung. Wie die Tabakindustrie die Wissenschaft kauft. Zürich: Orell Füssli

Mensink, G. (2003): Beiträge zur Gesundheitsberichterstattung des Bundes. Bundes-Gesundheitssurvey: Körperliche Aktivität. Aktive Freizeitgestaltung in Deutschland. Berlin: Robert Koch Institut

Moore, T. J.; Furberg, C. D.; Glenmullen, J.; Maltsberger, J. T.; Singh, S. & Wright, J. M. (2011): Suicidal Behavior and Depression in Smoking Cessation Treatments. PLoS ONE, 6(11), S. e27016

Opper, E.; Worth, A.; Wagner, M. & Bös, K. (2007): Motorik-Modul (MoMo) im Rahmen des Kinder- und Jugendgesundheitssurveys (KiGGS). Bundesgesundheitsblatt, 50(5-6), S. 879–888

Parloff, R. (2003): Is fat the next tobacco? Fortune, 147(2), S. 50–54

Peters, A. (2011): The selfish brain: Competition for energy resources. American Journal of Human Biology, 23(1), S. 29–34

Peters, A.; Junge, S. (2011): Das egoistische Gehirn. Warum unser Kopf Diäten sabotiert und gegen den eigenen Körper kämpft. Berlin: Ullstein

Roberts, C. K. & Barnard, R. J. (2005): Effects of exercise and diet on chronic disease. Journal of Applied Physiology, 98, S. 3–30

Schöne, L. (2008): Bewegung macht Kinder nicht nur fit, sondern auch klug. Ärzte Zeitung (www.aerztezeitung.de)

Starker, A.; Lampert, T.; Worth, A.; Oberger, J.; Kahl, H. & Bös, K. (2007): Motorische Leistungsfähigkeit. Bundesgesundheitsblatt, 50(5-6), S. 775–783

Tokuda, K.; Izumi, Y. & Zorumski, C. F. (2011): Ethanol Enhances Neurosteroidogenesis in Hippocampal Pyramidal Neurons by Paradoxical NMDA Receptor Activation. Journal of Neuroscience, 31(27), S. 9905–9909

Tucker M. E. (2010): Study Finds NAFLD in 19 % of Obese Youth. Pediatric News

Tudor-Locke, C. & Bassett, D. R. (2004): How many steps/day are enough? Preliminary pedometer indices for public health. Sports Medicine, 34(1), S. 1–8

Wallmann, B. & Froböse, I. (2011): Interventionseffekte einer Aktivitätserhöhung von 3000 Schritten mehr am Tag. Wien Klinische Wochenschrift, 123(11-12), S. 369–377

Wallmann, B.; Gierschner, S. & Froböse, I. (2011): Gesundheitskompetenz: Was wissen unsere Schüler über Gesundheit? Prävention und Gesundheitsförderung

Walther, M. (2004): Aktuelle Trends im Sportschuhbau: Ein Literaturüberblick. Fuß & Sprunggelenk, 2(3), S. 167–175

Web-Links

KiGGS, www.kiggs.de
MoMo, www.motorik-modul.de

Buchtipps

Atkins, Robert C. (2004): Die neue Atkins-Diät. Goldmann
Ballier, R.; Wendel, S. (2009): Lebst du noch oder stirbst du schon? 100 todsichere Tipps für ein langes Leben. München: Südwest
Baum, Thilo & Frädrich, Stefan (2006): Günter, der innere Schweinehund, wird Nichtraucher. Ein tierisches Gesundheitsbuch. Offenbach: GABAL
Baum, Thilo & Frädrich, Stefan (2007): Günter, der innere Schweinehund, lernt flirten. Ein tierisches Turtelbuch. Offenbach: GABAL
Baum, Thilo (2009): Komm zum Punkt!: Das Rhetorik-Buch mit der Anti-Laber-Formel. Frankfurt a. M.: Eichborn
Baum, Thilo (2010): Mach dein Ding!: Der Weg zu Glück und Erfolg im Job. Frankfurt a. M.: Eichborn
Blech, Jörg (2011): Heilen mit Bewegung. Wie Sie Krankheiten besiegen und Ihr Leben verlängern. Frankfurt a. M.: Fischer Verlag
Bode, T. (2011): Die Essensfälscher. Was uns die Lebensmittelkonzerne auf die Teller lügen. Frankfurt a. M.: Fischer
Boyle, M. (2010): Functional Training. Das Erfolgsprogramm der Spitzensportler. München: riva
Boyle, M. (2011): Fortschritte im funktionellen Training. Neue Trainingstechniken für Trainer und Athleten. München: riva
Buckert, Ingo & Frädrich, Christina & Frädrich, Stefan (2007): Rauchfrei glücklich. Der Weg zum Nichtrauchen. München: Compact Verlag

Carr, Allen(1992): Endlich Nichtraucher. München: Mosaik bei Goldmann

Frädrich, Stefan (2004): Luft! Ganz einfach Nichtraucher. München: Droemer-Knaur

Frädrich, Stefan (2004): Günter, der innere Schweinehund. Ein tierisches Motivationsbuch. Offenbach: GABAL

Frädrich, Stefan (2005): Günter lernt verkaufen. Ein tierisches Businessbuch. Offenbach: GABAL

Frädrich, Stefan (2005): Günter, der innere Schweinehund, für Schüler. Ein tierisches Motivationsbuch. Offenbach: GABAL

Frädrich, Stefan (2006): Günter, der innere Schweinehund, wird schlank. Ein tierisches Diätbuch. Offenbach: GABAL

Frädrich, Stefan (Hrsg.) (2008): Business Book of Horror. Offenbach: GABAL

Frädrich, Stefan (2009): Günter, der innere Schweinehund, wird Chef. Ein tierisches Führungsbuch. Offenbach: GABAL

Frädrich, Stefan (2009): Das Domino-Prinzip. Wie Sie aus Steinen, die Ihnen in den Weg gelegt werden, etwas Schönes bauen. München: Droemer-Knaur

Frädrich, Stefan (2009): Die einfachste Diät der Welt: Das Plus-Minus-Prinzip. München: Graefe und Unzer

Frädrich, Stefan (2010): Günter, der innere Schweinehund, wird Kommunikationsprofi: Ein tierisches Verständnisbuch. Offenbach: GABAL

Frädrich, Stefan (2010): Günter, der innere Schweinehund, hält eine Rede. Ein tierisches Rhetorikbuch. Offenbach: GABAL

Frädrich, Stefan (2011): Das Günter-Prinzip: So motivieren Sie Ihren inneren Schweinehund! Offenbach: GABAL-Verlag

Frädrich, Stefan & Burzler, Thomas (2009): Günter, der innere Schweinehund, lernt verhandeln. Ein tierisches Businessbuch. Offenbach: GABAL

Frädrich, Stefan & Kampe, Tanja (2008): Günter, der innere Schweinehund, geht ins Büro. Ein tierisches Officebuch. Offenbach: GABAL

Frädrich, Stefan & Schäffner, Henriette (2009): So kommen Sie als Experte ins Fernsehen. Wie Sie den Bildschirm erobern und sich als TV-Experte etablieren. Offenbach: GABAL

Gesenhues, Stefan & Ziesché, Rainer (2003): Praxisleitfaden Allgemeinmedizin. München, Jena: Urban & Fischer

Glantz, Stanton A. et al. (1996): The Cigarette Papers. Berkeley, Los Angeles, London: University of California Press

Gruppe, Ommo (Hrsg.) (1988): Sport – Theorie in der gymnasialen Oberstufe. Schorndorf: Hoffmann

Hamm, Michael & Bohlmann, Friedrich (2004): Die Ideal-Diät. München: Gräfe und Unzer

Haustein, Knut-Olaf (2001): Tabakabhängigkeit. Köln: Deutscher Ärzte-Verlag

Heizmann, Patric (2009): Ich bin dann mal schlank. Gut essen. Richtig bewegen. Anders denken. Hamburg: Verlag Heizmann GmbH

Kunz, Martin (2005): Satt und schlank mit der Volumetrics-Diät. München: Gräfe und Unzer

Lazarus, Arnold & Lazarus, Clifford (1999): Der kleine Taschentherapeut. In 60 Sekunden wieder o.k. Stuttgart: Klett-Cotta

Mangiameli, Franka & Worm, Nicolai (2004): LOGI Guide. Lünen: Systemed

Montignac, Michel (1995): Essen gehen und dabei abnehmen. München: Deutscher Taschenbuch Verlag

Rosenbauer J., Straßburger K., Grabert M., Holl R. W. & Giani G. (2007): Trends des Risikos für einen Typ-1-Diabetes und des mittleren Manifestationsalters. Diabetol Stoffw, 2 Suppl. 1, S. 129

Silbernagl, Stefan & Despopoulos, Agamemnon (1979, 2003): Taschenatlas der Physiologie. Stuttgart, New York: Thieme

Steffens, Thomas & Grüning, Martin (2001): Marathon – die besten Programme. Reinbek bei Hamburg: Rowohlt Taschenbuch

Sterr, Christian (2006): Mentaltraining im Sport. Bessere Leistung bei Training und im Wettkampf. Hamburg: Spomedis

Sterzenbach, Slatco (2007): Der perfekte Tag. Die richtige Energie zum richtigen Zeitpunkt. München: Heyne

Watzlawick, Paul (1983): Anleitung zum Unglücklichsein. München: Piper

Worm, Nicolai & Muliar, Doris (2004): Low Carb. Die Ernährungsrevolution. So essen Sie sich schlank. München: Gräfe und Unzer

Worm, Nicolai (2002): Syndrom X oder Ein Mammut auf dem Teller. Lünen: Systemed

Zimbardo, Phillip G. & Gerrig, Richard J. (1999): Psychologie. Berlin, Heidelberg, New York: Springer

Die Autoren

Stefan Frädrich

Dr. med. Stefan Frädrich ist Experte für Selbstmotivation und der textliche und konzeptionelle Vater von »Günter«. Als Trainer, Coach und Consultant bekannt wurde er durch seine Bestsellerbücher (»Günter, der innere Schweinehund«, »Die einfachste Diät der Welt«) und umfangreiche Medienpräsenz mit eigenen TV-Sendungen (Pro 7, SAT.1, WDR, VOX, Focus Gesundheit). Er ist Entwickler erfolgreicher Seminare (z. B. »Nichtraucher in 5 Stunden«) und motiviert als einer der erfolgreichsten Redner im deutschsprachigen Raum jedes Jahr Tausende Seminar- und Vortragsteilnehmer. Sein Ziel: komplexe Zusammenhänge verständlich, logisch und unterhaltsam machen – und dadurch etwas bewirken!

www.stefan-fraedrich.de

Timo Wuerz

Foto: Katja Kuhl

Timo ist der zeichnerische und künstlerische Vater von »Günter«, dem inneren Schweinehund, sowie der Günter-Merchandising-Kollektion mit Plüschtieren, Postkarten und vielen weiteren Produkten. Außerdem ist Timo Wuerz der »Rockstar der Comic-Szene« (Süddeutsche Zeitung), Problemlöser und Arschretter, Leiter vom Kreativ-Eingreif-Team für die Entwicklung und Gestaltung von Filmen, Shows und Themenparks als Experte für Storytelling und Dramaturgie – dank seiner jahrelangen praktischen Erfahrungen im Film- und Performancebusiness. Seine Vielseitigkeit, Professionalität, Neugier und unternehmerische Ader bescheren ihm immer wieder spannende Projekte in neuen Branchen: über drei Dutzend Comics und Bücher, weltweit Aufträge für Architektur, Briefmarken, CD-Cover, Corporate Design, Snowboards, Poster und Spielzeug. Und ein paar internationale Preise hat er auch.

www.timowuerz.com
www.wild-and-free.com

Thilo Baum

Thilo Baum, M. A., ist studierter Kommunikationswissenschaftler, Trainer, Coach, Seminarentwickler, Autor und Journalist – und vor allem Experte für Klartext. In seinem Seminar »Komm zum Punkt!« hilft er, Botschaften auf den Punkt zu bringen. Außerdem ist er Mitentwickler des Seminars »Nichtraucher in 5 Stunden« und Geschäftsführer der Luftfabrik, der gemeinsamen Firma mit Stefan Frädrich. Thilo Baum ist auch Mitinhaber des Kölner Instituts für Gesundheitscoaching und Gründungsmitglied der Deutschen Gesellschaft für Nikotinprävention.

www.thilo-baum.de

Ingo Buckert

Ingo Buckert ist Dipl.-Sportwissenschaftler, Trainer, Coach, Seminarentwickler und Unternehmer. Gemeinsam mit Stefan Frädrich ist Ingo Buckert Gründer und Geschäftsführer der Kölner Firma »Pigdog Consulting« sowie des Instituts für Gesundheitscoaching. Er ist Trainer und Mitentwickler der Seminare »Nichtraucher in 5 Stunden«, »Schlank in 5 Stunden« und »Fit in 5 Stunden«. Zudem ist er Gründer und Mitinhaber der »Playa in Cologne« und der »Beach- and Funsports«, und er war Leistungssportler.

www.ingo-buckert.de

Steffi Burkhart

Steffi Burkhart ist Dipl.-Sportwissenschaftlerin, Trainerin und Coach. Als ehemalige Leistungssportlerin ist sie begeisterter Gesundheitscoach – auch im Rahmen von TV-Produktionen. Aktuell macht sie ihre Doktorarbeit über den inneren Schweinehund beim Sport – und hat für das vorliegende Buch wissenschaftliche Papers recherchiert und interessante Ergebnisse zusammengetragen. Im Team von Stefan Frädrich ist Steffi Burkhart fürs Online-Marketing und die Wissenschaftsrecherche zuständig.

Stichwortregister

Abendessen 226
Adenosintriphosphat 29 f., 38, 169
Adrenalin 57
aerobe Glykolyse 39
Aktin 28
Akupunktur 163
Alkohol 110, 220
Alkoholismus 112
Alzheimer 27
Aminosäuren 174
anaerobe Glykolyse 39
Antioxidantien 217
Aquafitness 99
Armbeugen 66
Arteriosklerose 64
Asthma 19
Atkins-Diät 204
ATP 29 f., 38, 169
Ausdauertraining 74
Ausnahmen machen 60

Ballaststoffe 174, 186
Ballsport 101
Bandscheibenvorfall 19
Bankdrücken 66
Bauch-Beine-Po 95
Bauchgefühl 58

Bauchspeicheldrüse 179
Belastungspause 55
Belastungspuls 77
Belohnungszigarette 301
Bewegungsdrang 41
Bizeps-Curls 66
Blackout 56
Blutdruck, hoher 19, 26
Blutgruppendiät 163
Blutzucker 180
Body-Mass-Index (BMI) 131, 135
Botenstoff 266
Brennwert 166
Brot 212

Cholesterin 178, 205

Darmbakterien 177
Dauermethode 75
Diabetes 19, 92, 199
Diät 151
Diät-Gruppe 160
Dickdarm 177
Dünndarm 177

Eiweiß 71, 173
Energiegewinnung 29

Energieüberschuss 169
Energieverbrauch 34, 165, 167
Entspannung 57
Entzugserscheinungen 277
Erholung 55
Ernährungserziehung 146
erste Zigaretten 257
Esskultur 142
Ess-Störung 132
Essverhalten 133

Fastenkur 158
Fast Food 142
Fatburner 162
FDH 152
Fehlkonditionierung 303
Fette 172, 185
Fettleber 178
Fettleibigkeit 201
Fettsäuren 173, 205
Fettspeicher 170
Fettsucht 132
Fettverbrennung 38, 40
Fisch 214
Fitnesscenter 67, 95
Fitnessstudio 72
Fitnesstest 24
Fleisch 213
Foodwatch 191
Freizeitsport 75
Friedenspfeife 252
Friss die Hälfte 152
Fruchtzucker 172
Fructose 172

Frühstück 224
Functional Training 67
Functional Food 192

Gelegenheitsraucher 282
Gelenkbeschwerden 26
Gelenke 27
Gelenkschäden 19
Gemüse 216, 217
Gesundheitsfaktoren 22
Gewohnheiten 17, 235, 242
Glukagon 180
Glukose 29, 31, 169, 172
Glutamat 219
glykämische Last 198
glykämischer Index 196
GLYX-Diät 204
Grundübungen beim Krafttraining 65
Grundumsatz 33, 166
Gruppendiät 160

Hauptnahrungsgruppen 171
Heißhunger 202
Herzinfarkt 19
Herz-Kreislauf-Erkrankungen 26
Herz-Kreislauf-System 30
Höhentraining 87
Homöostase 53
Humor 60
Hungerfalle 181
Hyperkompensation 50
Hypnose 163

Indoorcycling 99
Insulin 179
Intervallmethode 76
Ironman 87
Isolationsübungen beim Krafttraining 66

Jod 214
Joggen 76
Jojo-Effekt 157

Kaffee 221
Kalorien 33
Klimmzüge 66
Kniebeugen 65
Knieschäden 26
Knochen 27
Koffein 221
Kohlenhydrate 32, 172, 184, 196
Kohlenmonoxid 308
Konditionierung 303
Koordination 90
Körperbeherrschung 98
Kraftausdauer 70
Krafttraining 63
kreatives Denken 57
Kreuzheben 65

Laktose 172
Laufschuhe 81
Lebensbereiche 19
Lebensmittelindustrie 191
Leistungsgrenze 49

Leistungssport 75
Leistungsumsatz 34, 167
Liegestütze 73
Lipide 172
LOGI-Methode 204
Low-Carb-Diät 204
Lust-Schmerz-Prinzip 15

Mannschaftssport 102
Marathon 83
Massage 104
Metabolisches Äquivalent 37
Milch 145
Milchzucker 172
Mittagessen 225
Montignac-Methode 204
Motivation 74
Muskelaufbau 70
Muskelfasern 28
Muskelkater 54
Muskeltraining 25
Muskulatur 25
Myofibrille 28
Myosin 28

Nachtisch 226
Nackenschmerzen 26
Nahrungsergänzungsmittel 218
Nervenzelle 266
Nichtraucher 246
Nichtraucherdasein 288
Nichtraucherkampagne 298
Nikotin 264

Nikotinabbau 288
Nikotinentzug 289
Nikotinkaugummi 314
Nikotinpflaster 314
Nikotinvergiftung 267
Noradrenalin 57
Nordic Walking 78
Normalgewicht 132
Nudeln 215
Null-Diät 158

Obst 217
Oliver, Jamie 139

Omega-3-Fettsäuren 214

paffen 262
Passivrauchen 327
Pawlow'scher Hund 304
persönliche Grenzen 49
Pilates 97
Pizza 215
Pommes frites 215
Proteine 71, 173
Pulsuhr 83

Qigong 96

Rauchen 108
Rauchen auf Lunge 262
Raucherentwöhnung 316
Rauchersituationen 295, 303
Rauchverbot 261, 299
Resilienz 121

Rheuma 19
Rohrzucker 172
Routine 17
Rückenschmerzen 19
Rückfall 326
Ruhepuls 77

Saccharose 172
Salat 216, 226
Sauerstoff 30
Sauna 103
Schlaf 59
Schlafprobleme 291
Schlafstörungen 98
Schlaganfall 19
Schnelligkeit 90
Schulmahlzeiten 143
Schulterprobleme 26
Sehnen 27
sekundäre Pflanzenstoffe 217
Spinning 99
Sportkleidung 105
Stärke 172
Sterblichkeit 20
Stevia 202
Stretching 102
Superkompensation 50
Süßigkeiten 182, 222
Süßstoff 202

Tabakpflanze 264
Tabakwerbung 306 f.
Tae Bo 96
Teer 308

Thera-Band 107
Trainingseffekt 50
Trainingsgestaltung 61
Trainingsplanung 62
Trainingsreiz 53
Trainingszustand 49
Traubenzucker 29, 169, 172
Triathlon 86

Übergewicht 132, 201
Übertraining 51
Überzuckerung 196
Ultramarathon 87
Untergewicht 132
Unzufriedenheit 151

Verdauung 176
Vitamine 217

Vollkornbrot 224
Vorbilder 17, 232, 259

Waist-to-Height-Ratio 135
Wasser trinken 186
Werbung 232, 306
Willenskraft 159
Wurst 213

Yoga 98

Zigarette, erste 257
Zigarettenpause 296
Zucker 199
Zuckerarten 31
Zuckerfalle 185
Zuckerkrankheit 26, 92, 199

Unterhaltsame Schweinehundzähmung

Das Günter Prinzip
€ 19,90 (D/A)
ISBN 978-3-86936-169-7

Das Günter Prinzip DVD
€ 29,90 (D/A)
ISBN 978-3-86936-249-6

Günter Plüsch Beanie
empf. VK € 9,95 (D/A)
ISBN 978-3-89749-705-4

 Je Band € 9,90 (D) / € 10,20 (A)

 Mit tierisch guten Illustrationen von Timo Wuerz

Günter, der innere Schweinehund, wird schlank
ISBN 978-3-89749-584-5

Günter, der innere Schweinehund, wird Nichtraucher
ISBN 978-3-89749-625-5

Günter, der innere Schweinehund, lernt flirten
ISBN 978-3-89749-665-1

Günter, der innere Schweinehund, hat Erfolg
ISBN 978-3-89749-731-3

Günter, der innere Schweinehund, wird Kommunikationsprofi
ISBN 978-3-86936-127-7

Günter, der innere Schweinehund, lernt verhandeln
ISBN 978-3-89749-918-8

Weitere Informationen finden Sie unter www.gabal-verlag.de

Management – fundiert und innovativ

Steve Kroeger
Die 7 Summits Strategie
ISBN 978-3-86936-229-8
€ 19,90 (D) / € 20,50 (A)

Markus Väth
Feierabend hab ich, wenn ich tot bin
ISBN 978-3-86936-231-1
€ 19,90 (D) / € 20,50 (A)

David Allen
Ich schaff das!
ISBN 978-3-86936-178-9
€ 24,90 (D) / € 25,60 (A)

Brian Tracy
Keine Ausreden!
ISBN 978-3-86936-235-9
€ 29,90 (D) / € 30,80 (A)

Hans-Uwe L. Köhler
Die Perfekte Rede
ISBN 978-3-86936-228-1
€ 24,90 (D) / € 25,60 (A)

Svenja Hofert
Das Slow-Grow-Prinzip
ISBN 978-3-86936-236-6
€ 24,90 (D) / € 25,60 (A)

Andreas Buhr
Vertrieb geht heute anders
ISBN 978-3-86936-230-4
€ 29,90 (D) / € 30,80 (A)

Tom Peters
The Little Big Things
ISBN 978-3-86936-171-0
€ 29,90 (D) / € 30,80 (A)

Stefan Merath
Die Kunst seine Kunden zu Lieben
ISBN 978-3-86936-176-5
€ 29,90 (D) / € 30,80 (A)

Weitere Informationen finden Sie unter www.gabal-verlag.de

Business-Bücher für Erfolg und Karriere

Katja Kerschgens
Reden straffen statt Zuhörer strafen
ISBN 978-3-86936-187-1
€ 19,90 (D) / € 20,50 (A)

Gitte Härter
Sorry!
ISBN 978-3-86936-246-5
€ 17,90 (D) / € 18,50 (A)

Harald Scheerer
Endlich erfolgreich miteinander sprechen
ISBN 978-3-86936-241-0
€ 17,90 (D) / € 18,50 (A)

Patric P. Kutscher
Stimmtraining
ISBN 978-3-86936-247-2
€ 17,90 (D) / € 18,50 (A)

Claudia Fischer
Telefon Power
ISBN 978-3-86936-186-4
€ 17,90 (D) / € 18,50 (A)

Josef W. Seifert
Visualisieren Präsentieren Moderieren
ISBN 978-3-86936-240-3
€ 19,90 (D) / € 20,50 (A)

Elisabeth Ramelsberger, Michael Rossié
Medientraining kompakt
ISBN 978-3-86936-243-4
€ 19,90 (D) / € 20,50 (A)

Dorothee U. Lüttmann, Patrick Schwarzkopf
Pimp up your Coffee Break
ISBN 978-3-86936-244-1
€ 19,90 (D) / € 20,50 (A)

Hartmut Laufer
Grundlagen erfolgreicher Mitarbeiterführung
ISBN 978-3-89749-548-7
€ 19,90 (D) / € 20,50 (A)

Johannes Stärk
Assessment-Center erfolgreich bestehen
ISBN 978-3-86936-184-0
€ 29,90 (D) / € 30,80 (A)

Chris Brügger, Michael Hartschen, Jiri Scherer
Simplicity.
ISBN 978-3-86936-245-8
€ 19,90 (D) / € 20,50 (A)

Aljoscha Long
Gib alles, was du hast – und du bekommst alles, was du willst
ISBN 978-3-86936-242-7
€ 19,90 (D) / € 20,50 (A)

Weitere Informationen finden Sie unter www.gabal-verlag.de

Unsere Covey-Bestseller GABAL

Stephen R. Covey, Jennifer Colosimo
Vom Beruf zur Berufung
ISBN 978-3-86936-172-7
€ 19,90 (D) / € 20,50 (A)

S. M. R. Covey, R. R. Merrill
Schnelligkeit durch Vertrauen
ISBN 978-3-89749-908-9
€ 29,90 (D) / € 30,80 (A)

Stephen R. Covey, Bob Whitman
Führen unter neuen Bedingungen
ISBN 978-3-86936-050-8
€ 19,90 (D) / € 20,50 (A)

Stephen R. Covey
Die 7 Wege zur Effektivität
ISBN 978-3-89749-573-9
€ 24,90 (D) / € 25,60 (A)

Stephen R. Covey
Der 8. Weg
ISBN 978-3-89749-574-6
€ 29,90 (D) / € 30,80 (A)

Stephen R. Covey
Die 7 Wege zur Effektivität Workbook
ISBN 978-3-86936-106-2
€ 19,90 (D) / € 20,50 (A)

Bücher

Stephen R. Covey
Die 7 Wege zur Effektivität für Familien
ISBN 978-3-89749-889-1
€ 59,90 (D/A)

Sean Covey
Die 7 Wege zur Effektivität für Jugendliche
ISBN 978-3-89749-825-9
€ 49,90 (D/A)

Stephen R. Covey
Die 7 Wege zur Effektivität für Manager
ISBN 978-3-89749-890-7
€ 29,90 (D/A)

Stephen R. Covey, Stephen M. R. Covey,
Über Vertrauen
ISBN 978-3-86936-093-5
€ 29,90 (D/A)

Sean Covey
How to Develop Your Personal Mission Statement
ISBN 978-3-86936-092-8
€ 19,90 (D/A)

Stephen R. Covey
Focus: Achieving Your Highest Priorities
ISBN 978-3-86936-031-7
€ 29,90 (D/A)

Audio

Weitere Informationen finden Sie unter www.gabal-verlag.de

ANZEIGE

Hier finden Sie Gleichgesinnte ...

... weil sie sich für **persönliches Wachstum** interessieren, für **lebenslanges Lernen** und den Erfahrungsaustausch zum Thema Weiterbildung.

... und Andersdenkende,

weil sie aus unterschiedlichen Positionen kommen, unterschiedliche Lebenserfahrung mitbringen, mit unterschiedlichen Methoden arbeiten und in unterschiedlichen Unternehmenswelten zu Hause sind.

Das nehmen Sie mit:

- Präsentation auf wichtigen Personal-Messen zu Sonderkonditionen sowie auf den GABAL-Plattformen (GABAL impulse, eLetter und auf www.gabal.de)
- Teilnahme an Regionalgruppenveranstaltungen, Werkstattgruppen und Kompetenzteams
- Sonderkonditionen beim Symposium und Veranstaltungen unserer Partnerverbände
- Gratis-Abo der Fachzeitschrift wirtschaft + weiterbildung
- Gratis-Abo der Mitgliederzeitschrift GABAL impulse
- Vergünstigungen bei zahlreichen Kooperationspartnern
- u.v.m.

Auf unseren Regionalgruppentreffen und Symposien entsteht daraus ein **lebendiger Austausch**, denn wir entwickeln gemeinsam **neue Ideen**.
Zudem pflegen wir intensiven Kontakt zu namhaften Hochschulen, so erhalten wir vom Nachwuchs spannende Impulse, die in die eigene Praxis eingebracht werden können.

**Neugierig geworden?
Informieren Sie sich am besten gleich unter:**
www.gabal.de
E-Mail: info@gabal.de
oder
Tel.: 0 6132 - 50 95 09 0